目　次

序　章　本書の目的と構成……………………………………………1

第Ⅰ部　消費者行動と製品間の関係……………………11

第1章　消費者意思決定と2つのネットワーク……………13
第1節　製品，ブランド，製品カテゴリー………………………13
第2節　消費者意思決定……………………………………………18
第3節　消費者知識のネットワーク………………………………25
第4節　消費者相互作用のネットワーク…………………………34
第5節　まとめ………………………………………………………38

第2章　製品間の関係とそのマネジメント…………………41
第1節　スタティック/ダイナミックな競争・共生関係…………41
第2節　スタティックな競争関係を規定する考慮集合…………43
第3節　スタティックな関係のマネジメント……………………45
第4節　ダイナミックな関係のマネジメント……………………51
第5節　まとめ………………………………………………………52

第Ⅱ部　知識のネットワークと競争の回避……………55

第3章　考慮集合形成とブランド・コミットメント………57
第1節　考慮集合形成………………………………………………57
第2節　ブランド・コミットメント………………………………62
第3節　まとめ………………………………………………………66

第4章　何がブランド・コミットメントを生み出すか……68
第1節　ブランド・コミットメント形成研究と本章の問題意識……68

第2節	構成概念の定義	71
第3節	仮説	76
第4節	尺度開発	81
第5節	結果：自己との結び付きがコミットメントを生み出す	88
第6節	まとめ	96

第Ⅲ部　知識のネットワークと製品間のダイナミックな関係 … 101

第5章　自己生成される知識 … 103
第1節　ダイナミックな競争・共生関係が成立するとき … 103
第2節　ダイナミックな共生関係を生み出す情報処理 … 108
第3節　まとめ … 114

第6章　製品の同質化はダイナミックな共生関係を導くか … 116
第1節　耐久財のカテゴリー採用に関する研究と本章の問題意識 … 116
第2節　データと方法 … 119
第3節　結果：共通便益はダイナミックな共生関係を導く … 122
第4節　まとめ … 127

第Ⅳ部　消費者相互作用のネットワーク … 133

第7章　消費者相互作用に関する既存研究 … 135
第1節　売上げに対する未経験WOMの効果 … 135
第2節　他者への影響力 … 138
第3節　社会ネットワーク … 142
第4節　意思決定におけるWOMとシグナルの影響 … 148
第5節　まとめ … 153

第8章　重要他者からの経験WOMは競争関係を変えるか … 157

第 1 節	WOM の効果に関する研究と本章の問題意識	158
第 2 節	理論的背景と仮説	159
第 3 節	データと方法	165
第 4 節	結果：経験 WOM は競争参加と競争回避を導く	169
第 5 節	まとめ	172

第 9 章　なぜ製品について話すのか ……………………………… 175
　第 1 節　WOM 発信研究と本章の問題意識 …………………………… 176
　第 2 節　理論的背景：WOM 発信を導く目標 ………………………… 177
　第 3 節　研究 1：何が WOM 発信意図を生み出すか ………………… 183
　第 4 節　研究 2：何が WOM 発信行動を生み出すか ………………… 200
　第 5 節　まとめ ………………………………………………………… 203

第 10 章　よくフォローされるのはどんな消費者か ……………… 208
　第 1 節　非耐久財の連続的新製品の採用に関する研究と
　　　　　本章の問題意識 …………………………………………… 209
　第 2 節　購買履歴データに基づくフォロワー数の定義 …………… 211
　第 3 節　仮説 …………………………………………………………… 214
　第 4 節　データと方法 ………………………………………………… 218
　第 5 節　結果：魅力的な発信者がよくフォローされる …………… 223
　第 6 節　まとめ ………………………………………………………… 225

終章　本書の貢献と展望 ……………………………………………… 229
　第 1 節　ファインディングス ………………………………………… 229
　第 2 節　消費者行動研究とマーケティングへの貢献 ……………… 233
　第 3 節　展望 …………………………………………………………… 238

参考文献 ……………………………………………………………………… 241
あとがき ……………………………………………………………………… 255

序章　本書の目的と構成

1. 消費者行動の全体像

　消費者行動の全体は，消費者の行動と心理，そして，環境から構成される。行動は観察可能な消費者のふるまいである。例えば，ある消費者が MacBook（Apple のノート PC）を購買したことは直接的に観察可能であるから，行動である。行動とは対照的に，心理は直接的に観察することができない。例えば，MacBook を購買した消費者を見ても，その消費者が何を考えてその製品を購買したかは，はっきりわからない。環境は消費者の外界全てであり，物理的環境と社会的環境から構成される。物理的環境には気温や湿度といった要素だけでなく，企業が提供するマーケティング・ミックスも含まれる。言い換えれば，物理的環境のうち，企業がコントロール可能な部分がマーケティング・ミックスである。社会的環境とは他者である。ひとくちに他者と言っても，家族や友人，同僚から，顔見知り程度の遠い他者，小売店舗内ですれ違った見知らぬ他者まで，様々なレベルが含まれる。

　消費者行動を構成する行動，心理，環境は独立ではない。図序 1 に示したように，行動は心理によって生み出される。企業のマーケティング目標が売上げ，あるいは利益にある以上，企業にとっての最大の関心は消費者が買うか否か，即ち，購買という消費者の行動にある。行動としての購買は，消費者心理において行われる購買意思決定（purchase decision making）や採用意思決定（adoption decision making）の結果によって引き起こされる。ここで購買意思決定は，例えば，「お～いお茶，生茶，伊右衛門のうち，どれを購買するか」といったように，ある製品カテゴリーに含まれるいくつかの製品のうち，どの製

品を購買するかを決めることである。また採用意思決定は，これまで購買したことのない製品カテゴリーに含まれる何らかの製品を初めて購買するか，あるいは購買しないかを決めることである。例えば，最近であれば，ノンフライヤーを初めて購買するか否か，ノンアルコールビールを初めて購買するか否かという採用意思決定を行った，あるいは，現在行っている消費者も少なくないだろう。このような意思決定の結果が購買を引き起こす。つまり，消費者はこの製品を購買しようと決めてから（心理の働きとしての意思決定），実際にそれを購買するのである（行動としての購買）。

図序1 消費者行動の全体像

行動を規定する心理は，環境によって大きく影響される。消費者はある製品の広告を見ることで，またポジティブな WOM（word-of-mouth：クチコミ）を友人から受信することで，その製品を好ましいと考えるようになることがある。このように，環境は心理を媒介として，つまり，心理を通じて間接的に，行動に影響を及ぼしている。先に述べたように，マーケティングの最大の関心は消費者の購買にあるが，企業が直接的にコントロール可能なのは物理的環境の一部のみである。そのため，自社製品を購買してもらうために，物理的環境の一部を直接的にコントロールして消費者の心理を変化させ，これを通じて消費者の購買を間接的にコントロールしようとする。

2. 変わる消費者行動

物理的環境の変化　近年，消費者を取り巻く物理的環境は大きく変化しつつある。注目すべき環境変化の1つは，製品の機能的便益の同質化である。現在，1つの製品カテゴリーに含まれる各製品の機能面での差異が小さくなり，コモディティ化（commodization）と言われる状況に陥っている（青木2009; 恩蔵2007）。PC，スマートフォン，液晶 TV といった耐久財についても，またビー

ル，アイスクリーム，スナック菓子といった非耐久財についても，各製品カテゴリーに含まれる個々の製品は，機能面ではあまり差はないと考えている消費者は多い。製品の同質化はまた，製品カテゴリー間でも進行しており，近年は画期的新製品（really new product）よりも漸進的新製品（incrementally new product）が市場導入されることが多い。かつて，冷蔵庫，洗濯機，自動車といった製品が登場したとき，これらの製品は当時の消費者にとってどの既存製品とも機能的便益が大きく異なる画期的新製品であっただろう。一方，近年新たに市場導入された製品は，機能的便益を部分的に共有した漸進的新製品が多い。例えば，スマートフォンは，既存製品である携帯電話と共通の機能的便益（通話やメール送受信）を持つ漸進的新製品である。またスマートフォンの市場導入後，間もなく発売されたタブレット PC は，スマートフォンやノート PC と共通の機能的便益を持っている。他にも，掃除機に対してロボット掃除機，フィルムカメラに対してデジタルカメラ，ブラウン管 TV に対して液晶 TV やプラズマ TV，ビデオテープレコーダに対して HDD レコーダなど，既存製品と機能的便益の一部が重複した漸進的新製品が市場導入されることが多い。

　製品の同質化が進行した背景には，(1)技術革新とその商業化のスピードの鈍化，(2)消費者の技術への適応能力の限界，そして，(3)技術水準の平準化や，(4)生産のリードタイムの短縮化などがある。ここでの技術革新とその商業化のスピードとは，時点 t の技術と時点 t ＋ 1 の技術のそれぞれが消費者にもたらす機能的便益の質的差異である。したがって，技術革新のスピードの鈍化とは，機能的便益の単位時間当たりの変化分が以前よりも小さくなっていることを指す。

　現在は，様々な既存製品が市場に存在し，様々な種類の機能的便益を消費者にもたらしている。自ずと，既存製品と機能的便益が大きく異なる新製品を市場導入するのは，以前よりも困難になっている。また技術製品について言えば，消費者の技術適応能力の限界も画期的新製品の減少を引き起こす原因の 1 つになっていると考えられる。新しい技術製品が消費者に受容されるには，消費者が製品の機能的便益を理解し，これを実際に引き出すことができなくては

ならない。しかし，消費者にとってはこれが難しい場合もある（例えば，スマートフォンを使いこなす高齢の消費者は少ない）。また，多機能な製品ほど効用が低下するという機能疲れ（Thompson, Hamilton, and Rust 2005）が示唆するように，機能的便益を理解し，引き出すことが消費者にとって面倒な場合もある。このような理由により，近年，市場導入される新製品の機能的便益の質的差異が小さくなっている。新製品の機能的差異が小さいほど，他社は容易に同質化対応することができる。さらには，企業間で技術水準が平準化したこと，また企業が生産と在庫形成を消費者の購買時点に近づける延期型システムを志向する中で，生産のリードタイムが大幅に短縮されたことも，同質化対応のスピードを速めている。

　もう1つの大きな環境変化は，ソーシャルメディアの浸透である。製品の同質化は長期的な緩やかな変化であるのに対して，ソーシャルメディアの浸透は，近年の劇的な変化と言えるだろう。インターネット利用者数のデータをひも解くと，インターネットの普及は1990年代中頃から始まった。2000年頃には携帯電話キャリアが相次いで携帯電話からのインターネット接続サービスを開始したこともあり，PCから，また携帯電話からのインターネット接続サービスの利用者数は爆発的に増加した。2000年代前半には，食べログ，価格.com，じゃらん.netといったクチコミサイト，またブログが登場し，多くの消費者がこれを利用するようになった。2000年代後半以降は，スマートフォンの普及もあって，Twitter, Facebook, LINEといったSNSが急速に浸透している。このように，現代の消費者を取り巻く物理的環境では，製品の機能的便益の同質化とソーシャルメディアの浸透が同時に起こっている。

2つのネットワークの変化　個々の消費者は，マクロな視点で見れば，消費者相互作用（consumer interaction）のネットワークの1つの要素であると同時に，ミクロな視点で見れば，その内側に知識のネットワークを持っている。一般的に，ネットワークはノード（節点）とこれをつなぐリンクによって構成される。図序2に示したように，消費者相互作用のネットワークは，ノードとしての個々の消費者と，消費者間での情報のやりとりを示すリンクから構成される。

そして，個々の消費者はその記憶内にネットワークとして組織化された情報の集まり，即ち，知識を保持している。購買意思決定プロセスや採用意思決定プロセスにおいて，知識のネットワークと消費者相互作用のネットワークは重要な情報源として機能する。つまり，消費者は知識のネットワークと消費者相互作用のネットワークから情報を探索して，どの製品を購買するか，またある製品を採用するか否かを決定していく。特筆すべきは，これらの2つのネットワークから獲得した情報は，単独で用いられることもあれば，両者が組み合わされて用いられ，購買・採用意思決定に対して交互効果を及ぼすこともある点である。

図序2　消費者相互作用と消費者知識のネットワーク

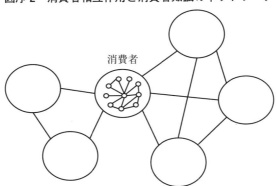

　前述のような物理的環境の変化は，消費者内の知識のネットワークと，消費者間の相互作用のネットワークの両者を変化させたと考えられる。まず，製品が同質化したことで，消費者知識のネットワークは部分的に緊密になった。例えば，冷蔵庫は食料品を冷やして保存するという機能的便益を，洗濯機は汚れた衣類をきれいにするという機能的便益を，それぞれもたらす。そのため，消費者の記憶内では，冷蔵庫と洗濯機はそれぞれ異なる機能的便益ノードと結び付いている。つまり，消費者が持つ洗濯機に関する知識と冷蔵庫に関する知識は独立している。フィルムカメラとデジタルカメラはどうだろうか。これらはいずれも，画像の撮影という共通の機能的便益をもたらす。そのため，消費者

の記憶内では，フィルムカメラとデジタルカメラは共通の機能的便益ノードと結び付いている。言い換えれば，消費者の持つフィルムカメラの知識とデジタルカメラの知識は，部分的に関連している。1つのカテゴリーに含まれる各製品についても同様である。先に述べたように，コモディティ化が進行したことで，現代の消費者の多くはどの製品も機能面ではあまり差はないと考えるようになった。つまり，1つのカテゴリー内の製品間でより多くの機能的便益ノードが共有された知識を持つようになったのである。

またソーシャルメディアの浸透は，消費者相互作用のネットワーク，特に，WOMのネットワークを大きく変化させた。ソーシャルメディアが登場する以前から，消費者間のWOMネットワークは存在した。例えば，冷蔵庫や洗濯機が市場に導入された際にも，消費者間でやりとりされたWOM情報がこれらの購買に大きな影響を及ぼした。特筆すべきは，ソーシャルメディアの登場によって，WOMの受信・発信の範囲が拡大し，またその頻度が高まったことである。ソーシャルメディアが登場する以前の消費者は，フェイス・トゥ・フェイス・コミュニケーションを通じて，家族や友人，同僚といった限られた範囲の他者からのみWOM情報を入手することができた。つまり，個々の消費者が持つWOMのネットワークは小規模であった。クチコミサイトやブログが登場すると，一部の消費者は自らが購買・使用した製品のレビューをクチコミサイトや個人のブログに投稿するようになった。そして，家電製品を購買するとき，レストランに行くとき，またホテルを予約するときに，様々な消費者が投稿したユーザーレビューを簡単に入手することができるようになった。クチコミサイトやブログの登場により，消費者は小さな努力で広い範囲の他者からのWOM情報を取得できるようになり，個々の消費者のWOMネットワークは拡大した。

また，最近急速に浸透したSNS上では，製品についてのWOMが発信・受信されることが少なくない。例えば，Twitterでは，「スタバなう」や「ブル注入！」といったツイートをよく目にする。SNSは，フェイス・トゥ・フェイスのネットワークと同様，メンバーが家族や友人，同僚といった狭い範囲に

固定されたネットワークである。そのため，入手可能な WOM 情報の範囲は比較的狭い。SNS はスマートフォンから利用されることが多く，消費経験がリアルタイムに発信・受信される。先にあげた「スタバなう」や「ブル注入！」といったツイートは，自分の消費経験をリアルタイムに発信したものである。その高いリアルタイム性のために，SNS 上での WOM 受信・発信の頻度は高い（昨日スターバックスに行ったことをフェイス・トゥ・フェイスでは友人に話さないけれども，「スタバなう」とツイートする消費者は少なくない）。こうして，SNS が浸透することで，1 人の消費者が WOM を発信・受信する頻度は高まった。

3. 本書の目的

　企業が自社製品の売上げを高めることを目的としてマーケティング活動を行うとき，市場には自社製品以外の製品が存在する。そのため，自社製品が売上げを獲得するためには，他の製品との競争に対応することが求められる。また，他の製品の売上げが増加することで，自社製品の売上げが高まることもある。このような関係を本書では，共生関係と呼ぶ。自社製品の売上げを高めようとする企業にとって，他の製品との共生関係をいかにして形成するかもまた，重要なマーケティング課題の 1 つである。

　自社製品が，他のどの製品と競争し，また共生するかはどのようにして決まるのだろうか。本書の一貫した視点は，製品間の競争・共生関係は個々の消費者の意思決定プロセスにおいて決定されるというものである。例えば，製品間の競争関係は，マクロな視点に立てば，市場において限られた売上げを奪い合う関係として捉えられる。しかし，本書ではこのようなマクロな視点には立たない。製品の売上げは個々の消費者の購買を集計したものであり，個々の消費者の購買はそれぞれの消費者の意思決定の結果である。個々の消費者の購買に注目すれば，製品間の競争関係は，消費者 1 人 1 人の購買を奪い合う関係として捉えられる。つまり，ある消費者が「製品 A を買おうか，それとも，製品 B にしようか」と考えているその瞬間に，製品 A と B はその消費者の心理に

おいて競争しているのである。

　本書は主に，現代の消費者の意思決定プロセスにおいて，どのようにして製品間の競争・共生関係が形成されるかに焦点をあてる。知識のネットワークと消費者相互作用のネットワークの変化は，消費者の意思決定プロセスを大きく変容させたはずである。消費者は記憶内の製品知識や他の消費者からの WOM など様々な情報を利用して，購買意思決定や採用意思決定を行う。2つのネットワークの変化は，消費者が意思決定において利用できる情報量が増加したことを意味する。例えば，現代の消費者は，SNS に投稿された友人の消費経験を意思決定において利用することができる。

　本書の目的は，製品の同質化とソーシャルメディアの浸透が進んだ現代的環境における消費者の意思決定を説明すること，そして，これを通じて，現代的環境の下での製品間の競争・共生関係がどのように形成されるかを解明することである。具体的には，(1)コモディティ化が進行した現在，企業はいかにして他社製品との競争を回避できるか，(2)漸進的新製品と既存製品（例えば，スマートフォンと携帯電話）は競争関係を形成するのか，あるいは，共生関係を形成するのか，(3) WOM は競争関係の形成にどのような影響を及ぼすかといった研究課題を検討する。

4. 本書の構成

　本書は4部から構成される。第Ⅰ部（第1章と第2章）では，消費者行動と製品間の関係についての基本的認識を示す。第1章では，消費者意思決定プロセスと，これに影響を及ぼす消費者知識と消費者相互作用について述べる。第2章では，製品間の競争・共生関係を消費者行動と関連付け，製品間の関係がどのように消費者によって決定されていくかを議論する。

　第Ⅱ部から第Ⅳ部は実証研究を行い，先にあげた3つの具体的な研究課題を検討するセクションである。図序3はこれまでの議論をまとめ，第Ⅱ〜Ⅳ部の位置付けを示したものである。

　第Ⅱ部（第3章と第4章）では，コモディティ化が進行した現代的環境にお

図序3 各セクションの位置付け

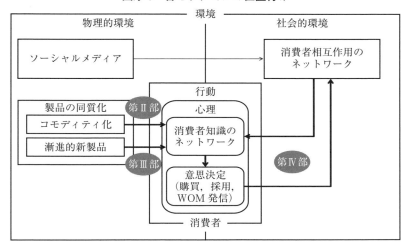

いて，どのようにして競争が回避されるかを検討する。コモディティ化により，消費者内の知識のネットワークでは，1つの製品カテゴリーに含まれる各製品が多くの機能的便益を共有するようになった。しかし，どんなにコモディティ化が進んでも，ブランドは同質化されない（例えば，Panasonic が自社のノート PC に MacBook というブランドネームを付けないように，他社のブランドネームを自社製品に付けることはない）。そこで，現代の多くの企業はブランドを用いて機能的便益以外の固有の便益を自社製品に持たせることで，競争を回避しようと試みている。第3章では，考慮集合（consideration set）の形成とブランド・コミットメントに関する既存研究を概観する。そこでは，ブランド・コミットメントは競争を回避するための鍵概念であることが明らかにされる。これを受けて，第4章では，ブランド・コミットメントがどのように形成されるかを解明することを目指し，実証研究を行う。

第Ⅲ部（第5章と第6章）では，カテゴリー間での製品の同質化に注目し，共通の機能的便益を持つ IT 製品間でのダイナミックな競争・共生関係を検討する。漸進的新製品の増加により，消費者内の知識のネットワークでは，異な

る製品カテゴリーに含まれる製品間でも，一部の機能的便益が共有されるようになった。2つの製品が共通の機能的便益を持つとき，一方の製品を先に採用することは，他方の採用に対してマイナスの作用だけでなく，プラスの作用も持ちうる。つまり，一方の製品を先行して採用・使用することで獲得した製品知識が，もう一方の製品の機能的便益の理解を促進し，結果として採用が促進されることもある。他の製品の知識を利用して当該製品の機能的便益を理解するには，何らかの認知的処理が伴うはずである。第5章では，メンタル・シミュレーションや類推といった情報処理を中心に，消費者による新製品理解に関する研究を概観する。第6章では，共通の機能的便益を持つIT製品間では，先に一方の製品を採用することによって，以降，もう一方の製品の採用タイミングは早くなるのか，遅くなるのかについて，実証研究を行う。

　第Ⅳ部（第7～10章）では，消費者相互作用のネットワークに注目する。第Ⅱ部や第Ⅲ部では，1人の消費者と製品，ないしはブランドとの関係を扱うのに対して，第Ⅳ部の特徴は，自己と製品に，他者を加えた3者の関係を扱う点にある。第7章では，消費者相互作用に関する既存研究を概観する。第8章では，WOMの受信者に注目し，WOMは競争関係をどのように変化させるかについて，実証研究を行う。第9章では，WOM情報の発信者に注目する。消費者がWOMを発信しなければ，WOMネットワークはそもそも成立しない。そのため，現代の消費者行動を明らかにするためには，WOMを受信した消費者に注目するだけでなく，WOM発信者としての消費者を検討することも求められる。そこで第9章では，これまでの消費者行動研究ではほとんど注目されることのなかったWOM発信意思決定に焦点をあて，WOM発信がどのような心理的要因によって影響されるかを検討する。第10章は，消費者が他者に及ぼす影響力を取り上げる。そこでは，非耐久財の新製品を先に採用した消費者が，以降，何人の消費者によってフォローされるか，つまり，何人が同じ新製品を採用するかに注目し，フォローされやすい消費者のプロファイリングを行う。終章では，第Ⅰ～Ⅳ部の結果をまとめ，消費者行動とマーケティングへの示唆について議論する。

第Ⅰ部
消費者行動と製品間の関係

第1章　消費者意思決定と2つのネットワーク

　第Ⅰ部は，第Ⅱ部以降で行う実証研究に先立ち，消費者行動と製品間の関係について，本書の基本的認識を議論するセクションである。本章では，消費者行動について概観する。以下ではまず，製品，ブランド，製品カテゴリーといった消費者意思決定の対象が，それぞれ何を指すかを整理する。その上で，消費者意思決定プロセスについて述べる。次に，消費者意思決定に影響を及ぼす消費者知識のネットワークと消費者相互作用のネットワークのそれぞれについて，その特徴を考察する。

第1節　製品，ブランド，製品カテゴリー

1．製品とブランド

　Kotler and Armstrong（2004）によると，製品とは，ニーズや欲求を充足するために，市場で提供される何らかのものであり，核になる便益，現実の製品，拡大された製品の3つの層から構成されるという。核になる便益を具現化するものが現実の製品であり，具体的には，製品の特性，デザイン，パッケージ，品質水準，そして，ブランドネームから成る。拡大された製品は，配達，保証，取り付け，アフターサービスである。彼らの言う製品は，市場提供物とも言える広義の製品であり，ブランドは現実の製品の一部として位置付けられている。

　では，ブランドとは何だろうか。多くの研究において参照されてきたAMA（American Marketing Association）によるブランドの定義は「自社の製品・サービスを他社の製品・サービスとは異なるものとして識別する，名前，言葉，デ

ザイン，シンボルなどの特性」というものである。このブランドの定義から示唆されるのは，ブランドは識別の手段，製品はブランドが付けられることで識別される客体であり，ブランドは製品に含まないということである。Kotler and Armstrong (2004) では，ブランドを製品の構成要素の1つとして位置付けているのとは対照的である。本書では，ブランドが付けられることで識別される客体，具体的には，Kotler and Armstrong (2004) の言う製品の形態と付随機能からブランドを除いたものを狭義の製品と呼ぶ。言い換えれば，本書の狭義の製品は，属性の束（即ち，製品が持つ有形，あるいは無形の特性の集まり）である。

企業にとって狭義の製品とブランドは個別のマーケティング手段であり，その組み合わせを自由に決定できる。一方，消費者にとっては，狭義の製品とブランドは購買対象として不可分である。つまり，消費者はブランドと狭義の製品とを切り離して，どちらか一方だけを購買することはできない（例えば，スウォッシュを切り取って，ナイキのスニーカーを買うことはできない）。現在，PCやスマートフォンといった耐久財についても，またビールやアイスクリームといった非耐久財についても，ほとんどの製品にブランドが付けられている。そのため，現代の消費者が購買する対象は，狭義の製品とブランドの組み合わせ，即ち，ブランド化された製品（branded product）ということになる。

図 1.1 に示したように，本書では，消費者の購買対象となるブランド化され

図 1.1 ブランド化された製品

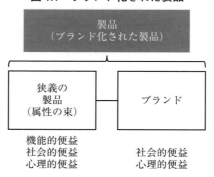

た製品を，省略して製品と呼ぶ[1]。製品は狭義の製品とブランドから構成される。前述のように，狭義の製品は属性の束，あるいは，ブランドを除いた製品の形態と付随機能である。ブランドを製品に含めるという点では，本書の製品は Kotler and Armstrong（2004）と同じである[2]。

　製品の構成要素としての狭義の製品とブランドとの最大の違いは，消費者がそれぞれから引き出すことのできる便益が異なる点にある（図 1.1）。ブランドは名前やシンボルであるから，消費者に機能的便益（即ち，製品使用によるポジティブな物理的変化）をもたらすことはない。ただし，製品が消費者にもたらすのは機能的便益だけではない。製品がもたらす便益には，他者から受容されたり，承認されたり，尊敬されたりといった，製品使用によって得られるポジティブな社会的変化である社会的便益や，製品を使用することによるポジティブな心理的変化である心理的便益もある。製品の構成要素としてのブランドは，このような社会的便益や心理的便益を消費者にもたらす。一方，狭義の製品は消費者に対して，機能的便益に加えて，社会的便益と心理的便益をもたらす。

2．製品カテゴリーと新製品

　製品カテゴリーとは，製品の構成要素としての狭義の製品の重複の程度が大きい製品の集まりである。図 1.2 のパネル A のように，2 つの製品（ブランド化された製品）が持つ狭義の製品が大きく重複するとき，これらの製品は同じ製品カテゴリーに含まれる。図 1.2 のパネル B のように，2 つの製品の狭義の製品が重複しないとき，これらは異なる製品カテゴリーに含まれる。このように，狭義の製品がカテゴリーの境界を決める。なお，狭義の製品が全く重複しない場合だけでなく，図 1.2 のパネル C のように重複が小さい場合でも，これらの製品は異なる製品カテゴリーに含まれると判断されることが多い。消費者が形成する製品カテゴリーの境界は必ずしも明確に決まるものではなく，製品カテゴリーへの所属は程度の問題である。言い換えれば，カテゴリーは典型性（即ち，同じカテゴリー内の他のメンバーと特性を共有する程度）の高いメンバー

図 1.2　狭義の新製品が規定する製品カテゴリー

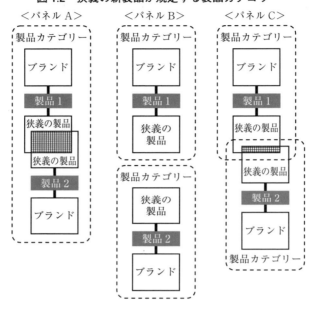

から低いメンバーまでが所属するグレード化された構造を持つ（新倉 2005）。ここで重要なのは，製品カテゴリーの境界は，製品の構成要素のうち，ブランドではなく狭義の製品によって規定されることである。

　ただし，いつも消費者が機能的便益の重複に基づいて各製品がどの製品カテゴリーに所属するかを判断するわけではない。消費財について言えば，企業にはほとんどの製品にカテゴリーラベルを付与している。例えば，メーカーは広告やパッケージを通じて自社製品がどの製品カテゴリーに含まれる製品であるかを提示する。また小売業者は店舗内での顧客の買い物効率を高めるために，狭義の製品が大きく重複する製品同士を近くに配置し，カテゴリーラベルを掲示する。製品にカテゴリーラベルが付与されているとき，消費者はこのカテゴリーラベルに従って，その製品が所属する製品カテゴリーを判断することが多い。

　製品カテゴリーには画期的な製品カテゴリーもあれば，漸進的な製品カテゴ

リーもある。既存の製品カテゴリーに含まれる製品と，狭義の製品が全く重複しない新製品が市場に導入されたとき，画期的製品カテゴリーが創造される（図 1.2 のパネル B の製品 1 を既存カテゴリーの製品，製品 2 を新製品とすると，製品 2 の市場導入によって，画期的製品カテゴリーが創造される）。また，既存の製品カテゴリーと狭義の製品が部分的に重複する新製品が市場に導入されたとき，漸進的製品カテゴリーが創造される（図 1.2 のパネル C の製品 1 を既存カテゴリーの製品，製品 2 を新製品とすると，製品 2 の市場導入は漸進的製品カテゴリーの創造である）。序章であげたスマートフォン，ロボット掃除機，デジタルカメラ，液晶 TV，HDD レコーダはいずれも，漸進的製品カテゴリーである。画期的製品カテゴリーや漸進的製品カテゴリーを創造する新製品が導入されると，以降，他社はこれと機能的便益が大きく重複する新製品を市場に導入し，同質化対応する。こうして画期的製品カテゴリーや漸進的製品カテゴリーに含まれる製品が増えていく。

　本書では，「画期的製品カテゴリーに含まれる新製品（即ち，新たに市場導入される製品）」を画期的新製品，「漸進的製品カテゴリーに含まれる新製品」を漸進的新製品と，それぞれ呼ぶ。新製品は先発製品と後発製品に大別できるが，ここでは画期的・漸進的製品カテゴリーの先発製品だけでなく後発製品も含めて，画期的・漸進的新製品と呼ぶ。画期的・漸進的製品カテゴリーでは，後発製品の方が売上げを伸ばし，先発製品は市場から撤退してしまうことが少なくないためである。スマートフォンの代名詞とも言える iPhone が市場導入されたとき，市場には BlackBerry などのスマートフォン製品が既に存在していた。したがって，iPhone は後発製品である。またルンバはロボット掃除機の後発製品である（日本市場の先発製品は Electrolux のトリロバイトである）。本書では，iPhone やルンバのような漸進的製品カテゴリーに含まれる後発製品も含めて，漸進的新製品と呼ぶ。また，既存の製品カテゴリーに含まれる新製品を連続的新製品と呼ぶ。例えば，オランジーナは清涼飲料という既存の製品カテゴリーの連続的新製品，金麦は発泡酒という既存カテゴリーの連続的新製品である。

第2節　消費者意思決定

1. 購買意思決定プロセス

　一般的に意思決定とは，代替的行動間での選択である。購買意思決定では，「ある製品カテゴリーに含まれる製品のうち，製品Aを買うか，製品Bを買うか，製品Cを買うか」といったように，いくつかの製品が代替案となる。購買意思決定では，異なる製品カテゴリーに含まれる製品が代替案となる場合もある（例えば，オランジーナ，金麦，MacBookのうち，どれを買うか）。しかしながら，このようなケースは少ないと考えられることから，本書では，製品カテゴリーの購買を所与とし，その製品カテゴリーに含まれる製品の選択を購買意思決定と呼ぶ。

　消費者の意思決定プロセスは目標志向の問題解決プロセス（goal-directed problem-solving process），つまり，達成すべき目標を設定し，この目標を達成するために，どんな行動を起こすのかについての選択を行うプロセスとして見なすことができる（例えば，Peter and Olson 1999）。問題解決とは，何らかの操作子（operator）を用いて目標状態を達成することである。例えば，マークシート方式のテスト問題は，操作子としての選択肢と最も適切な番号を塗りつぶすという目標状態から構成されている。解答者は最も適切な選択肢を選んで，その番号を塗りつぶすことで，目標状態を達成しようとする。一方，消費者が取り組む問題は，マークシート方式のテスト問題のような目標や操作子があらかじめ明確に定まっている問題，即ち，よく定義された問題（well-defined problem）ではない。購買意思決定プロセスにおいて消費者が自ら目標や代替案を設定していく，よく定義されていない問題（ill-defined problem）である。

　図1.3に描かれているように，購買意思決定プロセスの一般的なモデルでは，問題認識，情報探索，代替案評価，購買，使用と再評価の5つの段階から構成されるプロセスとして購買意思決定を捉える。代替的行動間での選択としての意思決定は購買までのプロセスを指すが，購買後の使用と再評価の段階を含め

図 1.3 購買意思決定プロセス

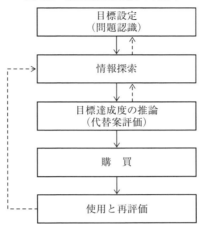

て購買意思決定プロセスと呼ぶことが多い。以下，それぞれの段階を順々に見ていこう。

目標設定 購買意思決定プロセスの最初の段階は，問題認識，即ち，購買意思決定において達成しようとする目標を設定する段階である。目標とは，消費者が達成したいと望む理想状態であり，購買意思決定において消費者は属性，結果（consequence），価値（value）といった様々な抽象度レベルで目標を設定する（例えば，Peter and Olson 1999; Ratneshwar, Pechmann, and Shocker 1996）。ここで価値とは，人が人生全般において実現しようとする重要で，抽象的な目標である。また結果とは，製品を使用することによって消費者にもたらされる変化である。ポジティブな結果は便益とも呼ばれる（本書でも，便益をポジティブな結果という意味で用いている）。結果はその内容に基づいて，機能的結果，社会的結果，心理的結果に大別される。機能的結果とは，製品使用が引き起こす物理的な変化であり，例えば，自動車の機能的結果として「目的地まで快適に移動すること」があげられる。機能的結果は製品使用が消費者に対して直接的にもたらす変化であり，消費者と製品との2者間の関係において決まる。これに対して，社会的結果は製品使用が引き起こす他者による自己評価の推論

(即ち，この製品を使用した自分を他者はどう評価すると思うか)の変化であり，消費者，製品，他者の3者間の関係において決まる。具体的には，他者による受容，承認，尊敬などが社会的結果に含まれる。自動車について言えば，例えば，「異性から格好よく見られる」「自動車好きの友人との絆が深まる」といった社会的結果が考えられる。心理的結果とは，製品使用がもたらすこころの変化であり，例えば，「ドライブの爽快感」が自動車の心理的結果にあたる。

　消費者は属性，機能的・社会的・心理的結果，価値といった様々な抽象度レベルで目標を設定しうるとは言え，全ての消費者が購買意思決定プロセスの最初の段階から，具体的な目標を設定しているわけではない。最初は抽象的なレベルの目標を設定し，以降，情報探索や代替案評価の段階において代替案に関する情報を獲得・処理しながら，具体的な目標を設定していくことも少なくない。図1.3の情報探索から問題認識へと上方向に伸びる点線の矢印はこのことを表している。

情報探索と目標達成度の推論　目標が設定されると，消費者は市場に存在する様々な製品の中から目標を最もよく達成する製品を特定しようと試みる。ある製品が目標を達成する程度は，目標として設定された属性，機能的・心理的・社会的結果，価値を，その製品がもたらす程度である。目標を最もよく達成する製品を特定するために，消費者は代替案自体，また代替案に関する情報を探索する。情報探索には，環境上にある外部情報を探索する外部探索と，消費者の記憶内の内部情報を検索する内部探索がある。

　ここで注目すべきは，購買意思決定は多かれ少なかれの不確実性を必ず伴うという点である。つまり，ある製品が目標を達成する程度は，その製品を実際に購買し，使用する以前にはわからない（たとえ過去に購買・使用した経験のある製品であっても，今回その製品を購買し，使用したときの目標達成度は完全に確実というわけではない）。そのため，消費者は購買意思決定プロセスにおいて各代替案が目標を達成する程度を推論することになる。推論である以上，必ず不確実性を伴うが，代替案に関する情報を探索・処理することによって，目標達成度の推論に対する確信度を高め，不確実性を小さくすることができる。

ただし，代替案に関する情報の探索・処理には，認知的・行動的努力の投入が必要となる。つまり，情報探索には，PCやスマートフォンを立ち上げてクチコミサイトや企業のHPにアクセスしたり，小売店に出向いたりといった行動的努力が求められる。またインターネット上や小売店頭にある情報を見たり，読んだりするために，さらには，獲得した情報に基づいて代替案の目標達成度を推論するためにも，認知的努力が必要とされる。そのため，消費者はいつも目標達成度の推論に対する確信度を高めようとするわけではない。高い確信度を持った推論を求める場合（「この製品の目標達成度は間違いなく高い」あるいは「間違いなく低い」と言いたい場合）もあれば，低い確信度の推論のみを求める場合（「きっと，この製品の目標達成度は高いだろう」と言えれば構わない場合）もある。消費者が各代替案の目標達成度の推論にどの程度の確信度を求めるかは，購買関与（purchase involvement），ないしは購買重要性に大きく依存する。つまり，購買関与の高い消費者，即ち，その購買意思決定が自らにとって重要であると考えている消費者は，高い確信度を持って目標達成度を推論することを求める。これに対して，購買関与の低い消費者は低い確信度の推論のみを求める。

　ここで，機能的結果レベルの目標を設定している消費者が，各代替案の目標達成度を推論する場合を考えよう。この消費者は，代替案の目標達成度を推論するために，様々な属性情報を利用することができる。属性は製品関連属性と製品非関連属性に大別することができる（Keller 1998）。製品関連属性とは，消費者が機能的便益を引き出すために不可欠な製品の内在的属性であり，機能的便益の性質やレベルを規定する。例えば，PCの製品関連属性として，CPU，メモリ，HDDなどがあげられる。また製品非関連属性とは，製品の機能的便益に直接影響しない製品の外在的属性である。パッケージ，外観，CMキャラクターなどが製品非関連属性にあたる。消費者は目標達成度を推論するために，製品関連属性と製品非関連属性の両方を用いることができる。

　製品関連属性と製品非関連属性では，処理効率，即ち，投入する情報処理努力量に対して，どの程度高い確信度が得られるかについて異なる。例えば，消

費者はある PC の製品関連属性に関する情報に基づいて，その PC が設定された目標（例えば，快適なウェブ・ブラウジング，大規模な消費者データの短時間での処理）をどの程度達成するかを推論しうる。この推論の確信度は製品関連属性の処理に大きな努力を投入するほど高まるが，その処理効率は製品カテゴリーに関する知識，あるいは精通性（familiarity）に依存する（品質判断力［池尾 1999］とも言える）。高い製品カテゴリー知識を持つ消費者は，製品関連属性の処理に比較的小さな努力を投入するだけで，その製品の目標達成度を高い確信度で推論することができる。例えば，PC に精通した消費者であれば，CPUのコア数，メモリや HDD の容量を聞けば，その PC はストレスなくウェブ・ブラウジングができそうか，また大規模データの処理を短時間でできそうかを，小さな努力を投入するだけで，高い確信度で推論できる。一方，低い製品カテゴリー知識しか持たない消費者は，製品関連属性の処理に大きな努力を投入しても，低い確信度でしか目標達成度を推論できない。このことを表したのが図 1.4 の 2 本の実線である。高い製品カテゴリー知識を持つ消費者は低いカテゴリー知識を持つ消費者に比べて少ない努力で，高い確信度を持って目標達

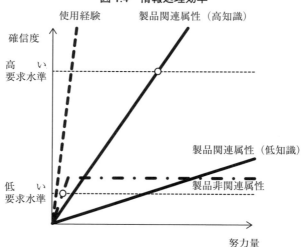

図 1.4　情報処理効率

成度を推論できるから，情報処理効率を表す直線の傾きは急である。

　消費者はまた，パッケージ，外観，CM キャラクターといった製品非関連属性を用いて目標達成度を推論することもできる。製品非関連属性を利用したとき，推論の確信度の上限は低いが，確信度の上限に到達するのに必要な努力量は小さい（図 1.4 の鎖線）。消費者はできるだけ小さな努力で確信度の要求水準を満たそうとするから，確信度の要求水準が低い場合には，製品関連属性よりも製品非関連属性を用いて推論を行う。一方，高い確信度を求める場合には，製品非関連属性は利用されない。製品非関連属性に基づいて目標達成度を推論しても，要求水準を満たすだけの確信度が得られないためである。

　使用経験がある製品については，記憶内の経験情報，つまり，使用経験を通じて理解され，記憶内に貯蔵されている製品の機能的便益を利用して目標達成度を推論することができる。ある製品の経験情報を持つ消費者は，ほとんど努力を投入せずに，非常に高い確信度を持ってその製品の目標達成度を推論する（多くの場合，記憶内に貯蔵された製品の機能的便益を思い出すことは容易である）。したがって，使用経験情報の処理効率は非常に高い（図 1.4 の点線）。製品関連・非関連属性よりも経験情報を利用した方が，小さな努力で確信度の要求水準を満たすことができるため，使用経験のある製品については，消費者は属性情報よりも，経験情報を用いて目標達成度を推論する。

　消費者は，当該製品の使用経験がなくとも，ブランドを手がかりにして，同じブランドの他の製品の使用経験を用いて当該製品の目標達成度を推論することもできる。例えば，iPhone の使用経験がある消費者は，この経験情報を使って，MacBook の目標達成度を推論することができる。特に，使用経験のある製品と目標達成度を推論する対象となる製品が同じ製品カテゴリーに含まれる場合，処理効率は高い。これに対して，両者が異なる製品カテゴリーに含まれる場合には，処理効率は低い。

　属性情報と経験情報の処理効率について考察してきたが，ここでの議論は，消費者が機能的結果レベルの目標を設定している場合の処理効率であることに注意してほしい。消費者が社会的結果レベルの目標を設定している場合には，

これらの情報の処理効率はここでの議論とは異なると考えられる。例えば，CPU，メモリ，HDDといった製品関連属性に基づいて，社会的結果レベルの目標（例えば，同僚にクリエイティブな人だと思われたい）の達成度を推論することは難しい。

各代替案の目標達成度が推論されると，これに基づいてどの代替案を購買するかが決定される。購買後には，購買した代替案が使用され，使用経験に基づいてこの代替案が再評価される。使用経験に基づく代替案の再評価は，次回以降の購買意思決定において利用される。

現実の購買意思決定プロセスは，必ずしも情報探索から代替案評価へと順に進んでいく，つまり，代替案の情報を全て探索し終わってから代替案評価に移るわけではない。1つの代替案の情報を探索したらその目標達成度を推論して，別の代替案の情報を探索することも少なくない。図1.3に示したように，消費者は情報探索の段階と代替案評価の段階を"行ったり来たり"するのである。

2. 採用意思決定プロセス

採用には，製品採用とカテゴリー採用がある。製品採用とは，過去に購買した経験のない製品を初めて購買することである。またカテゴリー採用とは，購買経験のない製品カテゴリーに含まれるいずれかの製品を初めて購買することである。MacBookを初めて購買した消費者を考えてみよう。MacBookを初めて購買したことは，製品採用である。この消費者がノートPCカテゴリーに含まれるMacBook以外の製品（例えば，Let's Note）の購買経験を持たないなら，MacBookの初回購買は製品採用であると同時に，カテゴリー採用でもある。過去にノートPC製品を購買した経験があるならば，MacBookの初回購買はカテゴリー採用ではない。先に述べたように，製品カテゴリーは狭義の製品によって規定されることを考慮すると，カテゴリー採用は，狭義の製品の採用とも言える。

消費者は製品カテゴリーを採用する際，採用意思決定を行う。つまり，「購買経験のない製品カテゴリーに含まれるいずれかの製品を初めて購買するか」，

あるいは「購買しないか」という意思決定の結果が，カテゴリー採用行動を引き起こす。採用意思決定プロセスは，購買意思決定プロセスと同様に，不確実性を情報探索によって削減していくプロセスである。つまり，ある製品カテゴリーが目標を達成する程度は，その製品カテゴリーを実際に採用・使用するまでわからない。そのため，消費者は採用意思決定プロセスにおいて，購買経験のない製品カテゴリーに含まれる任意の製品の目標達成度を推論する。推論であるから必ず不確実性を伴うが，情報を探索・処理することで推論に対する確信度を高め，不確実性下の意思決定を，確実性下での意思決定に近づけることができる。

採用意思決定プロセスと購買意思決定プロセスの大きな違いは，購買に至るまでにかかる時間である。購買意思決定は一般的に短時間で行われる。例えば，清涼飲料やアイスクリームといった非耐久財の購買意思決定は，店舗内で非常に短時間のうちに行われることがほとんどである。耐久財についても，多くの消費者は購買意思決定にそう長い時間をかけない。一方，採用意思決定プロセスは，比較的短時間で採用に至ることもあれば，非常に長い時間をかけて採用に至ることもある。例えば，スマートフォンが登場した直後に採用した消費者もいれば，最近採用した消費者，またこれから採用する消費者もいる。

第3節　消費者知識のネットワーク

消費者の購買意思決定や採用意思決定はどこで行われるのだろうか。図1.5に描かれているように，消費者は作動記憶（working memory）と長期記憶（long-term memory）の2つの記憶システムを持つと考えられている。作動記憶は一時的に情報を保持しながら，解釈・統合といった処理を行う役割を担うのに対して，長期記憶は情報を永続的に貯蔵する役割を担う。

消費者意思決定プロセスのうち，目標達成度の推論は作動記憶において行われる認知的処理である。目標達成度の推論のために，消費者は長期記憶に貯蔵された情報を内部探索することができる（図1.5の右半分）。長期記憶は宣言記

図1.5 情報源としての2つのネットワーク

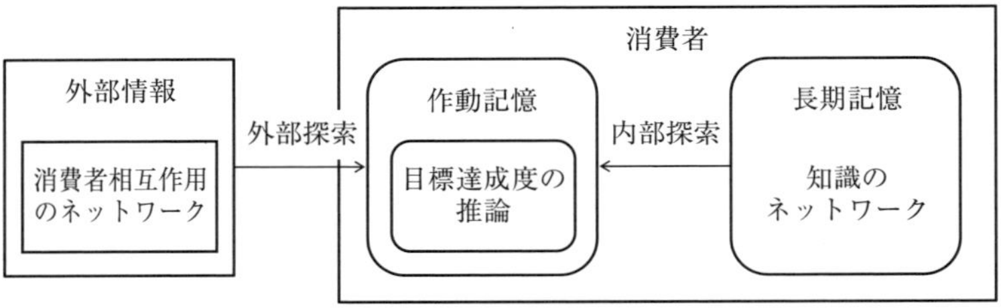

```
            消費者
┌─────────┐  ┌──────────────────────────────────┐
│ 外部情報 │  │ ┌─────────┐       ┌─────────┐ │
│┌───────┐│外部探索│ 作動記憶 │ 内部探索 │ 長期記憶 │ │
││消費者相互作用││←────→│┌───────┐│←────│┌───────┐│ │
││のネットワーク││      ││目標達成度の││     ││ 知識の ││ │
│└───────┘│      ││  推論  ││     ││ネットワーク││ │
└─────────┘      │└───────┘│     │└───────┘│ │
                  └─────────┘     └─────────┘ │
                  └──────────────────────────────────┘
```

憶（declarative memory）と手続き記憶（procedural memory）から構成される。宣言記憶はエピソード記憶（episodic memory）と意味記憶（semantic memory）を含む。エピソード記憶は経験した出来事についての記憶であり，時間と空間が定まっている。これに対して，意味記憶は対象が何であるかについての記憶であり，したがって，時間と空間を特定したものではない。意味記憶はエピソード記憶が蓄積されていくことで形成される。類似した出来事を反復的に経験することで，個々の出来事の詳細（いつ，どこで）は区別されなくなり，対象が何であるかの記憶，即ち，意味記憶が残るのである。

　記憶内に貯蔵されており，人の行う様々な認知的処理において利用される情報は知識と呼ばれる。知識はノードとリンクから構成されるネットワークとして組織化されていると考えられている。内部探索では，あるノードが活性化（activation）されると，その活性化パワーが別のノードへと拡散されることで，情報が検索される（つまり，情報を思い出す）。活性化とは，特定のノードが利用可能な状態に変換されることであり，1つのノードが活性化されると，このノードと強くリンクしたノードが活性化されやすくなる。また2つのノードが同時に活性化されたとき，この2つのノードとリンクしたノードが活性化されやすい。

1. 製品知識

　消費者は様々な製品についての多様な情報を長期記憶内に貯蔵している。図1.6に描かれているように，現代の消費者が持つ製品知識は，狭義の製品に関

する知識とブランドに関する知識の組み合わせである。

狭義の製品に関する知識は，製品ノードが属性，機能的結果，心理的結果，社会的結果，価値，また態度といったノードと結び付いたものである。手段目的連鎖モデル（means-end chain model）によると，消費者は属性，結果，価値を手段目的関係の結び付き，ないしは因果的な結び付きを持つものとして捉えているという（例えば，Gutman 1982; Peter and Olson 1999）。つまり，属性は結果を満たすことを目的とした手段，結果は価値を満たすことを目的とした手段といったように，属性，結果，価値が手段目的関係，ないしは因果関係を持つものとして結び付く。そのため，記憶内の属性ノード，結果ノード，価値ノードは，製品ノードと結び付いているだけでなく，互いに手段目的関係の結び付きを持ちうる（図1.6）。

また前述のように，結果には機能的結果，社会的結果，心理的結果が考えられるが，これらの異なる結果も手段目的関係の結び付きを持つことがある。例

図 1.6　製品知識

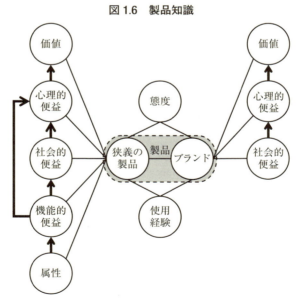

（注）細線は意味的関連性を，太線は手段目的関係の結び付きを，それぞれ表す。

えば，ある消費者があるダイエット食品の機能的結果は「体重が5kg減ること」である考えているとしよう。このとき，体重が5kg減ることで，友人から魅力的に見られると考えているならば，「体重が5kg減る」という機能的結果と「友人から魅力的に見られる」という社会的結果が，手段目的関係で結び付く。さらに，この消費者が友人から魅力的に見られることで，自分に自信が持てると考えているならば，「友人から魅力的に見られる」という社会的結果は「自分に自信が持てる」という心理的結果と手段目的関係で結び付く。また別の消費者は，体重が5kg減ることで，健康不安が解消されて何事にも前向きな気持ちでチャレンジできると考えているとしよう。この場合，「体重が5kg減る」という機能的結果と「前向きな気持ちになる」という心理的結果が，手段目的関係で結び付く。なお，全ての機能的・社会的・心理的結果が必ず手段目的関係で結び付くわけではない。

　消費者はまた，ブランドに関する知識も持つ。狭義の製品はこれを使用した消費者に機能的便益をもたらすのに対して，ブランドは名前やシンボルであるから，機能的便益をもたらすことはない。しかし，ブランドは機能的便益からは派生しない社会的便益や心理的便益を消費者にもたらすことがある。例えば，「ルイヴィトンの財布を持っていると，人前で財布を出すときに何となく気後れしない」のは，ルイヴィトンというブランドがもたらす社会的便益である。また「ある友人と同じブランドの服を着ることで，その友人との距離が縮まった気がする」のも，ブランドの社会的便益である。「慣れ親しんだニューバランスのスニーカーを履いていると，自分らしくいられる感じがする」のは，ブランドがもたらす心理的便益である。

　現在，ブランド拡張が盛んに行われており，複数の狭義の製品に同じブランドが付与されていることが多い。例えば，ハーゲンダッツには，ミニカップ，クリスピーサンド，クランチークランチ，パイントなどの種類があり，それぞれ様々なフレーバーがある（ライン拡張）。また（布用の）ファブリーズ，車用ファブリーズ，トイレのファブリーズのように，カテゴリーをまたがって同じブランドが付与されることも少なくない（カテゴリー拡張）。このように，複数

の製品に同じブランドが付与されているとき,消費者は個々の狭義の製品に関する知識とは別に,ブランドに関する知識を持つようになる。そして,製品知識は1つのブランドノードがネットワーク・ハブとなって,これに複数の狭義の製品ノードが結び付いた構造になると考えられる。その方が,複数のブランド化された製品の知識を個別に保持するよりも,認知的経済性が高いためである。

製品が持つ機能的・社会的・心理的結果の手段目的連鎖には,図1.7のような6通りが考えられる(ただし,低次の結果が最も高次の結果である心理的結果と結び付いた連鎖だけをカウントし,途中で途切れる連鎖はカウントしない場合である。なお,途中で途切れる連鎖は「狭義の製品→機能的便益」「狭義の製品→機能的便益→社会的便益」「狭義の製品→社会的便益」「ブランド→社会的便益」の4通りがある)。ケース1~4は狭義の製品がもたらす便益の手段目的連鎖,ケース5

図1.7 考えられる手段目的連鎖

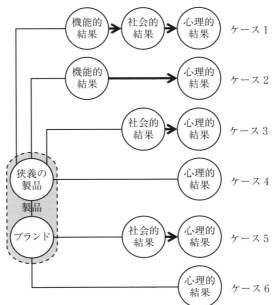

(注) 途中で途切れる連鎖は描いていない。

と6はブランドがもたらす便益の手段目的連鎖である。前述のダイエット食品の例はケース1と2にあたる。ケース3の例として，仕立てのよいビジネススーツを着ることで，「仕事ができる人に見られる」と思うことや，高級車やクルーザーなどの贅沢品を使用することで，「成功者に見られる」と思うことがあげられる。ケース4の例としては，映画を見たり，小説を読んだり，旅行に行ったりしたときに，感動を覚えることがあげられる。先にあげたルイヴィトンの例と友人と同じブランドの服を着る例はケース5にあたる。ニューバランスの例はケース6にあたる。

製品の機能的便益の同質化は，機能的便益ノードが狭義の製品間で共有された知識のネットワークを生み出した。つまり，図1.8に示されているように，消費者内の知識のネットワークでは，狭義の製品AとBの両方と結び付いた機能的便益ノードが増加し（共通の機能的便益の増加），狭義の製品AとBのいずれか一方とだけ結び付いた機能的便益ノードが減少した（固有の機能的便益の減少）。製品間で機能的便益が同じであれば，そこから派生する社会的便益や心理的便益もまた同じものになる。したがって，製品の機能的便益が同質化すると，機能的便益ノードだけでなく，これと手段目的関係で結び付いた社会的便益ノードや心理的便益ノードも，製品間で共有されるようになる。

なお，長期記憶内に貯蔵されている情報は，消費者が現在取り組んでいる購

図1.8　製品の機能的便益の同質化と製品知識

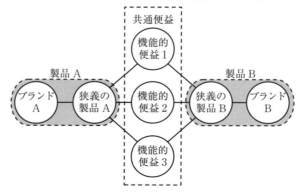

買意思決定において代替案となる製品に関する情報だけではない。現在取り組んでいる購買意思決定とは関係のない製品の情報も貯蔵されている。例えば，いま小売店頭でどの清涼飲料を購買するかという購買意思決定を行っている消費者の長期記憶内には，その時点では活性化されていないけれども，例えば，アイスクリーム，スマートフォン，自動車といったカテゴリーに含まれる製品の知識も貯蔵されている。

2．自己知識

　消費者は製品知識だけでなく，自分自身についての膨大な情報を長期記憶内に貯蔵している。記憶内の自分自身についての情報の集まりは自己知識（self knowledge）と呼ばれる。自己知識には，自分が経験した出来事についての知識であるエピソード的自己知識と意味的自己知識，即ち，自己概念（self-concept）が含まれる（例えば，榊 2010; 堀内 2008）。自己概念はエピソード的自己知識が意味化・抽象化されることで形成される。つまり，自分が経験した出来事が蓄積されていくことで，自分が何者であるかについての知識が形づくられていく。例えば，子供の頃に落とし物を交番に届けた経験，黙っていればわからない自分のミスを上司に打ち明けた経験などがいくつも蓄積されることで，「私は正直だ」という自己概念が形成される。

　自己概念の一部は，他者との関係によって規定されることが知られている。自己概念には，(1)個人特性に関する個人的自己（personal self），(2)重要他者との関係から導かれる関係的自己（relational self），そして，(3)社会的アイデンティティに対応する集団的自己（collective self）がある（Brewer and Gardner 1996）。個人的自己は，例えば，「私は正直だ」「私は外向的だ」といったように，自分自身の特性に関する知識である。一方，関係的自己と集団的自己はいずれも，他者との関係が反映された自己概念であり，社会的自己（social self）とも呼ばれる。関係的自己は重要他者（significant other）との関係が反映された自己である（Andersen and Chen 2002; Chen, Boucher, and Tapias 2006）。ここで重要他者とは，人生において大きな影響を受けている，あるいは，影響を受

けてきた個人である。具体的には，夫や妻といった自ら選択した家族，親や兄弟といった所与の家族のメンバー，また友人などが重要他者であることが多い。これに対して，集団的自己はグループとの関係を反映する自己であり，自分をあるグループのメンバーとして位置付けることで（自己カテゴライゼーション），集団的自己が形成される。

このように，長期記憶内に貯蔵された自己概念は多面的である。自己概念の同じ側面がいつも活性化されているわけではなく，そのときどきで自己概念の異なる側面が活性化される。ある時点で活性化され，作動記憶上にある自己概念を作動自己（working self）と呼ぶ（Markus and Kunda 1986）。作動自己は人が置かれている社会的状況に応じて変化する。例えば，家族や友人と一緒にいるときには，関係的自己が作動自己となりやすい。また同僚たちとグループで仕事に取り組んでいる際には，集団的自己が作動自己になりやすいだろう。

異なる作動自己は，異なる社会的動機付けを生み出す。個人的自己が活性化されている場合には，自分自身に利得をもたらそうと動機付けられ，関係的自己が作動していれば，家族や友人といった特定の他者に利得をもたらそうと動機付けられる。また集団的自己が作動しているとき，そのグループ全体に利得をもたらそうとする。

3. 他者知識

消費者は製品知識や自己知識だけでなく，他者に関する知識も持つ。例えば，夫，妻，子供，父，母といった特定の家族のメンバーや，友人，同僚，顔見知り程度の他者についての知識を持っている（さらには，日本人，弁護士，カメラ女子といった特定のグループについての知識も持つ）。ここで，ある特定の他者Aに関する知識を考えてみよう。図1.9に示されているように，他者Aに関する知識は，他者Aの性格や趣味，外見といった彼/彼女を特徴付ける概念（意味レベルの知識），また他者Aが登場する出来事（エピソード・レベルの知識）の全体である。人は様々な他者についての知識を持つが，重要他者については特に豊富な知識を持っている（Andersen and Cole 1990）。

図 1.9　他者知識

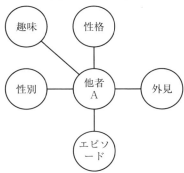

　自己知識と他者知識は，強く結び付いていることが少なくない。特に，重要他者に関する知識は，自己知識と強固に結び付きやすく，したがって，活性化されやすい。自己知識とある特定の重要他者の知識との結び付きは，この重要他者と関連した自己の側面を捉える。先に述べた関係的自己は，自己概念のうち重要他者と結び付いた部分と言える（Andersen and Chen 2002; Chen, Boucher, and Tapias 2006）。自己知識と特定の重要他者に関する知識が密接に結び付いている場合，何らかの手がかりによって重要他者が検索されると，これと結び付いた自己概念も検索されやすい。つまり，作動自己は重要他者と結び付いた自己概念，即ち，関係的自己になりやすい。

　このように，長期記憶には様々な情報が貯蔵されているが，これらは独立して，別個に貯蔵されているわけではない。製品知識と自己知識が結び付いていたり，自己知識と他者知識が結び付いていたりといったように，様々なノードがリンクされて，1つのネットワークを構成している。購買意思決定プロセスでは，この長期記憶内の知識から，製品の属性，結果，価値，また態度や使用経験のエピソードなど，多様な情報が検索される。どんな情報が検索されるかは知識におけるノード間の結び付きの強さに大きく依存する。

　購買・採用意思決定プロセスと日常生活を明確に切り分けることは難しいものの，製品知識，自己知識，他者知識は，代替的行動間での選択としての購買・採用意思決定プロセス（目標設定から購買までの段階）の外側で獲得されて

いく。製品知識は主に，購買・採用意思決定プロセスの使用・再評価の段階において獲得される。また，自己知識や他者知識は購買・採用意思決定プロセスの外側にある日常生活において獲得されていく。製品を使用せずに生活することはほとんど不可能なほどに，人々の日常生活に製品使用が深く根付いていることを考慮すると，自己知識や他者知識の一部は購買意思決定プロセスの使用・再評価の段階において獲得されると見なすこともできる（例えば，友人と一緒に映画を見ることによって，友人の性格や好みをよく知るようになる）。とは言え，購買・採用意思決定プロセスの目標設定から購買までの段階では，自己知識や他者知識が獲得されることはない。

第4節　消費者相互作用のネットワーク

消費者は購買・採用意思決定プロセスにおいて，環境上の外部情報を探索することもできる（図 1.5）。内部探索の方が必要とされる認知的・行動的努力が小さいため，外部探索よりも先に内部探索が行われるが，内部探索だけでは確信度の要求水準を満たす情報が得られない場合には，外部探索が行われる。外部情報には，TV 広告，小売店頭，またホームページなどを通じて企業が発信する情報だけでなく，他の消費者によって発信された情報もある。つまり，消費者は相互に情報をやりとりしており，このような消費者相互作用のネットワークが，購買・採用意思決定プロセスにおいて利用される情報源の1つになっている。

1. 未経験 WOM と経験 WOM

消費者間でやりとりされる情報には，言語情報である WOM（Word-of-month：クチコミ）と，視覚情報であるシグナルがある[3]。WOM の受信は，意図的である場合も，偶発的である場合もある。一方，WOM の発信は必ず意図的である。WOM 発信には多かれ少なかれ行動的・認知的努力が必要とされる。そのため，WOM を発信することによって得られる利得が行動的・認知的

努力を上回る場合に限って，消費者は WOM を発信する。

　WOM 発信の対象は，特定の製品である場合も，製品カテゴリーである場合もある。例えば，消費者はハーゲンダッツについての WOM を発信することもあるし，特定の製品ではなくアイスクリーム全般（例えば，コーンのパリパリした食感が大好きなこと，家では鍋の後に必ずアイスクリームを食べること）についての WOM を発信することもある。また MacBook についての WOM を発信することもあれば，ノート PC 全般の WOM を発信することもある。本書ではこれらのうち，製品に関する WOM に焦点をあてる。以下では，基本的に製品カテゴリーに関する WOM を扱わないが，例外的に，耐久財のカテゴリー採用に関する既存研究をレビューする部分では，製品カテゴリーに関する WOM を取り上げる。

　図 1.10 に示したように，消費者間で発信・受信される WOM は，その受信者が WOM 対象製品の未採用者であるか，あるいは採用者であるかに基づいて，未経験 WOM と経験 WOM に区別することができる。未経験 WOM とは，

図 1.10　未経験 WOM vs. 経験 WOM

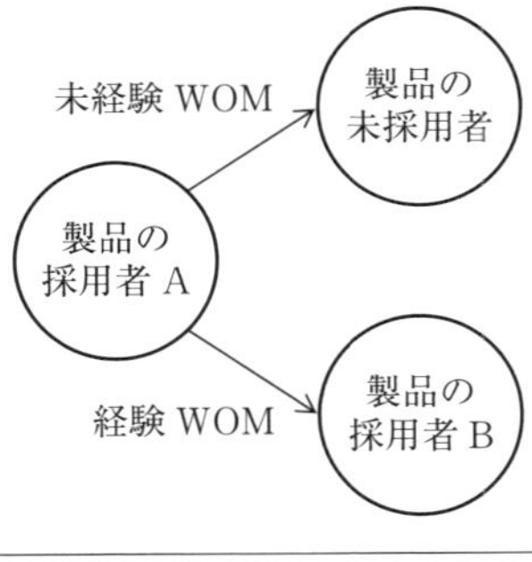

特性	未経験 WOM	経験 WOM
受信者	WOM 対象製品の未採用者	WOM 対象製品の採用者
影響	製品採用への影響	製品のリピート購買への影響
追加的情報	機能的・心理的便益，WOM 発信者による使用	WOM 発信者による使用
探索の能動性	能動的探索と偶発的受信の両方	偶発的受信

未採用者によって受信される WOM，即ち，受信者が購買・使用した経験がない製品に関する WOM である。これに対して，経験 WOM は採用者によって受信される WOM，言い換えれば，購買・使用経験のある製品についての WOM である。例えば，MacBook についての WOM は，MacBook の未採用者にとっては未経験 WOM，採用者にとっては経験 WOM である。

　未経験 WOM と経験 WOM では，WOM が影響を及ぼす対象，WOM がもたらす追加的情報，また探索の能動性が異なる（図1.10）。まず，未経験 WOM は購買・使用経験のない製品についての WOM であるから，未経験 WOM が影響を及ぼすのは製品採用である。これに対して，経験 WOM は購買・使用経験のある製品についての WOM であるから，経験 WOM が影響を及ぼすのは製品のリピート購買である。

　未経験 WOM を受信することで，未採用者はその製品の機能的便益や心理的便益を理解するようになる。一方，採用者は使用経験を通じて機能的・心理的便益を理解し，これを長期記憶内に貯蔵している。そのため，彼らが経験 WOM を受信することによって追加的に得る情報は，製品と WOM 発信者との行動的・心理的関わりについての情報，即ち，その製品を WOM 発信者が使用したこと，そして，その購買・使用経験が少なくとも話題にあげる程度には WOM 発信者にとって重要であることのみである。

　未経験 WOM は能動的に探索されることもあれば，偶発的に受信されることもある。例えば，クチコミサイトにアクセスして，購買・使用経験のない製品に関するユーザーレビューを読むことは，未経験 WOM の能動的探索である。また友人や家族との会話の中で，購買・使用経験のない製品についての WOM を偶然耳にすることもある。一方，経験 WOM の受信のほどんどは偶発的である。使用経験を通じて機能的・心理的便益を知っている以上，能動的に経験 WOM を探索することはほとんどない。経験 WOM の能動的探索は，認知的不協和を削減したい場合や，ブランド・コミュニティにおいて他のユーザーとのコミュニケーションを楽しむ場合などに限られる。

　消費者は他者が製品を購買・使用している場面を見かけることで，シグナル

を受信する。シグナルもまた，受信者の WOM 対象製品の購買・使用経験に基づいて，未経験シグナルと経験シグナルに区別することができる。WOM と同様に，未経験シグナルは製品採用に，経験シグナルは製品のリピート購買に，それぞれ影響を及ぼす。また WOM と同じように，未経験シグナルと経験シグナルでは，受信者が得る追加的情報が異なる。未経験シグナルはその受信者に機能的便益や使用方法に関する情報を新たにもたらすが，経験シグナルがもたらす追加的情報は，WOM 発信者がその製品を使用していることのみである。一方，WOM とは対照的に，未経験・経験を問わず，シグナルの発信と受信は偶発的である。シグナルの発信・受信は，製品使用の可視性，即ち，採用者の使用場面が未採用者に物理的に見える程度に大きく依存する（Bearden and Etzel 1982; Fisher and Price 1992）。例えば，自動車やスマートフォンは他者に使用場面が見えるために可視性が高く，そのため，シグナルがよく発信・受信される。一方，冷蔵庫や掃除機は通常自宅内で使用されるため，使用場面の可視性が低く，従って，シグナルの発信・受信は少ない。

2. WOM ネットワーク

　ソーシャルメディアが浸透した現在の消費者は，フェイス・トゥ・フェイス，クチコミサイトやブログ，SNS の 3 つのネットワークから WOM 情報を獲得することができる（WOM 情報の発信・受信という点では，クチコミサイトとブログはよく似た特徴を持つ。そこで以下では，クチコミサイトとブログの両者を含めてクチコミサイトと呼ぶ）。表 1.1 に示したように，フェイス・トゥ・フェイス，クチコミサイト，SNS では，入手可能な WOM 情報の範囲と WOM 発信・受信の頻度が異なる。クチコミサイトはメンバーが流動的，かつ広範囲のネットワークである。これに対して，フェイス・トゥ・フェイスと SNS は，メンバーが家族や友人，同僚といった比較的狭い範囲に固定されたネットワークである。そのため，クチコミサイトの方が，フェイス・トゥ・フェイスや SNS よりも入手可能な WOM の範囲は広い。また，SNS は WOM 発信・受信のリアルタイム性が高く，したがって WOM 受信・発信の頻度が多い。

表 1.1　3つのWOMネットワークの特徴

特性	フェイス・トゥ・フェイス	クチコミサイト	SNS
入手可能なWOMの範囲	狭い	広い	狭い
WOM発信・受信頻度	少ない	少ない	多い
発信者に関する知識	高い	低い	高いことが多い
WOM内容と探索の能動性	未経験WOMの能動的探索・偶発的受信，経験WOMの偶発的受信	未経験WOM（ユーザーレビュー）の能動的探索	経験WOMの偶発的受信

　上記の3つのネットワークはまた，WOM発信者に関する知識，そしてWOM情報の内容や探索の能動性についても異なる。フェイス・トゥ・フェイスとSNSは主に友人や家族，同僚によって構成されるネットワークであるから，WOM発信者についての高い知識を持つ。一方，クチコミサイトはメンバーが流動的であるため，WOM発信者に関する知識は低い。

　クチコミサイトでは，消費者はユーザーレビューを能動的，意図的に探索する。ここで，消費者がクチコミサイトで探索するユーザーレビューは，自分が購買・使用した経験のない製品のレビュー，即ち，未経験WOMである。一方，SNSでは，経験WOMを受動的，偶発的に受信することが多い。例えば，「スタバなう」「ブル注入！」といった友人からのツイートを目にした消費者にとって，これらは経験WOMであることが多いだろう。

第5節　まとめ

　個々の消費者は，消費者間の相互作用のネットワークの1つのノードであると同時に，その内側に知識のネットワークを持っている。これらの2つのネットワークは意思決定を行う際の情報源として機能する。購買・採用意思決定プロセスにおいて，消費者は各代替案が設定された目標をどの程度達成するかを推論する。推論である以上，必ず不確実性が伴うが，消費者内の知識のネットワークや消費者間の相互作用のネットワークなどから情報を探索し，これを処

理することで，不確実性を小さくすることができる。

　ある製品の目標達成度を推論する際，消費者はその製品に関する情報を内部探索する。これまでの消費者行動研究が示してきたように，製品知識は意思決定に大きな影響を及ぼす。ただし，消費者はいま意思決定を行っている製品の知識だけでなく，その時点では活性化されていないけれども，別のカテゴリーに含まれる製品の知識も持っている。また消費者は購買意思決定プロセスの外側にある日常生活において獲得された自己知識や他者知識も記憶内に貯蔵している。そして，製品知識，自己知識，他者知識は互いに結び付きうる。

　消費者はまた，他の消費者が発信するWOMやシグナルを意思決定プロセスにおいて利用することがある。WOMは対象製品の購買・使用経験に基づいて，未経験WOMと経験WOMに区別することができる。シグナルについても同様に区別できる。未経験WOM・シグナルと経験WOM・シグナルでは，探索の能動性や受信者にもたらす追加的情報などが異なる。現代の消費者は，フェイス・トゥ・フェイス，クチコミサイト，SNSからWOMを獲得することができる。これらのWOMネットワークは，入手可能なWOMの範囲，発信・受信の頻度，発信者に関する知識，またWOMの内容（未経験WOMか経験WOMか）などについて，大きく異なっている。

［付記］本章第2節の「情報探索と目標達成度の推論」は，斉藤嘉一（2012），「情報循環と購買前行動」『AD STUDIES』42を加筆・変更したものである。

(1) 購買対象としてのブランド化された製品をブランドと呼ぶことも少なくない（例えば，Keller 1998）。しかし，第4章や第9章で議論されるように，ブランド・コミットメントの高い消費者は，ブランドに利得をもたらそうとする。このとき，購買対象としてのブランド化された製品は，ブランドに利得をもたらす手段となる。もし購買対象をブランドと呼んだならば，手段としての購買対象と，利得をもたらす対象の両方がブランドと呼ばれるという混乱が起きる。本書では，このような混乱を避けるため，ブランド化された製品を製品と呼ぶ。
(2) Kotler and Armstrong（2004）と違って，本書の製品は便益を含まない。なぜなら，便益は消費者が製品から引き出すものであり，企業が直接的にコントロール可能なマーケティング手段ではないためである。例えば，PCは消費者が操作して初めて，文書を作成したり，メールを送受信したりといった便益が引き出されるが，消費者がPCを操作する

スキルは，企業にとって直接コントロール可能ではない。また消費者は友人と同じような服を着たいと思うこともある。この場合，この消費者が洋服から引き出す便益は，友人がどんな洋服を身につけているかに依存するが，これは企業の直接コントロール可能な範囲にはない。
(3) Peres, Muller, and Mahajan（2010）は，消費者相互作用として WOM，シグナル，ネットワーク外部性をあげている。これらのうち，ネットワーク外部性は個々の消費者間での情報の発信・受信を伴わないことから，本書では，WOM とシグナルを指して消費者相互作用と呼ぶ。

第2章　製品間の関係とそのマネジメント

　製品間の競争・共生関係は，マーケティング研究者と実務家の双方から，大きな関心を集めてきた。しかしながら，消費者行動の視点から製品間の競争・共生関係がいかにして形成されるかを明らかにしようという試みは，既存研究ではほとんどなされてこなかった。唯一の例外が，競争市場構造分析である（例えば，Day, Shocker, and Srivastava 1979; Elrod and Keane 1995; 井上 1998）。競争市場構造分析では，属性・知覚・用途の類似性，製品スイッチ，交差弾力性などに基づいて製品間の競争関係を把握しようとしてきた。ただし，競争市場構造分析の主な目的は製品間の競争関係を記述することであり，したがって，いかにして競争関係が形成されるかを検討したものではなく，また共生関係については研究範囲の外にある。

　本章では，製品間の関係を消費者行動の理論と関連付け，製品間の競争・共生関係についての本書の認識を示す。以下では，消費者視点から考える競争関係と共生関係とはそれぞれ何か，企業はいかにして競争・共生関係をマネジメントしうるかを述べる。また現代的環境下での競争・共生関係のマネジメント上の課題について議論する。

第1節　スタティック/ダイナミックな競争・共生関係

　一般的に，競争関係とは，一方の利得が他方の損失になる関係，即ち，自らが利得を獲得することは相手が損失を被ることを意味し，相手が利得を獲得することは自らが損失を被ることを意味する関係である。ここで，企業が期待する利得は個々の消費者による自社製品の購買である。したがって，製品間の競

争関係は，自社製品（他社製品）が購買されることで，他社製品（自社製品）は購買されなくなる関係ということになる。また相手が利得を獲得することが自分にとっても利得になり，また相手が損失を被ることは自分にとっても損失になる関係もある。このような関係を，本書では共生関係と呼ぶ。製品が獲得しようとする利得は消費者による購買であるから，製品間の共生関係は，他社製品が購買されることで，自社製品も購買されるようになったり，他社製品が購買されないことで，自社製品も購買されなくなる関係と言える。

製品間の競争・共生関係には，スタティックな関係とダイナミックな関係が考えられる（cf. Shocker, Bayus, and Kim 2004）。図2.1に示したように，製品間のスタティックな関係は，ある1時点での購買の関連性である。スタティックな競争関係は，ある時点において一方が購買されれば，同じ時点では他方は購買されないという関係である。例えば，消費者が製品AとBのうちの一方を選択して，これを購買するとき，製品AとBの間にスタティックな競争関係が成立している。スタティックな共生関係は，ある時点において一方が購買されれば，同じ時点で他方も購買されるようになる関係である。例えば，ある時点である家庭用ゲーム機を購買した消費者は，同時に専用ソフトを購買しやすい。したがって，家庭用ゲーム機と専用ソフトはスタティックな共生関係に

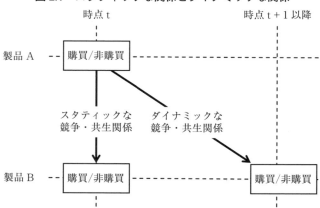

図2.1　スタティックな関係とダイナミックな関係

ある。また，スーパーマーケットでの買い物のように1回の来店において複数の製品を購買する場合，コーンフレークと牛乳，スパゲティとパスタソースなど，特定の製品カテゴリーの組み合わせが同時に購買されやすい。このような製品カテゴリーの組み合わせもスタティックな共生関係にある。

製品間のダイナミックな関係は，時点間にまたがった購買の関連性である（図2.1）。ある時点で製品Aを購買することによって，以降，製品Bが購買されにくくなるとき，製品A→製品Bはダイナミックな競争関係にある。一方，先に製品Aを購買することで，以降，製品Bが購買されやすくなるとき，製品A→製品Bはダイナミックな共生関係にある。特に，製品や製品カテゴリーの採用について言えば，製品間のダイナミックな関係は，時点間にまたがった採用の関連性であり，一方の製品を採用することで，他方の製品の採用タイミングが遅くなる，あるいは早くなるという関係である。つまり，ある時点で製品Aを採用することによって，製品Bの採用のタイミングが遅くなるとき，製品A→製品Bはダイナミックな競争関係にある。一方，先に製品Aを採用することで，製品Bの採用のタイミングが早まるとき，製品A→製品Bはダイナミックな共生関係にある。ダイナミックな関係は対称とは限らない。製品A→製品Bはダイナミックな競争関係にあるが，製品B→製品Aはダイナミックな共生関係にあるといったように，非対称な場合もある。

第2節　スタティックな競争関係を規定する考慮集合

スタティックな競争関係，即ち，ある時点で一方が購買されれば，その時点では他方は購買されないという関係は，個々の消費者の購買意思決定プロセスにおいて決定されていく。具体的には，購買意思決定プロセスにおいて形成される考慮集合によってスタティックな競争関係は規定される。考慮集合とは，「消費者が真剣に購買を検討する製品の集まり」である（例えば，Howard 1977; Hauser and Wernerfelt 1990）。消費者は利用可能な全ての製品を真剣に検討した上で購買する製品を選択するのではなく，利用可能な製品のうちの一部の製

品のみを検討し，購買する製品を選択する（Roberts and Lattin 1991; Shocker, Ben-Akiva, Boccara, and Nedungadi 1991）。例えば，清涼飲料を購買するとき，多くの消費者は小売店頭にある全ての製品を考慮するのではなく，2つ，ないしは3つ程度の製品のみを考慮し，その中から購買する製品を選択するだろう。考慮集合に入らなかった製品は，たとえ売場に陳列されていても，また記憶内に貯蔵されていても，選択されることはない。

消費者は考慮集合に含まれる製品の中から購買する製品を選択するため，考慮集合に一緒に含まれる製品はスタティックな競争関係にあり，一緒に含まれない製品はスタティックな競争関係にない。図2.2のパネルAに描かれている考慮集合が形成された場合，自社製品と他社製品は競争関係にある。図2.2のパネルBとCの考慮集合が形成された場合，自社製品と他社製品は競争関係にない。

図2.2 考慮集合と競争・非競争関係

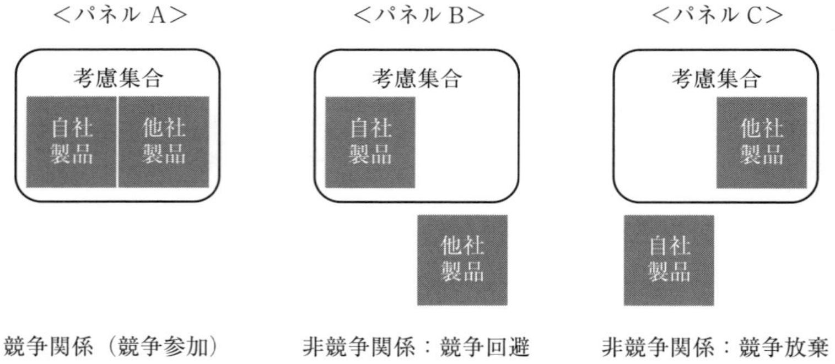

＜パネルA＞　　　　　＜パネルB＞　　　　　＜パネルC＞

競争関係（競争参加）　非競争関係：競争回避　非競争関係：競争放棄

消費者はサイズ1の考慮集合，即ち，1つの製品のみが含まれる考慮集合を形成することが少なくない。Hauser and Wernerfelt（1990）によると，カテゴリーによって異なるものの，考慮集合に含まれる製品数の平均は1〜5であると言う。また Lapersonne, Laurent, and Goff（1995）の行った自動車を購買した消費者を対象とした質問紙調査では，22%の回答者の考慮集合はサイズ1であった。図2.2のパネルBは，自社製品のみが含まれるサイズ1の考慮集合を描いている。このような考慮集合が形成されたとき，自社製品は考慮集合内

で他の製品と競争することなく消費者選択を獲得する。つまり，自社製品は競争を回避する。他社製品のみが含まれるサイズ1の考慮集合（図2.2のパネルC）が形成されたとき，自社製品は他社製品と競争することすらなく，他社製品が選択される。つまり，自社製品は競争を放棄している。

なお，選択の結果に基づいて競争関係を直接的に把握することはできない。自社製品と他社製品の2つの製品の中から自社製品が選択されたとき，(1)自社製品と他社製品の両方を考慮した上で（つまり，図2.2のパネルAに描かれている考慮集合を形成し），自社製品を選択した，(2)自社製品だけを考慮し（つまり，図2.2のパネルBに描かれている考慮集合を形成し），自動的に自社製品を選択した，という2つのプロセスが考えられる。選択の結果は同じでも，考慮集合は異なっており，したがって，競争関係も異なる。つまり，前者のプロセスでは，自社製品は競争に参加し，他社製品との競争関係の中で選択を獲得しているのに対して，後者のプロセスでは，自社製品は他社製品との競争を回避している。選択の結果だけ見ても消費者がどちらのプロセスをたどったかはわからないため，選択の結果から競争関係を把握することはできない。

第3節　スタティックな関係のマネジメント

企業の競争対応には，(1)自社製品にとって望ましい競争関係を形成しようとする行動と，(2)競争関係が成立していることを所与として，その競争関係の中で消費者選択を獲得しようとする行動が考えられる。Kim and Mauborgne（2005）の表現を借りれば，前者は"ブルー・オーシャン"を創造しようとする行動，後者は"レッド・オーシャン"で競争相手に勝とうとする行動にあたる。本書の焦点は，前者，即ち，競争関係自体のマネジメントにある。企業にとって最も望ましいのは，どの製品とも競争せずに消費者選択を獲得することであるから，競争関係のマネジメントでは，他の全ての製品との非競争関係を成立させ，競争を回避することを目指すことになる。

1. 同質化と製品差別化

マーケティング戦略論では，競争関係のマネジメントは，同質化と製品差別化（以下，差別化と省略する）の問題として議論されてきた。マーケティング戦略論によると，同質化，即ち，他社製品との差異を埋めることによって，他社製品との競争関係が形成されるという。同質化による競争参加は他社よりも安い価格を提示できること，即ち，コスト・リーダーシップを持っていることが前提となる（例えば，Porter 1980; 上原 1999; 嶋口 1987）。一方，競争の回避は差別化によって達成することができるとされる（例えば，Dickson and Ginter 1987; Smith 1956; 石原 1971, 1982）。ここで差別化とは，自社製品への「特殊的・排他的欲望」（石原 1982, p.57）を形成することを目的として，これが依拠する製品差異を創造する試みである。したがって，製品差異の創造が成功裡に行われたとき，自社製品は他社製品とは異なるものとして消費者によって知覚され，さらに自社製品への特殊的・排他的欲望が形成されることによって，他社製品との競争が回避されることになる。

前述のように，スタティックな競争関係は考慮集合によって規定されるため，考慮集合形成プロセスは消費者によってスタティックな競争関係が決定されていくプロセスと言える。したがって，スタティックな競争関係のマネジメントは，自社製品にとって望ましい考慮集合，即ち，自社製品のみが含まれるサイズ1の考慮集合を形成させるように，消費者の考慮集合形成プロセスに働きかけることに他ならない。端的に言えば，考慮集合の間接的なコントロールがスタティックな競争関係のマネジメントである。ここで，ある消費者が形成する考慮集合は，別の消費者が形成する考慮集合とは異なることが多く，また同じ消費者でも購買機会によって考慮集合は変化する。したがって，製品間のスタティックな競争関係は消費者×購買機会の数だけ形成されることになる。ただし，その中には，多くの消費者が多くの購買機会において形成する競争関係もあれば，形成される回数が少ないものもある。したがって，スタティックな競争関係のマネジメントでは，各消費者の各購買機会における考慮集合形成の1つ1つに働きかけ，自社製品にとって望ましい考慮集合が形成される回数

を増やそうと試みることになる。

　スタティックな競争関係のマネジメントを考慮集合の間接的なコントロールとして捉えたとき，マーケティング戦略論において提案されてきた同質化と差別化は，考慮集合をコントロールするための手段として位置付けられるようになる。つまり，同質化は，多くの消費者に多くの購買機会において，自社製品と他社製品が一緒に含まれる考慮集合を形成させるための手段である。したがって，自社製品を他社製品と同質化させたとき，自社製品と他社製品が一緒に含まれる考慮集合が形成されることが期待される（即ち，自社製品は他社製品との競争に参加する）。一方，差別化は，自社製品は含まれるが他社製品は含まれない考慮集合を消費者に形成させるための手段である。自社製品を他社製品と差別化したとき，自社製品は含まれるが他社製品は含まれない考慮集合が形成されることが期待される。

2. 何がスタティックな競争関係を生み出すか

　「同質化→競争参加，差別化→競争回避」の図式が示唆するように，製品間の競争関係は，消費者が製品の組み合わせの便益をどのように知覚しているかに大きく依存する。図2.3は2つの製品AとBの組み合わせの便益を示したものである。製品AとBはそれぞれ単体で使用することによってもたらさ

図2.3　製品の組み合わせが持つ4種類の便益

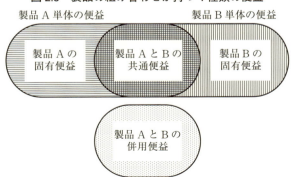

る便益を持つが,その一部は製品間で共通していることがある。また製品AとBは,両者を併用することで得られる便益を持つこともある。したがって,2つの製品AとBの組み合わせの便益は,(1)製品AとBが共通して持つ便益,(2)製品Aに固有の便益,(3)製品Bに固有の便益,(4)製品AとBを併用することによって得られる便益に整理することができる。もちろん,あらゆる製品の組み合わせがこれら4種類の便益を持つわけではなく,いずれかの便益を持たない組み合わせもある(例えば,MacBookとお～いお茶は共通便益も併用便益も持たないだろう)。

共通便益はスタティックな競争関係を導く。先に述べたように,購買意思決定プロセスは目標志向の問題解決であるから,考慮集合に含まれる製品は,目標を一定以上によく達成すると推論された製品である。したがって,製品AとBが共通便益を持っており,かつ,この共通便益が消費者の目標を一定以上によく満たすとき,製品AとBが一緒に考慮集合に含まれる。

固有便益はスタティックな非競争関係を導く。製品AとBのうち,製品Aは固有便益を持っており,かつ,消費者の目標がこの製品Aの固有便益によってのみ達成される場合,製品Aのみが含まれる考慮集合が形成される。このとき,製品Aは製品Bと競争することなく必ず選択される,つまり,競争が回避される。

共通便益を持つとき必ずスタティックな競争関係が形成されるわけではなく,また固有便益を持つとき必ずスタティックな非競争関係が形成されるわけではないことに注意してほしい。共通便益や固有便益を持つことは必要条件の1つであり,共通便益が消費者の目標を満たさなければスタティックな競争関係は形成されないし,固有便益が目標達成に貢献しなければスタティックな競争は回避されない。

3. 現代のスタティックな競争関係のマネジメント

序章で述べたように,近年,多くの製品カテゴリーにおいてコモディティ化が進んでいる。コモディティ化はスタティックな非競争関係よりも競争関係の

形成を促進すると考えられる。製品が共通の機能的便益を持つとき，この共通の機能的便益が消費者の目標を満たすならば，これらの製品は一緒に考慮集合に含まれる。製品の組み合わせが持つ共通の機能的便益が増えるほど，これらの製品は同じ考慮集合に入り，スタティックな競争関係を形成しやすくなる。

コモディティ化の下では，企業は競争を回避することはできないのだろうか。機能的便益について差別化しようとする限り，競争を回避することは難しい。技術水準の平準化や生産のリードタイムの短縮化のために，機能的便益について差別化しても，他社に即座に同質化対応されてしまうためである。また技術革新のスピードの鈍化や消費者の技術適応限界のために，機能的便益について差別化すること自体がそもそも困難でもある。しかし，差別化は機能的便益についてのみ可能というわけではない。現代の競争関係のマネジメントは，他社が同質化対応しにくい，あるいは同質化できない機能的便益以外の固有の便益を自社製品に持たせられるかにかかっている。

同質化対応が難しい便益は，機能的便益から派生しない社会的便益や心理的便益である。第1章で述べたように，ブランドは名前やシンボルであるから，機能的便益をもたらすことはないが，社会的便益や心理的便益をもたらすことがある。どんなにコモディティ化が進もうとも，自社製品と他社製品との間でブランドが共通化されることはない。製品がブランド化されているとき，消費者の知識のネットワークでは，各狭義の製品ノードとそれぞれ固有のブランドノードが結び付く。こうして，それぞれの狭義の製品は異なるものとして認識されやすくなる。ただし，狭義の製品にブランドを付与するだけで，競争が回避されやすくなるわけではない。ブランドが社会的便益や心理的便益をもたらし，これが消費者の目標達成によく貢献する場合に限って，ブランド化された製品は競争を回避する。つまり，ブランド化することによって消費者が図1.7のケース5や6のような手段目的連鎖を持つようになるとき，競争が回避される（ケース5は「ブランド→社会的便益→心理的便益」，ケース6は「ブランド→心理的便益」）。

特定の製品に固有の社会的便益は，消費者相互作用によって生み出されるこ

とがある。つまり，消費者は WOM（word-of-mouth：クチコミ）やシグナルを受信することで，図1.7のケース3と5のような手段目的連鎖を持つようになることがある（ケース3は「狭義の製品→社会的便益→心理的便益」，ケース5は「ブランド→社会的便益→心理的便益」）。特に注目すべきは，現在，消費者相互作用が多頻度化したことで，製品は固有の社会的便益を持ちやすくなっていることである。第1章で議論したように，SNSの浸透は消費者間でのWOMの発信・受信の頻度を高めた。これにより，現代の消費者は誰がどの製品を購買・使用しているかという情報を，以前よりも多く獲得するようになった。そのため，現代の消費者はどの製品を購買・使用すれば，誰と同じ使用経験を共有するか，また誰にどのように評価されるかを容易に推論できるようになっている。

4. スタティックな共生関係のマネジメント

併用便益は，スタティックな共生関係を生み出す（図2.3）。つまり，消費者がある製品の組み合わせがもたらす併用便益を理解しており，かつ，この併用便益が消費者の目標を満たすとき，その製品の組み合わせは同時に購買されやすい。様々な製品の組み合わせは，様々な併用便益を生み出しうる。そのため，消費者はいくつかの製品を組み合わせて使用することが多い。例えば，多くの食料品は単体で使用されるのではなく，組み合わされることで（つまり，料理されることで）併用便益を引き出して使用される。

スタティックな共生関係のマネジメントは，主にクロス・セリングの文脈で検討されてきた。クロス・セリングとは，複数製品の同時購買を促進することを目的として企業が行う施策である。クロス・セリングの主な実施主体はメーカーよりも小売業者であり，したがって，特定の製品の売上げを高めることではなく，小売店舗に来店した消費者の購買金額を高めることが目的となる。

共生関係は併用便益によって生み出されるが，消費者が知らない併用便益もある。そこで，企業はプロモーションを実施して，製品間の併用便益を理解させることができる（例えば，料理のメニュー提案や洋服のコーディネート提案）。

また，併用便益を理解し，これを記憶内に貯蔵している消費者でも，購買意思決定プロセスにおいて併用便益を思い出すとは限らない。購買意思決定において併用便益を思い出さなければ，併用便益に起因する製品の同時購買は起こらない。小売業者は購買時点の消費者に併用便益を思い出す手がかりを提示し，これを思い出させることができる（例えば，刺身売り場にワサビを置いたり，冬野菜の売り場に鍋つゆを置いたりといったように，併用便益を持つ製品の組み合わせを店舗内で近くに配置する）。クロス・セリングはメーカーよりも小売業者の課題であることから，本書では以降，スタティックな共生関係には立ち入らない。

第4節　ダイナミックな関係のマネジメント

　製品の組み合わせが持つ併用便益は，スタティックな共生関係を生み出すだけでなく，ダイナミックな共生関係の形成を促進する。つまり，併用便益を持つ2つの製品のうちの一方が購買されると，以降，もう一方の製品も購買されやすくなる。例えば，ある時点である家庭用ゲーム機を購買した消費者は，同時に専用ソフトを購買しやすいだけでなく（スタティックな共生関係），以降も専用ソフトを購買しやすい（ダイナミックな共生関係）。

　共通の機能的便益はスタティックな競争関係を生み出すだけでなく，耐久財のように長期間使用される製品について言えば，ダイナミックな競争関係の形成を促進すると考えられる。耐久財の製品AとBが共通の機能的便益を持つとき，製品Aを採用（初回購買）することは，まだ採用していない製品Bとの共通便益を獲得することを意味する。そのため，製品Aを採用し，これを使用している間は，製品Bの機能的便益の一部を得ることになる。つまり，製品Aを採用することで共通便益が獲得済みになってしまい，以降，製品Bを採用しても共通便益を追加的に獲得できなくなる。したがって，製品Aを先に採用することで，製品Bの採用タイミングが遅くなるというダイナミックな競争関係が形成されるはずである。近年は，PCからのインターネット接

続(以下,PCネット)に対する携帯電話からのインターネット接続(以下,携帯ネット)のように,既存製品と共通の機能的便益を持つ漸進的新製品が市場に導入されることが多い。PCネットを採用・使用している消費者は,携帯ネットを採用しなくても,メールの送受信やウェブサイトの閲覧といった携帯ネットが持つ機能的便益を得ている。そのため,PCネットを先に採用することは,以降の携帯ネットの採用を抑制する効果を持つ。

ここで注目すべきは,共通の機能的便益はダイナミックな共生関係の形成を促すとも考えられることである。共通の機能的便益を持つ製品の組み合わせのうち,一方の製品を先行して採用・使用することで,消費者はその製品の知識を獲得する。この知識は他方の製品がもたらす機能的便益の理解を促進することで,採用のタイミングを早める。例えば,PCネットを採用・使用した消費者は,PCネットの製品知識を獲得する。PCネットの知識を持つ消費者は,これを持たない消費者よりも,携帯ネットがもたらす固有の機能的便益を容易に,高い確信度を持って推論できる。そのため,PCネットを先に採用することで,以降の携帯ネットの採用が促進されるとも考えられる。

このように,消費者行動の視点から考えれば,共通の機能的便益はダイナミックな競争関係を生み出すとも考えられるし,逆に,共生関係を生み出すとも考えられる。このことは,既存製品と共通の機能的便益を持つ新製品,即ち,漸進的新製品を市場に導入することが,ダイナミックな関係のマネジメントにとって是であるか非であるかが定まらないことを意味している。

第5節　まとめ

製品間の競争・共生関係は,マーケティングにおいて大きな関心を集めてきた。しかしながら,消費者行動の視点から製品間の競争・共生関係の形成を明らかにしようという試みは,ほとんどなされてこなかった。本章では,製品間の競争・共生関係を消費者行動と関連付けて捉えようと試みた。

スタティックな競争関係は消費者が形成する考慮集合によって規定される。

第5節 まとめ

そのため，企業は考慮集合を間接的にコントロールすることで，自社製品を競争に参加させたり，競争から回避させたりできる。競争の回避は固有便益によって生み出される。しかし，技術革新のスピードの鈍化，消費者の技術への適応能力の限界，また技術水準の平準化や生産のリードタイムの大幅な短縮化のために，現代の製品は固有の機能的便益を持ち続けることが難しくなっている。そこで，多くの企業は，自社製品に付与された固有のブランドを用いて，競争を回避しようと試みている。ただし，ブランド化による競争の回避は，ブランドが固有の社会的・心理的便益をもたらし，かつ，この社会的・心理的便益が消費者の目標をよく満たす場合に限られる。また，消費者相互作用は製品に固有の社会的便益を生み出しうる。SNSの浸透によって消費者間でのWOM発信・受信の頻度が高まった現在，製品は固有の社会的便益を持ちやすくなっている。

製品間の関係には，ダイナミックな関係も考えられる。製品間のダイナミックな関係は，一般的に，時点間にまたがった購買の関連性である。ある時点で製品Aを購買することによって，以降，製品Bが購買されにくくなるとき，製品A→製品Bはダイナミックな競争関係にある。逆に，製品Bが購買されやすくなるとき，製品A→製品Bはダイナミックな共生関係にある。特に，採用について言えば，製品間のダイナミックな関係は，一方の製品を採用することで，他方の製品の採用タイミングが遅くなる，あるいは早くなるという関係である。共通の機能的便益はダイナミックな競争関係を生み出すとも，ダイナミックな共生関係を生み出すとも考えられる。近年，画期的新製品よりも漸進的新製品が市場導入されることが多い。しかし，共通の機能的便益がどちらの関係を導くかがわからない以上，ダイナミックな関係のマネジメントにとっての漸進的新製品を市場導入することの是非は明らかではない。

第Ⅰ部での議論に基づいて，第Ⅱ部以降で行う実証研究の焦点を確認しておこう。第Ⅱ部では，ブランド化によるスタティックな競争の回避に注目する。消費者行動の観点から言えば，第2部の焦点は，ブランドがもたらす心理的便益にある（図1.7のケース6）。ブランドが固有の心理的便益をもたらし，かつ，

その心理的便益が消費者の目標を満たすとき，その製品は競争を回避する。競争関係のマネジメントにおける課題は，このような状態をいかにして作り出すかである。第Ⅲ部の焦点は，狭義の製品がもたらす機能的便益である（図1.7のケース1と2）。第Ⅲ部では，共通の機能的便益を持つ製品はスタティックな競争関係だけでなく，ダイナミックな競争関係も形成するのか，あるいは，ダイナミックな共生関係を形成するのかを検討する。第Ⅳ部の焦点は，製品がもたらす社会的便益である（図1.7のケース3と5）。第Ⅳ部の主な課題は消費者相互作用がもたらす製品の社会的便益によって，スタティックな競争が回避されるかである。

第Ⅱ部
知識のネットワークと
競争の回避

第3章　考慮集合形成とブランド・コミットメント

　コモディティ化を背景として，現代の多くの企業はブランドを用いてスタティックな競争を回避しようと試みている。第Ⅱ部では，現代的環境下での競争関係のマネジメントにおいて重要な役割を果たすブランド・コミットメントに焦点をあてる。

　本章ではまず，消費者の購買意思決定において，製品間の競争関係を規定する概念としての考慮集合が形成されるプロセスを概観する。次に，ブランド・コミットメント概念を紹介し，ブランド・コミットメントはスタティックな競争の持続的回避，即ち，当該ブランドの製品だけが考慮され，したがって，他の製品と競争することなしに消費者選択を獲得し続ける状態を作り出すことを述べる。

第1節　考慮集合形成

1. 考慮集合形成プロセス

　考慮集合形成プロセスは，購買意思決定プロセスの下位プロセスとして捉えられる。Shocker et al.（1991）は，購買意思決定プロセスを，図3.1に描かれているような全体集合（universal set）を起点として製品を絞り込んでいく階層的なプロセスとして表している。そこでは，考慮集合は知名集合（awareness set）の下位集合として位置付けられている。ここで全体集合とは，市場にある全ての製品の集まりであり，知名集合とは，消費者が知っている製品の集まりである。

　Shocker et al.（1991）のモデルにおける知名集合から考慮集合に至るまでが，

図3.1 製品の絞り込みとしての購買意思決定プロセス

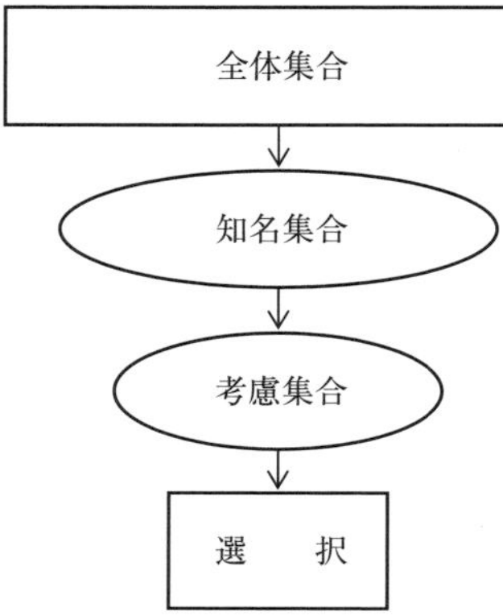

```
全体集合
   ↓
知名集合
   ↓
考慮集合
   ↓
選　択
```

出所：Allan D. Shocker, Moshe Ben-Akiva, Bruno Boccara, and Prakash Nedungadi (1991), "Consideration Set Influences on Consumer Decision-Making and Choice: Issues, Models, and Suggestions," *Marketing Letters*, 2 (3), p.184を一部変更。

考慮集合が形成されるプロセスということになる。ただし，彼らのモデルは，考慮集合と全体集合や知名集合といった周辺概念との関係を表現することに力点をおいたモデルであり，考慮集合形成，つまり，知名集合から考慮集合に至るまでに，どのような情報探索・処理が行われるかを表したものではない。

　考慮集合形成における情報探索と情報処理は，図3.2のようにまとめられる。図3.2の上半分が情報探索，下半分が情報処理を表している。考慮集合形成における情報探索では，知名集合に含まれる製品が検索される。また刺激集合，即ち，小売店頭などで外的に提示された製品の集まりの一部に注意が向けられる（Shapiro, Macinnis, and Heckler 1997）。長期記憶から製品を検索する際，情報探索に先立って設定された目標は，内在的手がかりとして機能する（Nedungadi, Mitchell, and Berger 1993）。つまり，目標を満たしそうな製品が記憶内で検索される。目標はまた，刺激として提示されている製品に注意を向ける際にも，内在的手がかりとなる（Huffman and Houston 1993）。つまり，提示された製品のうち，目標を満たしそうな製品には大きな注意が向けられ，それ以外の製品は注意されない。

図 3.2 考慮集合形成における情報探索と処理

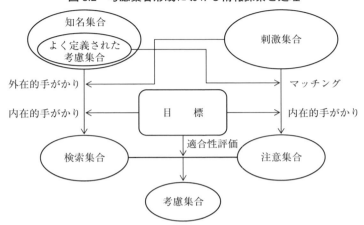

　図 3.2 に示されているように，考慮集合形成における情報探索では，長期記憶内に貯蔵された製品と刺激として外的に提示された製品が互いに影響を及ぼしあっている。つまり，長期記憶内での製品の検索では，外的に提示された製品は外在的手がかりとして影響を及ぼす（Alba and Chattopadhyay 1986; Nedungadi 1990）。一方，刺激として提示されている製品への注意では，長期記憶内に貯蔵されたよく定義された考慮集合（well-defined consideration set）が影響を及ぼす（Sinha 1994）。よく定義された考慮集合とは，長期記憶内で特定の目標と強く結び付いた製品の集まりである。これは，非耐久財のように反復的に購買意思決定が行われる場合に，継続的に同じ考慮集合が形成されることによって構成される。いったんよく定義された考慮集合を記憶内に保持するようになると，消費者は目標を手がかりとして記憶内のよく定義された考慮集合を検索し，これを外部環境上に提示されている製品とマッチングすることによって考慮集合を形成することが多い。なぜなら，必要とされる認知的努力が小さいためである。

　考慮集合形成における情報処理では，上記のような情報探索を経て形成された検索集合と注意集合に含まれる製品が，目標との適合性について評価される

(Ratneshwar, Pechmann, and Shocker 1996; Ratneshwar and Shocker 1991; 新倉 1998)。目標との適合性が低いと評価された代替案は，真剣に購買を検討されることなく作動記憶から排除される。こうして，目標を一定以上に満たす代替案の集合としての考慮集合が形成される。なお，代替案と目標との適合性の評価は，小さな認知的努力のみを必要とする。特に，目標を内在的手がかりとして記憶内の代替案が探索された場合には，情報処理において必要とされる認知的努力は非常に小さいか，あるいは，情報処理自体がスキップされる。このように，考慮集合形成における情報探索・処理では，目標が中心的な役割を担っている。

　図3.2に示したモデルは，消費者が個々の製品を真剣に検討すると決める際に，どのような情報探索・処理が行われるかを表したものである。ここで注意すべきは，知名集合や刺激集合に含まれる全ての製品がいっせいに探索・処理されて考慮集合が形成されるとは限らないことである。知名集合や刺激集合内のある1つの製品を探索・処理し，その製品を考慮するか否かを決め，次に別の製品を探索・処理するといったように，消費者は逐次的に考慮集合を形成することもある。さらには，消費者はまずどの製品を考慮するかを決めてから，考慮集合に含まれる各製品を実際に真剣に検討するとも限らない。消費者は購買意思決定プロセスにおいて，"真剣に購買を検討する製品の集まり"を形成しようとするわけではないためである。第1章で述べたように，情報探索と目標達成度の推論は"行ったり来たり"の関係にある。1つの代替案の情報を探索したら，その代替案の目標達成度を推論してから，別の代替案に関する情報の探索・処理に移るといったように，消費者は代替案ごとに情報探索と処理をまとめて行うことが少なくない。この場合，ある製品を真剣に検討すると決めたら，すぐにその製品の目標達成度を推論に大きな努力を投入し，その製品がよく目標を達成しないなら，真剣に検討する次の製品を決めるという情報処理・探索プロセスになる。図3.2のモデルは考慮集合形成における情報探索と処理が同時か，逐次かを特定したものではなく，現実の消費者は様々な順序で製品を探索・処理しうる。

第 1 節　考慮集合形成　61

2. なぜ消費者は考慮集合を形成するのか

　前述のように，消費者は真剣に購買を検討する製品の集まりを形成しようとするわけではない。しかし，購買に至るまでに，真剣に検討した製品とそうでない製品，即ち，目標達成度の推論に大きな情報探索・処理努力を投入した製品と，ほとんど，あるいは全く努力を投入しなかった製品があることは間違いない。考慮集合は目標達成度の推論に相対的に大きな努力を投入した製品の集まりと言える。

　消費者はなぜ考慮集合を形成する，つまり，一部の製品に対してのみ大きな情報探索・処理努力を集中的に投入するのだろうか。第 1 章で議論したように，購買意思決定は不確実性下での意思決定である。購買意思決定を行う消費者にとって，探索されたそれぞれの代替案の目標達成度は確実なものではなく，多かれ少なかれ不確実である。言い換えれば，目標達成度は点ではなく，大なり小なりの分散（ばらつき）を持った分布として推論される（この製品は，もしかしたら目標をよく満たすかもしれないが，もしかしたら目標をよく満たさないかもしれない）。推論された目標達成度の分散が大きいことは，推論に対する確信度が低いことを意味する。消費者は，製品関連・非関連属性，経験，WOM（word-of-mouth：クチコミ）といった代替案に関する情報を探索・処理することにより，推論の確信度を高める，つまり，推論された目標達成度の分散を小さくすることができる。

　購買意思決定を行う消費者の一般的な目標は，目標達成度が最大の代替案を特定することである。購買関与に応じて，目標達成度の最大化を達成したいと強く望む場合もあれば，そうでない場合もあるが，代替案に関する情報の探索・処理に投入される努力量は少ない方が好ましい。そのため，消費者が最もよく目標を達成する代替案を特定しようと試みる際には，効率が求められる。効率的に目標達成度が最大の代替案を特定するための方法の 1 つは，処理効率の高い情報を用いることで，大きな努力を費やすことなく，個々の代替案の目標達成度の確信度を高める，つまり，目標達成度分布の分散を小さくすることである（第 1 章第 3 節参照）。

もう1つの方法は考慮集合を形成することである。つまり，一部の代替案にのみ大きな情報探索・処理努力を集中的に投入し，それ以外の代替案には情報探索・処理努力を投入しないことである。購買意思決定プロセスでは目標達成度が最大の代替案を特定できればよいのだから，全ての代替案の目標達成度分布の分散を小さくする必要はない。目標達成度の高そうな代替案，即ち，目標達成度分布の平均が大きな代替案だけに集中的に情報探索・処理努力を投入して，その分散を小さくした方が，目標達成度が最大の代替案を特定するためには効率的である。このように，消費者が考慮集合を形成するのは，目標達成度が最大の代替案を特定するという購買意思決定の一般的な目標を，より効率的に達成しようとするためである。

第2節　ブランド・コミットメント

第2章で議論したように，コモディティ化の進行した現代のスタティックな競争関係のマネジメントは，他社が同質化対応できない固有の社会的便益や心理的便益を自社製品に持たせられるかに大きく依存する。現在，多くの企業がブランドを利用して，自社製品に固有の心理的便益を持たせようと試みている。

1. ブランド・コミットメント概念

ブランド・エクイティ概念の登場以降，ブランドは研究者と実務家の双方から大きな注目を集めてきた。その中で，ブランドに対する消費者の心的反応に関する様々な概念が提案されてきた。ここでは，スタティックな競争の回避の鍵を握る心的概念であるブランド・コミットメントに注目する。

既存研究では，ブランド・コミットメントについて，2つの異なる概念化がなされてきた（井上 2009, cf. 井上 2003）。1つは，ブランド・コミットメントを行動意図とするものである。Fournier (1998) によると，ブランド・コミットメントは，ブランドとの「長期的関係を支援するように行動する意図」

第 2 節　ブランド・コミットメント　63

(Fournier 1998, p.365) である。また Lastovicka and Gardner (1977) はブランド・コミットメントを「個人が自らのブランド選択を誓約する，あるいは，縛り付けること」(Lastovicka and Gardner 1977, p.68) と定義している。Thomson, MacInnis, and Park (2005, p.78) によると，ブランド・コミットメントは「個人が（ブランドとの）関係を長期的視点から考え，たとえ困難があってもその関係にとどまろうという意志を持つ程度」である。他に，Aaker, Fournier, and Brasel (2004) や Park, MacInnis, and Priester (2006) などでも，関係継続を目的とした行動意図として，ブランド・コミットメントを捉えている。ブランド・コミットメントの高い消費者は，特定のブランドを購買し続けることを誓い，これを守っていこうとしたり，特定のブランドを支えるために，そのブランドを購買し続けようとする。また，そのブランドの製品が他のブランドの製品に劣っていたら製品購買を延期しようとするし，そのブランドの製品が多少値上げしても購買しようとする。

　もう1つは，ブランド・コミットメントを愛着とするものである。ブランド・コミットメントをブランドに対する愛着として最初に見なしたのは Traylor (1981) である。Traylor (1981) は，先にあげた Lastovicka and Gardner (1977) のブランド・コミットメントの定義を紹介した直後に，「したがって，それ（ブランド・コミットメント）は製品クラス内のある特定のブランドに対する心理的愛着である」(Traylor 1981, p.51) と述べている。Traylor (1981) 以降も Beatty, Kahle, and Homer (1988) や Desai and Raju (2007) などにおいて，ブランド・コミットメントは愛着として定義されている。

　ここでは，これらの2つの概念化のうち前者を採用し，ブランド・コミットメントをブランドとの関係の長期的継続を目的として行動する意図として定義する。その理由は以下の2点である。1つめの理由は，第Ⅱ部のねらいに関連するものである。ここでのねらいは，スタティックな競争の持続的回避，つまり，特定のブランドのみが考慮され，選択され続ける状態がどのように作られるかを説明し，またその状態をいかにして作り出すかについての示唆を与えることである。行動意図は実際の行動を最もよく予測することが知られている

(例えば，Fishbein and Ajzen 1975)。したがって，愛着としてのブランド・コミットメントよりも，行動意図としてのブランド・コミットメントの形成を説明した方が，特定のブランドだけを考慮し，選択し続けるという行動がよく説明・予測できるはずである。もう1つの理由は，ブランド・コミットメントをブランドに対する愛着としたときに起こる概念的混乱を避けるためである。愛着は発達心理学において概念化され (Bowlby 1982)，これをブランドに適用することによってブランド・アタッチメント概念が提案されている（例えば，Park, MacInnis, and Priester 2006）。一方，先にあげたブランド・コミットメントをブランドに対する愛着として捉えた研究では，愛着とは何かを定義していない。また第4章で議論されるように，ブランド・コミットメントをブランド・アタッチメントとして捉えたならば，他の心的概念と領域が重複してしまう。

　ブランドとの関係の長期的継続を目的として行動する意図としてのブランド・コミットメントについて特筆すべきは，ブランドに利得をもたらそうという利ブランド目標を含んでいることである。上記のブランド・コミットメントの定義では，具体的にどんな行動をとるかを特定していない。その代わりに，行動意図の背後にある目的をブランドとの長期的な関係継続に特定している。関係継続は，消費者がブランドの購買を止めない（消費者の側から関係を打ち切らない）だけでなく，ブランドが存続し続ける（ブランドの側から関係を打ち切らない）ことによって実現される。したがって，ブランド・コミットメントには，利ブランド目標，即ち，自らが多少の犠牲を払ってでも，ブランドに対して存続，さらには発展という利得をもたらそうという目標が含まれている。

2. サイズ1の考慮集合形成とブランド・コミットメント

　ブランド・コミットメントは，サイズ1の考慮集合が持続的に形成される現象を説明するための，またコモディティ化が進行した現代的環境において製品が競争を回避し続けるための鍵概念であると考えられる。なぜなら，利ブランド目標を持つ消費者は，購買意思決定プロセスにおいて他のブランドの製品を

考慮しないためである (Desai and Raju 2007)。先に述べたように，考慮集合形成では目標が中心的役割を果たしており，考慮集合に含まれる製品は一定以上に目標を達成する。特定のブランドに対して強いコミットメントを持つ消費者が購買意思決定プロセスにおいて設定する目標は，利ブランド目標が色濃く反映されたものになると考えられる。

　強いコミットメントを持つ消費者にとって，利ブランド目標を達成するのはそのブランドの製品のみであり，他のブランドの製品がその目標を満たさないことは明らかである。そのため，特定のブランドに強いコミットメントを持つとき，ほとんど努力を投入することなく，高い確信度を持って利ブランド目標の達成度を推論できる。言い換えれば，ブランド・コミットメントは，第 2 章で述べた「特定の製品が固有便益を持っており，かつ，この固有便益によってのみ目標が達成される状態」を作り出すことで，競争を回避させる。例えば，Mac（あるいは企業ブランドとしての Apple）に対するコミットメントの高い消費者は，ノート PC，デスクトップ PC，スマートフォンなどの購買意思決定において Mac（Apple）に利得をもたらすことを目標にするだろう。このとき，設定された利ブランド目標を達成するのは Mac ブランドの製品のみであり，他のブランドの製品を購買することは目標達成に全く貢献しない。さらには，Mac 以外のブランドが利得を得ることは Mac の存続を多かれ少なかれ脅かすから，他のブランドの製品を購買することは，利ブランド目標の達成をむしろ妨げてしまう。こうして，特定のブランドに対して強いコミットメントを持つ消費者ほど，購買意思決定において他のブランドを考慮しにくくなり，その結果，他の製品との競争が回避されやすくなる。このように，ブランド・コミットメントは，サイズ 1 の考慮集合形成を，したがって，競争の回避を説明するために重要な概念である。特に，コモディティ化が進行し，製品間の機能的便益の差別性が失われた現在，ブランド・コミットメントはスタティックな競争を回避するための鍵を握っている。

　ブランド・コミットメントは代替的行動間での選択としての購買意思決定プロセス（目標設定から購買まで）において形成されるわけではない。ブランド・

コミットメントは消費者が日常生活においてそのブランドの製品を使用する中で形成され，購買意思決定プロセスの目標設定に影響を及ぼしていく。あるブランドの製品を購買・使用したことがない消費者が，そのブランドの製品に対する高い態度を形成することはある。しかし，利ブランド目標，即ち，自らが犠牲になってでも，そのブランドを存続・発展させようという目標を持つことは，ほとんど考えられない。消費者がブランド・コミットメントを持つようになるには，当該ブランドの製品の使用経験が必要とされる（例えば，久保田 2012）。したがって，ブランド・コミットメントを持つのは，そのブランドの製品を購買したことがある消費者のみに限られる。

第3節　まとめ

　考慮集合に1つの製品しか含まれないとき，その製品は他の製品と考慮集合内で競争することなく選択される，つまり，競争を回避する。考慮集合形成プロセスでは，目標が中心的役割を果たしており，考慮集合に含まれる製品は，目標を一定以上に満たす。

　コモディティ化の下でのサイズ1の考慮集合形成を説明するための鍵概念が，ブランド・コミットメントである。ブランド・コミットメントは購買意思決定プロセスよりも前に形成され，購買意思決定プロセスにおける目標設定に影響を及ぼす。特定のブランドに対して強いコミットメントを持つ，つまり，利ブランド目標を持つ消費者にとって，その目標を達成するのは当該ブランドの購買のみであり，他のブランドの購買は目標の達成に貢献しないか，むしろ目標達成を妨げてしまう。こうして，特定のブランドに対して強いコミットメントを持つ消費者は，購買意思決定において他のブランドを考慮しにくくなるのである。

　ブランド・コミットメントは消費者が日常生活においてブランドを使用する中で形成され，購買意思決定プロセスにおいて設定される目標を規定する。そのため，コモディティ化が進行した現代的環境における競争の回避は，購買意

思決定プロセスではなく，消費者が日常生活においてブランドを使用する中で決まっていくと言える。では，ブランド・コミットメントはどのように形成されるのだろうか。次章では，どのような心的概念がブランド・コミットメントを生み出すかを検討しよう。

第4章　何がブランド・コミットメントを生み出すか

　第3章で議論されたように，ブランド・コミットメントは，消費者が購買意思決定においてどのような目標を設定するかに影響を及ぼす。そして，消費者が設定した目標は，考慮集合形成プロセスにおいて中心的役割を果たす。そのため，ブランド・コミットメントはコモディティ化の下でのサイズ1の考慮集合形成を，したがって，スタティックな競争の回避を説明するための鍵概念と言える。

　本章は，ブランド・コミットメントがどのように形成されるかを明らかにすることを目指し，ブランド・コミットメントに対する自己とブランドとの結び付き，ノスタルジックな結び付き，ブランド・ラブの効果を検討する。以下ではまず，ブランド・コミットメントの形成に関する既存研究の問題点を指摘する。次に，本章で注目する各概念の定義を示し，概念間の関係についての仮説を提示する。そして，本章の対象概念を同時に測定する尺度を開発し，この尺度を用いてブランド・コミットメントに対する自己とブランドとの結び付き，ノスタルジックな結び付き，ブランド・ラブの直接効果と間接効果を検討する。

第1節　ブランド・コミットメント形成研究と本章の問題意識

　第3章で議論されたように，ブランド・コミットメントは利ブランド目標を含んでいる。そのため，ブランド・コミットメントの形成は，当該ブランドを多かれ少なかれ購買・使用してきた消費者が，多少の犠牲を払ってでもブランドを存続・発展させようと動機付けられるプロセスとして捉えられる。した

第1節　ブランド・コミットメント形成研究と本章の問題意識　69

がって，ブランド・コミットメントは購買意思決定時点において形成されるのではなく，消費者が日常生活においてブランドを使用する中で形成されていく。

利ブランド目標は，ブランドの消滅によって自身が被る心理的損失を大きく見積もり，ブランドが自分にとって不可欠であると認識することによって生み出される。ブランドが自分にとって不可欠であるという認識を生み出す原因として，自己とブランドとの結び付き，ノスタルジックな結び付き，ブランド・ラブが考えられる。つまり，ブランドと現在の自己概念が一貫している消費者ほど（自己とブランドとの結び付き），自己概念を形成し，強化し，表現していくためにそのブランドは不可欠であると考えるはずである。またブランドと過去の自分が強く結び付いているほど（ノスタルジックな結び付き），過去の自分を思い出すために，そのブランドが検索手がかりとして利用できることが不可欠であると考えるだろう。そして，ブランドに対する強いポジティブな感情的反応（ブランド・ラブ）を持つ消費者にとって，購買や使用によってポジティブな感情を得るためにそのブランドは不可欠であろう。このようなブランドが不可欠であるという認識は，ブランドを存続・発展させようと消費者を動機付けると考えられる。

最近の研究では，自己とブランドとの結び付きやブランド・ラブがブランド・コミットメントに影響を及ぼすことを示唆する実証分析の結果が提示されている。例えば，Park, MacInnis, Priester, Eisingerich, and Iacobucci（2010）の実証分析は，自己とブランドとの結び付きは当該ブランドの新製品をいつも購買する，当該ブランドの製品が他ブランドの製品よりも劣っていたら購買を延期するといった行動意図をよく説明することを示唆している。またCarroll and Ahuvia（2006）は，ブランド・ラブが心的概念としてのロイヤルティを高めるという結果を報告している。

では，自己とブランドとの結び付き，ブランド・ラブ，そして，ノスタルジックな結び付きは，ブランド・コミットメントを説明するためにそれぞれどの程度役立つのだろうか。上記の実証研究は，注目した構成概念の効果を確証

することを目的としており，代替的説明を与える概念を考慮したものではない。つまり，自己とブランドとの結び付きの効果を検討した Park et al. (2010) の実証分析では，代替的な説明要因としてのブランド・ラブの効果を考慮していないし，ブランド・ラブの効果を検討した Carroll and Ahuvia (2006) では，自己とブランドとの結び付きの効果を考慮していない。このような代替的説明要因を考慮しない経験的テストでは，自己とブランドとの結び付きとブランド・ラブがブランド・コミットメントを説明するためにそれぞれどの程度有用であるかは明らかにならない。なぜなら，自己とブランドとの結び付きとブランド・ラブは（またノスタルジックな結び付きも），概念領域が近接しているためである。概念領域が近いとき，構成概念の測定値間の相関は小さくないはずである。そのため，代替的説明要因によって説明される部分を取り除いた上で当該概念の効果を評価しなければ，ブランド・コミットメントを説明する上での各概念の有用さは明らかにならない。現在の状況は，ブランド・コミットメントを説明するために構成された複数の構成概念が，その有用性を十分に評価されないままに並立しているように見える。このような現状は，ブランド・コミットメント形成に関する理論構築にとって好ましいものではない。現在，強く要請されているのは，これらの構成概念のそれぞれがブランド・コミットメントを説明するためにどの程度有用であるかを評価することである。

 そこで本章では，ブランド・コミットメントに対する自己とブランドとの結び付き，ノスタルジックな結び付き，ブランド・ラブの効果の包括的テストを行う。構造方程式モデリングにおける直接効果のパラメターは，モデルに含まれる他の説明（潜在）変数を一定とした場合の，目的（潜在）変数に対する当該説明（潜在）変数の影響の大きさを捉える（例えば，Bollen 1989）。そこで，ブランド・コミットメントの説明要因として3つの構成概念を全て含む包括的なモデルを構成し，直接効果のパラメターを推定することによって，他の概念を一定としたときに，言い換えれば，他の概念の影響を取り除いたときに，それぞれの概念がブランド・コミットメントに対してどのような影響を及ぼすか

を検討する。

　また本章では，ブランド・コミットメントに対する直接効果だけでなく，間接効果（例えば，ノスタルジックな結び付きが自己とブランドとの結び付きを通じてブランド・コミットメントに及ぼす影響）も併せて検討する。間接効果を把握することは，ブランド・コミットメント形成の詳細な理解をもたらすという点で理論的意義があるだけでなく，実務的観点からも大きな意義があると考えられる。なぜなら，自社ブランドへのコミットメントを高めるためにどの心的概念を高めることにどの程度のマーケティング努力を投入するかは，直接効果のみに基づいて判断するよりも，間接効果も含めた総合効果に基づいて判断した方が適当なためである。

第2節　構成概念の定義

1. 自己とブランドとの結び付き

　消費者はブランドを用いて自己概念を形成・強化・表現することができる（例えば，Escalas 2004a; Escalas and Bettman 2003, cf. Belk 1988）。ブランドを用いた自己概念の形成・強化・表現によって，意味記憶内のブランドに関する知識と自己知識は強く結び付くようになっていく。自己概念とブランド知識との結び付きが強くなるほど，消費者は「そのブランドは自分らしいブランドだ」「そのブランドは自分と似ている」と考えるようになる。

　自己とブランドとの結び付きの概念は，このような自己概念とブランドとの結び付きに言及したものである。自己とブランドとの結び付きは，ブランドと現在の自己（即ち，実際の自己や理想の自己）との一貫性，つまり，ブランドが現在の自己概念に貢献する程度と定義することができる。Fournier（1994, p.137）によると，自己とブランドとの結び付きは「ブランドとその人の現在の（実際の，あるいは，理想の）自己との間に形成された絆」である。Fournier（1998, p.364）は，自己とブランドとの結び付きを「ブランドが重要なアイデンティティ，タスク，あるいはテーマに貢献しており，したがって，自己の重大

な側面を表現できる程度」としている。Fournier（1994, 1998）以降も，「個人がブランドを自己概念に組み込んできた程度」（Escalas and Bettman 2003, p.340），「ブランドが消費者のアイデンティティ，価値，目標に貢献する程度」（Swaminathan, Page, and Gurhan-Canli 2007, p.248）といったように，ほぼ同様の概念化がなされている。

2. ノスタルジックな結び付き

　消費者はブランドが登場するエピソード的自己知識を持つことが少なくない。例えば，消費者は「高校3年生の夏休み，予備校をさぼって，エアジョーダンをはいて友達とバスケをした」という出来事を記憶内に貯蔵している。またブランドをよく使用していた頃に経験したブランドが登場しない出来事が，ブランドと結び付いていることもある（cf. Baumgartner 1992）[1]。エアジョーダンを見ると，除夜の鐘を聞きながら自宅で受験勉強したことを思い出すのは，エアジョーダンと受験勉強のエピソードが結び付いているためである。

　ノスタルジックな結び付きは，このようなエピソード的自己知識とブランドとの結び付きを含む概念であり，ブランドと過去の自分に関する知識の結び付きの強さと定義される。過去の自分に関する知識には，自伝的記憶，即ち，過去に自分が経験した出来事（例えば，Baumgartner, Sujan, and Bettman 1992; Sujan, Bettman, and Baumgartner 1993）と，過去の自己概念（Fournier 1994）が含まれる[2]。記憶内の過去に経験した出来事には，そのときの感情が付随していることも多い（例えば，Baumgartner, Sujan, and Bettman 1992; Sujan, Bettman, and Baumgartner 1993）。この感情は過去の出来事を経験した際に生じた感情的反応が記憶されたもの，即ち，感情の記憶である（Conway 2005; Holland and Kensinger 2010）。出来事が検索されると，これに付随する感情の記憶も検索される。したがって，ノスタルジックな結び付きは，ブランドを手がかりとしたときの，(1)過去の自己概念，(2)ブランドが登場する，しないにかかわらず過去に経験した出来事，そして，(3)そのときの感情の記憶の検索可能性を問うものである（先に述べたように，自己とブランドとの結び付きは現在

第 2 節　構成概念の定義　73

の自己概念とブランドとの一貫性を問う概念である）。

3. ブランド・ラブ

　ブランド・ラブは，ブランドに対するポジティブな強い感情的反応として定義される。Carroll and Ahuvia（2006, p.81）によると，ブランド・ラブは「特定のブランドに対して満足した消費者が持つ，情熱的で情動的な愛着の程度」である。また Fournier（1994, p.130）では，「リレーションシップパートナー間で形成される情動的絆の強さ」をラブ/パッションと呼んでいる。これらの定義は感情のみに言及した狭い定義であるが，より広い概念領域を指してブランド・ラブと呼ぶこともある。例えば，Batra, Ahuvia, and Bagozzi（2012）のブランド・ラブ概念は，自己とブランドとの統合，情熱に導かれる行動，ポジティブな情動的結び付き，長期的関係などの 7 つの下位次元から構成される。本章のブランド・ラブ概念は，Carroll and Ahuvia（2006）や Fournier（1994）と同様に，感情的反応のみに概念領域を限定した狭義のブランド・ラブである。

　ブランド・ラブは自伝的記憶に含まれる感情とは 2 つの点で異なる。1 つは，ブランド・ラブがブランドという対象に対する感情的反応であるのに対して，自伝的記憶に含まれる感情は出来事を経験した際に生じた感情であり，ブランドを対象としたものではないという点である。例えば，「エアジョーダンが大好きだ」という感情は，エアジョーダンに対するブランド・ラブである。一方，エアジョーダンを見ることで思い出す，予備校をさぼって友達とバスケをしたときに喚起された楽しい感情は，エアジョーダン自体に対する感情ではない（友達とバスケをしたのが楽しかったのであって，エアジョーダンが楽しかったのではない）。もう 1 つは，ブランド・ラブはブランドに対する感情システムの反応そのものであるのに対して，自伝的記憶に含まれる感情は出来事と結び付いて保持された内部情報であるという点である。つまり，ブランド・ラブの高い消費者がブランドを目にしたり，これを購買・使用したりすると，そのブランドに対するポジティブな感情的反応が喚起される。一方，ノスタルジック

な結び付きの高い消費者は，過去に経験した出来事に付随する感情の記憶を想起する。エアジョーダンを見たり，購買・使用するとき，エアジョーダンに対するブランド・ラブが高い消費者は強い感情が喚起されるが，ノスタルジックな結び付きの高い消費者は，当時の感情を思い出す。なお，過去の出来事とそのときの感情の記憶が想起されたとき，想起された出来事と感情の記憶が感情システムに投入され，現在の感情的反応が生み出されることもある。

4. 構成概念の領域

　ブランド・コミットメント，自己とブランドとの結び付き，ノスタルジックな結び付き，ブランド・ラブの4つの概念は類似しているが，概念領域の重複はない。概念領域の境界を図示したものが図4.1である。まず，ブランド・コミットメントは行動意図である。自己とブランドとの結び付きとノスタルジックな結び付きは，自己知識とブランドとの結び付きについての概念である。自己知識には，抽象化・意味化された自分についての知識，即ち，自己概念と，自分が経験した出来事についての知識，即ち，自伝的記憶が含まれる。自己とブランドとの結び付きは現在の自己概念とブランドとの一貫性を問う概念であ

図4.1　概念領域の境界

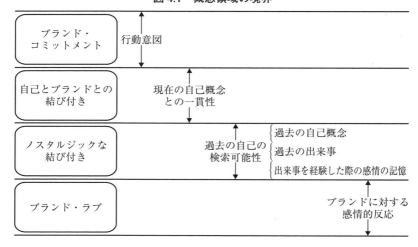

第2節 構成概念の定義

る。一方，ノスタルジックな結び付きは，ブランドを手がかりとしたときの，過去の自己概念，及び，過去に経験した出来事とそのときの感情の記憶の検索可能性を問う。最後に，ブランド・ラブはブランド自体に対するポジティブな強い感情的反応，即ち，情動である。

既存研究では，ブランド・アタッチメントはブランド・コミットメントを高めることが主張されてきたが（例えば，Park, MacInnis, and Priester 2006），ここではブランド・アタッチメントをブランド・コミットメントの説明要因として考慮しない。なぜなら，ブランド・アタッチメントは自己とブランドとの結び付きとブランド・ラブの一部を包含する概念として位置付けられるためである。Thomson, MacInnis, and Park（2005）や Park, MacInnis, and Priester（2006）は，Bowlby（1982）によって提唱された対人のアタッチメント，即ち，「情動が負荷された，人と特定の対象との間の対象特定的な絆」（Thomson, MacInnis, and Park 2005, pp.77-78）をブランドの文脈に適用することによってブランド・アタッチメント概念を規定している。Park, MacInnis, and Priester（2006, p.195）によると，ブランド・アタッチメントは「ブランドと自己とを結び付ける認知的，感情的絆の強さ」である。このようにブランド・アタッチメント概念は，自己とブランドとの結び付きという認知的反応と，これによって引き起こされる強いポジティブな感情的反応の両方を含む。代替的説明要因の包括的テストを行うためには，モデル内の構成概念を一次元的に，つまり，各構成概念を測定する項目群がその構成概念だけを根底に持つように測定することが求められる（Anderson and Gerbing 1988）。概念領域の重複する構成概念は一次元的に測定できないため，概念領域に重複がないことが一次元的測定の前提となる。前述のように，ブランド・アタッチメントの概念領域は自己とブランドとの結び付きとブランド・ラブの一部と重複する。したがって，自己とブランドとの結び付きとブランド・ラブに加えてブランド・アタッチメントもブランド・コミットメントの説明要因に含めたとき，一次元的測定とこれに基づく包括的テストができなくなる。そのため，本章ではブランド・アタッチメントをブランド・コミットメントの説明要因に含めない。

第3節　仮　　説

　ここでは，ブランド・コミットメントに対する自己とブランドとの結び付き，ノスタルジックな結び付き，ブランド・ラブの直接的，また間接的な影響についての仮説を提示する。まず，ブランド・コミットメントに対する直接的な影響から考えていこう。

　自己とブランドとの結び付きはブランド・コミットメントを高める。製品関与研究によると，製品カテゴリーの個人的関連性が高いとき，消費者はその製品カテゴリーの購買意思決定に多くの認知的・行動的努力を投入しようとするという（青木 2004; Peter and Olson 1999）。なぜなら，意思決定に多くの努力を投入するほど，自らの価値をよく実現する代替案を選択しやすくなるためである。製品関与とここで注目している自己とブランドとの結び付きやブランド・コミットメントでは対象が異なるものの，これらは個人的関連性という観点から統一的に説明できる（青木 2004）。製品カテゴリーの個人的関連性は，消費者の中心的価値を製品カテゴリーが満たす程度であるのに対して，ブランドの個人的関連性は，自己概念の形成や強化，また表現という消費者の中心的な心理的ニーズをブランドが満たす程度である。ブランドが現在の自己概念と一貫していることは，そのブランドが自己概念の形成・強化・表現という心理的ニーズをよく満たすことを意味するから，ブランドの個人的関連性は自己とブランドとの結び付きそのものと言える。自己とブランドとの結び付きが強い，即ち，ブランドの個人的関連性が高いとき，消費者は自己概念を形成・強化・表現するためにそのブランドは不可欠であると考えるはずである。そのため，自己とブランドとの結び付きの強い消費者ほど，そのブランドを存続させるために多くの資源を投入しようと動機付けられる。

　自己とブランドとの結び付きがブランド・コミットメントを高めることは，これまでの実証研究の結果からも示唆される。Park et al.（2010）の実証分析（研究3）によると，自己とブランドとの結び付きは当該ブランドの新製品をい

つも購買する，当該ブランドの製品が他ブランドの製品よりも劣っていたら購買を延期するといった行動意図をよく説明するという。またEscalas（2004a）は，自己とブランドとの結び付きはブランドの購買と使用の意図を高めるという実験結果を報告している。

H1：自己とブランドとの結び付きはブランド・コミットメントにプラスの影響を及ぼす。

　ノスタルジックな結び付きもブランド・コミットメントを高めると考えられる。ブランドは自伝的記憶や過去の自己概念の検索手がかりとして機能する（Fournier 1994, cf. Holbrook and Schindler 2003）。ノスタルジックな結び付きの強いブランドを購買・使用するとき，消費者は自伝的記憶や過去の自己概念を検索する手がかりを身近に持つため，ブランドと結び付いた自伝的記憶や過去の自己概念を容易に思い出すことができる。この検索手がかりとしてのブランドを購買・使用しなくなると，ブランドと結び付いた過去の自分を思い出すことが難しくなる。このように，ノスタルジックな結び付きが強いとき，過去の自己概念や自伝的記憶の想起は，そのブランドの手がかりとしての利用可能性に大きく依存する。そのため，ノスタルジックな結び付きが強い消費者ほど，ブランドを存続させようと動機付けられると考えられる。

H2：ノスタルジックな結び付きはブランド・コミットメントにプラスの影響を及ぼす。

　ブランド・コミットメントは，自己知識とブランド知識との結び付き以外にも，ブランド・ラブによっても影響されると考えられる。特定のブランドに対して高いラブを持つとき，そのブランドを購買・使用することによって強いポジティブな感情的反応が喚起される。したがって，高いブランド・ラブを持つ消費者は，製品の購買や使用によって強いポジティブな感情的反応を得るため

に，このブランドの存続は不可欠であると考えるだろう。

　ブランド・ラブがブランド・コミットメントを高めることは既存研究において行われてきた実証分析の結果とも一貫している。Carroll and Ahuvia (2006) は，ブランド・ラブは心的概念としてのロイヤルティに対してプラスの有意な影響を及ぼすという分析結果を提示している。なお，Carroll and Ahuvia (2006) はロイヤルティを「そのブランドをリピート購買することにコミットする程度」(Carroll and Ahuvia 2006, p.84) と定義し，「もし私がよく行く店にこのブランドがなかったら，購買を延期するか，他の店に行こうと思う」「他ブランドを買うくらいなら，私はいっそのことその製品を買わない」などの4項目を用いてこれを測定している。したがって，Carroll and Ahuvia (2006) のロイヤルティは本章のブランド・コミットメントに非常に近い。またChaudhuri and Holbrook (2001) の実証研究でも，ブランドに対するポジティブな情動的反応は態度的ロイヤルティを高めるという結果を得ている。

H3：ブランド・ラブはブランド・コミットメントにプラスの影響を及ぼす。

　自己とブランドとの結び付き，ノスタルジックな結び付き，ブランド・ラブの間でも，何らかの因果関係が成り立つと考えられる。まず，ブランド・ラブに影響を及ぼす要因として自己とブランドとの結び付きが考えられる。前述のように，ブランド・アタッチメント概念は，ブランドに対する認知的反応である自己とブランドとの結び付きと，これに起因するポジティブな感情的反応の両方を含む。このブランド・アタッチメント概念の根底にあるのは，外部刺激だけでなく，認知的反応にも反応して感情的反応を引き起こすという感情システムの性質である（例えば，Peter and Olson 1999; Shiv and Fedorikhin 1999）。つまり，ブランド・アタッチメント概念によると，自己とブランドとの結び付きという認知的反応が感情システムに投入されると，ブランドに対する強いポジティブな感情的反応が引き起こされる。Carroll and Ahuvia (2006) の実証分析でも，自己とブランドとの結び付き（正確には，自己とブランドとの結び付

きと概念領域が大きく重複する概念で，自己表現ブランドと呼んでいる）はブランド・ラブを高めることが示されている。

H4：自己とブランドとの結び付きはブランド・ラブにプラスの影響を及ぼす。

　ノスタルジックな結び付きもまた，ブランド・ラブにプラスの影響を及ぼすと考えられる。ノスタルジックな結び付きが強いとき，ブランドを手がかりとして自伝的記憶，即ち，過去の出来事とこれに付随する感情の記憶が想起されやすい。そして，何らかの対象がトリガー（引き金）になって自伝的記憶が想起されたとき，想起された感情の記憶はトリガーとなった対象へと転移され，その対象に対する感情的反応を引き起こす（Baumgartner 1992; Baumgartner, Sujan, and Bettman 1992; Sujan, Bettman, and Baumgartner 1993）。そこで，

H5：ノスタルジックな結び付きはブランド・ラブにプラスの影響を及ぼす。

　H4 と H5 は，自己とブランドとの結び付きとノスタルジックな結び付きという内部情報に対して感情システムがどのように反応するかについての仮説である。なお，感情システムは外部刺激に対しても反応する。ブランド・エクスペリエンス概念を提唱した Brakus, Schmitt, and Zarantonello（2009）が強調するように，ブランド関連刺激に感情システムが反応し，感情的反応が生み出されることもある。

　次に，自己とブランドとの結び付きに影響を及ぼす要因を考えよう。自己とブランドとの結び付きはノスタルジックな結び付きによってプラスの影響を受けると考えられる。自伝的記憶は現在の自己を支える基盤として機能する（Barclay 1996; Bluck 2003; 佐藤 2008）。したがって，ブランドと自伝的記憶が強く結び付いているとき，自己とブランドとの結び付きは強まると考えられる。またいったん形成された自己概念は，環境の変化によって影響されるものの，ある程度安定的に保持される（Demo 1992）。したがって，過去の自己概念と現

在の自己概念は多かれ少なかれ一貫している。そのため，ブランドと過去の自己概念との結び付きが強ければ，ブランドと現在の自己とブランドとの結び付きも強いと考えられる。

H6：ノスタルジックな結び付きは自己とブランドとの結び付きにプラスの影響を及ぼす。

なお，自己とブランドとの結び付き→ブランド・ラブ（H4），ノスタルジックな結び付き→ブランド・ラブ（H5），ノスタルジックな結び付き→自己と結び付き（H6）について，逆方向の因果を考えることは難しい。まず，自己とブランドとの結び付き以外の何らかの要因によってブランドに対する強いポジティブな感情が引き起こされた後，この感情が原因になって，そのブランドは自分らしいという認知を直接的に引き起こす（H4 の逆方向の因果）とは考えにくい。ブランド・アタッチメント概念や Carroll and Ahuvia（2006）が想定するように，自己とブランドとの結び付き→ブランド・ラブという因果の方向が妥当である。また現在のブランド・ラブが高まることによって，ブランドと過去の自分についての知識が強く結び付くようになることも（H5 の逆方向の因果），自己とブランドとの結び付きが，ブランドと過去の自分との結び付きを強めることも（H6 の逆方向の因果）考えられない。なぜなら，ノスタルジックな結び付きは過去に形成されたものであり，現在のブランド・ラブや自己とブランドとの結び付きが時間的に先行することはないためである。

これらの仮説を反映したモデルが図 4.2 である。図 4.2 に示されているように，ここではノスタルジックな結び付きはブランド・コミットメントに直接的な影響を及ぼすだけでなく，自己とブランドとの結び付きとブランド・ラブを通じて（つまり，媒介として）間接的にも影響を及ぼすことを想定している。また自己とブランドとの結び付きは，ブランド・コミットメントに対して直接的な影響とブランド・ラブを媒介とした間接的な影響を及ぼすと考えている。以下では，このモデル全体をテストする。

図 4.2　概念モデル：ブランド・コミットメントはどこから来るか

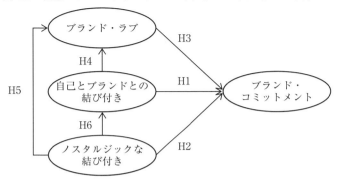

第4節　尺度開発

　ここでは，ブランド・コミットメント，自己とブランドとの結び付き，ノスタルジックな結び付き，ブランド・ラブを測定するリッカート尺度を開発した。尺度開発では，まず測定しようとしている概念（以下，標的概念）を表すと考えられる質問項目の候補（初期の項目プール）を作成する。次に，作成された項目の候補が本当に標的概念をよく表しているか，理論的観点から評価する（項目の理論的検討）。この項目の理論的検討は，外部ジャッジによって行われる（Hardesty and Bearden 2004; Netemeyer, Bearden, and Sharma 2003）。さらに，この項目の候補に対する回答のデータを収集し，尺度を構成する複数の項目を同じ構成概念の代替的指標として見なすことができるかを，項目得点データに基づいて経験的に評価する（項目の経験的検討）。

1. 項目の理論的検討

　まず，4つの対象概念に，相互依存，親密さ，パートナーとしての質，ブランドの擬人化を加えた8つの概念を反映する60項目から構成される初期の項目プールを作成した。4つの対象概念だけでなく上記の近接概念の尺度化も同時に試みたためである。この試みは，本章で開発された4つの対象概念の尺度

項目の内容適切性を高めている。項目の理論的検討において，外部ジャッジに提示される標的概念以外の概念が多いほど，またそれが標的概念と近接しているほど，標的概念の領域の外を誤って表している項目を見つけやすくなるためである。

初期の項目プールの作成では，筆者と6名の共同研究者は，項目候補を作成するグループとこれを評価するグループに分かれた。作成グループは，各概念の概念規定に基づいて，Fournier（1994）を中心に，Thomson, MacInnis, and Park（2005），Aaker, Fournier, and Brasel（2004）の質問項目を参考にしながら，各概念を測定するための項目候補（62項目）を作成した。評価グループはこの項目候補を見て，各項目の標的概念を当てることを試みた。ここで，評価グループが項目と概念の対応付けを当てることができた36項目は初期の項目として採用された。それ以外の26項目のうち13項目は削除され，13項目は評価グループの指摘に従って変更された上で，初期の項目プールに含められた。また評価グループの提案に基づいて新たに11項目を作成し，項目プールに追加した。

こうして作成された初期の項目プール60項目の内容適切性が，消費者行動とブランド論を専門とする2人の外部ジャッジによって検討された。ここで内容適切性とは，尺度を構成する各項目が測定しようと意図した概念（即ち，標的概念）の領域のみを表していることである（例えば，Hardesty and Bearden 2004）[3]。つまり，内容適切的な項目は標的とした概念領域を表しており，かつ，それ以外の領域を表していない項目である。内容適切性を満たさない尺度を用いて得られた尺度得点は，標的概念とは別の何かの程度を多かれ少なかれ表していることになる。この内容適切性と内容代表性（即ち，尺度を構成する項目群がユニバースを代表している程度）の両方を含む概念が内容妥当性である（例えば，Messick 1989）。

内容適切性の評価方法は以下の通りである。まずジャッジに8つの構成概念の定義と関連する説明が提示された。次に，ジャッジは60項目のそれぞれが8つの概念のそれぞれをどの程度よく表しているかを「よく表している」「あ

る程度表している」「少し表している」「表していない」の4段階で評価した。つまり、ジャッジは60項目×8概念だけ、項目が概念を表す程度の評価を行った。このような項目評価を2人のジャッジは独立に行った。なお、この段階で一方のジャッジの提案に基づいて2項目のワーディングを変更したが、変更後も他方のジャッジの評価得点は変わらなかった。こうして得られた2人のジャッジの評価得点に基づいて、項目のスクリーニングを行った。ここでの最も望ましい項目は、標的概念の評価得点が4で、他の概念の評価得点が全て1の項目である。そこで、2人のジャッジともに、全ての概念の中で標的概念の評価得点が最大で、かつ、標的概念の評価得点と2番目に大きい値の差が2以上の項目だけを残し、それ以外を削除した。その結果、内容適切性を満たす項目として48項目が残された。最後に、内容適切性を満たす48項目の内容代表性が同じ2人のジャッジによって4段階で評価された。その結果、2人のジャッジともに、全ての概念について、項目群は標的概念を「よく代表している」と評価したことから、各概念に対応する項目群は内容代表性をよく満たすと判断された。

　本章の内容適切性の検討方法は、マーケティングや消費者行動の尺度開発で採用されてきた一般的な方法とは異なる。筆者の知る限り、ほとんどの既存研究では、1つの項目が複数の概念を表す誤りを見つけ、これを指摘する機会をジャッジに与えていない（例えば、Bearden, Netemeyer, and Teel 1989; Tian, Bearden, and Hunter 2001）。しかし、ブランドに対する心的反応概念は非常に近接しているため、項目が複数の概念を表す誤りが起こりやすい。そこで本章では、各項目が表している概念が少なくとも1つあることを確認すると同時に、複数の概念を表していないかを見るために、上記の方法を採用した。

2. 項目の経験的検討

　理論的検討を経た項目でも、実際に回答者が項目に回答する際には、項目が標的概念の領域を捉えないことも起こりうる。そのため尺度開発では、尺度を構成する複数の項目を同じ構成概念の代替的指標として見なすことができるか

を，項目得点データに基づいて経験的に検討する。

2009年12月，首都圏にある3つの大学の大学生283名を対象に調査を行い，項目得点データを収集した。調査では，まず全ての回答者にSONYについての回答を求め，次にiPodのユーザーにはiPodについての回答を，iPodの非ユーザーには無印良品の回答を求めた。非ユーザーや欠損値を含む回答を除いた回答者数はSONYについては270，iPodについては186である。尺度開発とこれに続く仮説検証では，こうして収集されたSONYのデータとiPodのデータを用いた。なお，無印良品のデータは回答者数が少ないため，分析に用いていない。

ここでは，ブランド・コミットメント7項目，自己とブランドとの結び付き6項目，ノスタルジックな結び付き5項目，ブランド・ラブ7項目の項目得点を用いて，項目の経験的検討を行った。分析手順は，Bearden, Netemeyer, and Teel (1989) や Tian, Bearden, and Hunter (2001) に概ね従った。具体的には，修正された項目―全体相関，探索的因子分析（斜交回転），確認的因子分析を行い，その結果に基づいて項目をスクリーニングした。その結果，SONYのデータについては18項目，またiPodのデータについては17項目が残された。

残った項目には，両方のデータに共通の項目だけでなく，それぞれに固有の項目（SONYデータは3項目，iPodデータは2項目）もある。構成概念間の関係をブランド間で比較するためには，各概念は同じ尺度によって測定されていることが望ましい。そこでここでは，SONYデータとiPodデータに共通する15項目をブランド間で共通の尺度とした。この最終的な尺度は，表4.1に示されている通りである。

こうして構成された15項目から成る尺度の一次元性，収束妥当性，弁別妥当性を検討するために，SONYデータとiPodデータのそれぞれを，4因子の確認的因子モデルにあてはめた。ここで一次元性とは，項目群の根底に1つの構成概念が存在していることであり，確認的因子モデルのデータへの適合度によって評価される（Anderson, Gerbing, and Hunter 1987; Gerbing and Anderson

表 4.1　因子負荷量

質問項目	SONY 推定値	SONY α係数	iPod 推定値	iPod α係数
ブランド・コミットメント		.80		.79
「私は＿＿＿にこだわるというある種の誓いを果たしていくつもりだ。」	.80		.81	
「将来，他のブランドが革新的な機能を持った新製品を発売したとしても，私はこれに匹敵する製品が＿＿＿から発売されるのを待とうと思う。」	.77		.59	
「私は，＿＿＿の製品を買い続けることで，＿＿＿をずっと支えていこうと思う。」	.72		.84	
自己とブランドとの結び付き		.85		.87
「＿＿＿と私には共通する部分がある。」	.66		.69	
「＿＿＿に対するイメージと自分自身に対するイメージは多くの面で似ている。」	.81		.79	
「＿＿＿は，私がどんな感じの人になりたいかをよく表している。」	.73		.80	
「＿＿＿は，自分らしさをよく表している。」	.66		.76	
「＿＿＿を使っているときの方が，自分は自分らしい感じがする。」	.77		.77	
ノスタルジックな結び付き		.87		.91
「＿＿＿は，私がしてきたことや，以前いた場所を思い出させてくれる。」	.77		.88	
「私は，＿＿＿を使っているときの楽しい思い出を持っている。」	.70		.78	
「＿＿＿は，これまでの人生のある時期に，私はどんな様子だったのかを思い出させてくれる。」	.87		.90	
「＿＿＿は，私の人生の特定の時期をいつも思い出させてくれる。」	.82		.80	
ブランド・ラブ		.80		.87
「私は＿＿＿に強い魅力を感じる。」	.84		.87	
「私は＿＿＿が大好きだ。」	.79		.84	
「＿＿＿を使うと，大きな喜びを感じる。」	.65		.78	

（注）全ての因子負荷量は 99％信頼区間に 0 を含まない。質問文の空白部には，SONY や iPod といったブランドネームが入る。

1988）。一次元性は複数の構成概念を同時に測定する尺度の開発において，特に問題とされる。なぜなら，一次元性を満たすとき，測定される構成概念の経験的意味は明確に解釈されるが，一次元性を満たさない場合，即ち，各項目が

複数の構成概念を測定している場合には、構成概念の経験的意味は明確にならないためである（Anderson and Gerbing 1988）。収束妥当性とは、同じ構成概念を測定する複数の項目間では、高い相関が見られることである。複数の異なる質問項目を用いて1つの構成概念を測定するとき、異なる質問項目とは言え同じ構成概念を測定しようとするのだから、その項目得点はある程度似たものになるはずである。もし項目得点が他の項目と大きく異なるものがあれば、その項目は同じ構成概念を測定しているとは言い難いことになる。また弁別妥当性とは、異なる構成概念を測定する尺度間では、高い相関が見られないことである。もし異なる構成概念を測定する尺度の尺度得点間の相関が非常に高いならば、これらの尺度は別の構成概念を測定しているとは言えないことになる。なお、これらのデータは近似的にも多変量正規性を満たしていないため、確認的因子モデル、また以下で行う構造方程式を含むモデルの推定では、ブートストラップ法を用いて信頼区間を求めた。

確認的因子分析の結果によると、この尺度は一次元性、収束妥当性、弁別妥当性を満たし、また信頼性も高い。複数の適合度指標から判断すると、確認的因子モデルはSONYデータにもiPodにも、よくフィットしている（$RMSEA_{SONY}$ = .061, CFI_{SONY} = .959, TLI_{SONY} = .949; $RMSEA_{iPod}$ = .066, CFI_{iPod} = .959, TLI_{iPod} = .949）。このことから尺度は一次元性を満たすことがわかる。収束妥当性は因子負荷量の推定値に基づいて判断される（Anderson and Gerbing 1988）。Steenkamp and Trijp（1991）では、弱い条件として因子負荷量の推定値が0と有意に異なることを、強い条件として.5以上であることを提案している。表4.1に示されている通り、SONY, iPodともに、因子負荷量の推定値は全て1%水準で0と有意に異なっており、最も小さなものでも.59である。このことから、尺度は収束妥当性を満たすと言える。また表4.1に示されているように、α係数はいずれも十分に受容できる値であり、尺度の信頼性は高いと言える。

最後に、弁別妥当性を検討しよう。本章で注目した4つの構成概念は概念領域が近接しているため、構成概念間の相関は小さくないはずである。そのた

め，概念領域が近接した構成概念を同時に測定する尺度の弁別妥当性は，慎重に検討されるべきである。そこでここでは，尺度の弁別妥当性を，(1) 因子間の相関の95%信頼区間が1を含まないこと (Anderson and Gerbing 1988)，(2) AVE (Average Variance Extracted) が共有分散 (shared variance) を上回ること (Fornell and Lacker 1981) の2つの基準を用いて検討した。表4.2に示されているように，SONY, iPodともに，全ての相関係数は95%信頼区間に1を含まない。また，4つの構成概念全てについてAVEは共有分散を上回る。このことから，尺度は弁別妥当性をよく満たしていることがわかる。Grewal, Cote, and Baumgartner (2004) のシミュレーションによると，構成概念間の相関が大きい場合，構造方程式モデルを推定したときに第2種の過誤が起こる可能性が高いが，上記のFornell and Larker (1981) の基準を満たす場合には，第2種の過誤はほぼ回避されるという。本章の尺度はFornell and Larker

表 4.2 因子間の相関，共有分散，AVE

SONY	コミットメント	自己	ノスタルジック	ラブ
ブランド・コミットメント	.76	.62	.31	.52
自己とブランドとの結び付き	.79 [.65, .89]	.70	.50	.43
ノスタルジックな結び付き	.56 [.42, .68]	.71 [.57, .82]	.81	.28
ブランド・ラブ	.72 [.62, .80]	.66 [.55, .76]	.53 [.43, .63]	.76
iPod	コミットメント	自己	ノスタルジック	ラブ
ブランド・コミットメント	.73	.57	.24	.26
自己とブランドとの結び付き	.76 [.63, .86]	.76	.54	.35
ノスタルジックな結び付き	.49 [.35, .62]	.74 [.64, .82]	.89	.24
ブランド・ラブ	.51 [.32, .66]	.59 [.44, .72]	.49 [.34, .62]	.87

(注) 対角成分はAVE，下三角成分は因子間の相関 (カッコ内は95%信頼区間)，上三角成分は共有分散 (相関の2乗によって求められる) である。

(1981)の基準を満たすことから、この尺度を測定方程式として含む構造方程式モデルを推定したときに第2種の過誤が起こる可能性は小さいと言える。

第5節　結果：自己との結び付きがコミットメントを生み出す

1. 仮説検証

　開発された尺度を測定方程式とする構造方程式モデルを、SONYとiPodのデータにあてはめた。仮説検証はブランド・コミットメントの説明要因として3つの概念の全てを含むモデル（以下、包括モデル）の推定結果に基づいて行うが、説明要因として1つの概念だけを含むモデル（以下、個別モデル）も併せて推定した。個別モデルの係数は他の要因を考慮しない場合の当該要因の影響を捉えるのに対して、包括モデルの構造方程式の係数は他の説明要因を一定としたときの、つまり、他の説明要因によって説明される部分を取り除いたときの当該要因の影響を捉える（Bollen 1989）。例えば、包括モデルにおける自己とブランドとの結び付き→ブランド・コミットメントの係数は、ノスタルジックな結び付きとブランド・ラブを一定にしたときの、ブランド・コミットメントに対する自己とブランドとの結び付きの影響を捉えている。

　個別モデルを推定した結果、SONYデータでもiPodデータでも、自己とブランドとの結び付き、ノスタルジックな結び付き、ブランド・ラブのブランド・コミットメントに対する効果はいずれもプラスで有意であった（$\beta_{\text{Self, SONY}} = .79, p < .01; \beta_{\text{Nostalgic, SONY}} = .56, p < .01; \beta_{\text{Love, SONY}} = .73, p < .01; \beta_{\text{Self, iPod}} = .76, p < .01; \beta_{\text{Nostalgic, iPod}} = .51, p < .01; \beta_{\text{Love, iPod}} = .51, p < .01$）。構造方程式の決定係数は、自己とブランドとの結び付きを説明変数とした個別モデルについてはSONY, iPodともに大きいが（$R^2_{\text{Self, SONY}} = .620; R^2_{\text{Self, iPod}} = .573$）、ノスタルジックな結び付きの個別モデルについてはSONY, iPodともに比較的小さい（$R^2_{\text{Nostalgic, SONY}} = .310; R^2_{\text{Nostalgic, iPod}} = .256$）。ブランド・ラブの個別モデルについては、SONYデータでは大きいものの、iPodデータでは比較的小さい（$R^2_{\text{Love, SONY}} = .530; R^2_{\text{Love, iPod}} = .264$）。なお、モデル全体の適合度は総じて十分に高い。

第5節 結果：自己との結び付きがコミットメントを生み出す

包括モデルの推定結果は図4.3に示されている。モデル全体の適合度はSONYとiPodのどちらのデータでも十分に高い。仮説検証は包括モデルの構造方程式の係数の推定値に基づいて行われる。6つの仮説はいずれも係数がプラスであることを期待するものであるから，係数の符号がプラスで，かつ統計的に有意であれば仮説は支持される。統計的に非有意であるか，あるいは符号がマイナスであれば，仮説は棄却される。

まず，ブランド・コミットメントに対する直接効果を見ていこう。SONYについてもiPodについても，自己とブランドとの結び付きはブランド・コミットメントに対してプラスの有意な効果を持つ（$\beta_{\text{Self}\rightarrow\text{Commitment, SONY}} = .58, p < .01; \beta_{\text{Self}\rightarrow\text{Commitment, iPod}} = .80, p < .01$）。このことからH1は支持された。一方，ノスタルジックな結び付きのブランド・コミットメントに対する効果は，両方のブランドについて非有意であった（$\beta_{\text{Nostalgic}\rightarrow\text{Commitment, SONY}} = -.05, p > .10; \beta_{\text{Nostalgic}\rightarrow\text{Commitment, iPod}} = -.15, p > .10$）。したがって，H2は棄却された。またブランド・ラブの推定値は，いずれのブランドについても自己とブランドとの結び付きの推定値よりも小さく，SONYについては有意であったが，iPodについては非有意であった（$\beta_{\text{Love}\rightarrow\text{Commitment, SONY}} = .36, p < .01; \beta_{\text{Love}\rightarrow\text{Commitment, iPod}} = .12, p > .10$）。したがって，H3は部分的に支持されるにとどまった。

コミットメントに対する直接効果は，SONY, iPodともに，自己とブランドとの結び付き，ブランド・ラブ，ノスタルジックな結び付きの順に大きい（図4.3）。表4.3に示したように，自己とブランドとの結び付きの効果とノスタルジックな結び付きの直接効果の差，ブランド・ラブとノスタルジックな結び付きの直接効果の差は，いずれのデータについても有意であった。自己とブランドとの結び付きの直接効果とブランド・ラブの直接効果の差は，iPodデータでは有意であったが，SONYデータでは非有意であった。

ブランド・コミットメントを説明する構造方程式の決定係数は，SONYについては.694，iPodについては.587である（図4.3）。このことから，SONYに対するコミットメントは自己とブランドとの結び付きとブランド・ラブによって，そして，iPodに対するコミットメントは自己とブランドとの結び付

図 4.3 構造方程式モデルの推定結果

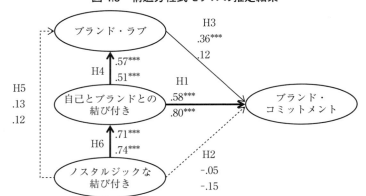

(注) 上段は SONY データの結果,下段(斜体)は iPod データの結果。値は標準化推定値。太い実線矢印は両方のデータで支持されたパス,細い実線矢印は片方のデータでのみ支持されたパス,点線矢印は両方のデータで棄却されたパス。
***:99% 信頼区間に 0 を含まない
**:95% 信頼区間に 0 を含まない
*:90% 信頼区間に 0 を含まない

適合度指標	SONY	iPod
RMSEA	.061	.066
CFI	.959	.959
TLI	.949	.949
決定係数		
ブランド・コミットメント	.694	.587
ブランド・ラブ	.441	.353
自己とブランドとの結び付き	.499	.542

表 4.3 ブランド・コミットメントに対する直接効果の差

効果	SONY	iPod
自己—ノスタルジック	.63*	.94***
自己—ラブ	.22	.68***
ノスタルジック—ラブ	-.41**	-.26*

***:99%信頼区間に 0 を含まない
**:95%信頼区間に 0 を含まない
*:90%信頼区間に 0 を含まない

第5節　結果：自己との結び付きがコミットメントを生み出す　　91

きによって，よく説明できることがわかる。このことは，本章で取り上げなかった構成概念と比較しても，自己とブランドとの結び付きはブランド・コミットメントを説明するために重要な構成概念であることを示唆している。

このように，自己とブランドとの結び付きの効果は個別モデルだけでなく包括モデルでも有意であり，自己とブランドとの結び付きは他の構成概念の影響を取り除いても，ブランド・コミットメントにプラスの影響がある。一方，ノスタルジックな結び付きは，他の構成概念を考慮しなければ（即ち，個別モデルでは），ブランド・コミットメントに対してプラスの効果があるが，他の概念によって説明される部分を取り除いてしまえば，ブランド・コミットメントに対して直接的に影響しない。端的に言えば，ブランド・コミットメントに直接的な影響を及ぼす要因として，自己とブランドとの結び付き（及び，SONY についてはブランド・ラブ）に加えてノスタルジックな結び付きも考慮することは冗長である。ブランド・ラブの影響は SONY と iPod で異なる。SONY については他の構成概念によって説明される部分を取り除いてもなお，ブランド・ラブはブランド・コミットメントを高める効果を持つが，iPod については自己とブランドとの結び付きに加えてブランド・ラブを考慮しても，ブランド・コミットメントを説明するために役立たない。つまり，ブランド関連刺激など，自己とブランドとの結び付きとノスタルジックな結び付き以外の要因が生み出すポジティブな情動は，SONY のコミットメントを高めるけれども，iPod のコミットメントには影響しないのである。

次に，ブランド・ラブに対する自己とブランドとの結び付きの影響（H4）とノスタルジックな結び付きの影響（H5）について見ていこう。自己とブランドとの結び付き→ブランド・ラブの影響はいずれのブランドについてもプラスで有意であった（$\beta_{\text{Self}\to\text{Love, SONY}} = .57, p < .01$; $\beta_{\text{Self}\to\text{Love, iPod}} = .51, p < .01$）。一方，ノスタルジックな結び付き→ブランド・ラブの影響は両方のブランドについて非有意であった（$\beta_{\text{Nostalgic}\to\text{Love, SONY}} = .13, p > .10$; $\beta_{\text{Nostalgic}\to\text{Love, iPod}} = .12, p > .10$）。したがって，H4 は支持され，H5 は棄却された。ブランド・ラブの決定係数は SONY については .441, iPod については .353 である。このことから，

自己とブランドとの結び付きによってブランド・ラブの約4割は説明されるが，残りの6割は外部刺激などの自己とブランドとの結び付き以外の要因をモデルに含めなくては説明できないことがわかる。

ノスタルジックな結び付き→自己とブランドとの結び付きは両方のブランドについてプラスで有意であった（$\beta_{\text{Nostalgic}\to\text{Self, SONY}} = .71, p < .01$; $\beta_{\text{Nostalgic}\to\text{Self, iPod}} = .74, p < .01$）。したがって，H6は支持された。自己とブランドとの結び付きの決定係数はSONYについては.499，iPodについては.542である。提案モデルでは，自己とブランドとの結び付きはノスタルジックな結び付きによってのみ影響されるが，ノスタルジックな結び付きだけで自己とブランドとの結び付きの約半分が説明できるのである。

2. 間接効果と総合効果

提案モデルでは，自己とブランドとの結び付きとノスタルジックな結び付きはブランド・コミットメントに対して直接的に影響するだけでなく，他の構成概念を媒介として間接的な影響も及ぼす。自己とブランドとの結び付きがブランド・コミットメントに及ぼす効果の全体（即ち，総合効果）は，直接効果とブランド・ラブを媒介にした間接効果（自己とブランドとの結び付き→ブランド・ラブ→ブランド・コミットメント）から成る。同様に，ノスタルジックな結び付きがブランド・コミットメントに及ぼす総合効果は，直接効果，及び，(1)ノスタルジックな結び付き→自己とブランドとの結び付き→ブランド・コミットメント，(2)ノスタルジックな結び付き→自己とブランドとの結び付き→ブランド・ラブ→ブランド・コミットメント，(3)ノスタルジックな結び付き→ブランド・ラブ→ブランド・コミットメントの3つの間接効果の合計である。なお，ブランド・ラブはブランド・コミットメントに対して間接効果を持たないから，ブランド・ラブがブランド・コミットメントに及ぼす総合効果は直接効果と同じである。

ブランド・コミットメントに対する標準化された間接効果と総合効果は表4.4に示されている通りである。ブランド・コミットメントに対する総合効果

第5節　結果：自己との結び付きがコミットメントを生み出す　93

表4.4　総合効果と間接効果の推定値

効果	SONY	iPod
ブランド・コミットメントに対する総合効果		
自己とブランドとの結び付き	.79***	.85***
ノスタルジックな結び付き	.56***	.49***
ブランド・ラブ	.36***	.12
ブランド・コミットメントに対する総合効果の差		
自己―ノスタルジック	.23	.36***
自己―ラブ	.42**	.74***
ノスタルジック―ラブ	.19*	.38*
間接効果		
ノスタルジック→自己→コミットメント	.41**	.59***
ノスタルジック→ラブ→コミットメント	.05	.01
ノスタルジック→自己→ラブ→コミットメント	.15***	.04
自己→ラブ→コミットメント	.21***	.06

***：99％信頼区間に0を含まない
**：95％信頼区間に0を含まない
*：90％信頼区間に0を含まない

は，SONY, iPod ともに，自己とブランドとの結び付きが最も大きく，次にノスタルジックな結び付きが大きく，ブランド・ラブが最も小さい。自己とブランドとの結び付きとブランド・ラブの総合効果の差は，SONY データでは1％水準で，また iPod データでは5％水準でそれぞれ有意である。またノスタルジックな結び付きとブランド・ラブの総合効果の差は，SONY, iPod ともに，10％水準で有意であった。自己とブランドとの結び付きとノスタルジックな結び付きの総合効果の差は，iPod データでは1％水準で有意であったが，SONY データでは非有意であった。

　前述のように，ノスタルジックな結び付きはブランド・コミットメントに直接的な影響を及ぼさない（H2の棄却）。しかし，ノスタルジックな結び付きの総合効果は比較的大きい。ノスタルジックな結び付きはコミットメントに対して大きな間接効果を持つためである。特に，自己とブランドとの結び付きを媒介とした間接効果は大きい。これらの結果は，ブランドと過去の自己概念や自伝的記憶が強く結び付いているだけでブランド・コミットメントが高まるわけ

ではないこと，強いノスタルジックな結び付きが基盤となって生み出された強い自己とブランドとの結び付きが，高いブランド・コミットメントを引き起こすことを示唆している。

このように直接効果で判断しても，総合効果で判断しても，自己とブランドとの結び付きはブランド・コミットメントに対して最も大きな影響を及ぼすこと，またノスタルジックな結び付きは自己とブランドとの結び付きに強い影響を及ぼすため，ノスタルジックな結び付きのブランド・コミットメントに対する総合効果はブランド・ラブ以上に大きいことがわかる。このことは企業が自社ブランドに対するブランド・コミットメントを高めるためには，ブランド・ラブを高めるよりもノスタルジックな結び付きを高めることにマーケティング努力を投入すべきであることを示唆している。

3. 消費者異質性

以上の分析は，消費者の異質性を考慮しないものである。ここでは，尺度得点を用いた潜在クラス回帰分析（例えば，Wedel and Kamakura 2000）を行い，消費者間でのブランド・コミットメントに対する効果の異質性を検討した。異質性を考慮しない分析では，ノスタルジックな結び付き→ブランド・コミットメントの係数はほぼ0であったが，この結果は全ての消費者のブランド・コミットメント形成においてノスタルジックな結び付きが影響しないことを必ずしも示唆しない。ノスタルジックな結び付きがプラスの効果を持つ消費者とマイナスの効果を持つ消費者がほぼ同数いても，異質性を考慮しない分析では同様の結果が得られる。このように異質性を考慮しない分析だけでは，消費者のブランド・コミットメント形成を必ずしもよく捉えられない。

分析結果は表4.5に示されている通りである。まずSONYの結果について見ていこう。潜在クラス分析では，セグメント数を変化させながら推定を繰り返し，各モデルのBIC（Bayesian Information Criterion）によってセグメント数が特定される。分析の結果，BICが最も小さいモデルはセグメント数が4のモデルであった。セグメント1（44%）とセグメント2（28%）は，異質性を考慮

第5節　結果：自己との結び付きがコミットメントを生み出す　95

表4.5　セグメントごとの直接効果

SONY	セグメント1	セグメント2	セグメント3	セグメント4
H1：$\beta_{\text{Self} \to \text{Commitment}}$	.27***	.27***	-.01	.69***
H2：$\beta_{\text{Nostalgic} \to \text{Commitment}}$	.005	.01	.11***	-.17***
H3：$\beta_{\text{Love} \to \text{Commitment}}$	.22***	.42***	.27***	.02**
所属確率	.44	.28	.16	.12

iPod	セグメント1	セグメント2
H1：$\beta_{\text{Self} \to \text{Commitment}}$	.50***	-.04
H2：$\beta_{\text{Nostalgic} \to \text{Commitment}}$	.05	-.02
H3：$\beta_{\text{Love} \to \text{Commitment}}$	.07	.54***
所属確率	.65	.35

***：1％水準で有意
**：5％水準で有意
*：10％水準で有意

しない場合の分析結果と同様，自己とブランドとの結び付きとブランド・ラブの効果がプラスで有意であり，ノスタルジックな結び付きの効果が非有意であった。一方，セグメント3（16％）では，ノスタルジックな結び付きの効果がプラスで有意，自己とブランドとの結び付きの効果は非有意であった。またセグメント4（12％）では，ノスタルジックな結び付きの効果がマイナスで有意であった。iPodの分析では，セグメント数が2のモデルが採用された。セグメント1（65％）は異質性を考慮しない場合の結果と同様，自己とブランドとの結び付きの効果がプラスで有意であり，ノスタルジックな結び付きとブランド・ラブの効果が非有意であった。セグメント2（35％）は，ブランド・ラブの効果が有意で，自己とブランドとの結び付きの効果は非有意であった。

このように，ブランド・コミットメントに対する効果は消費者間である程度異なるものの，7割程度の消費者については異質性を考慮しない場合の分析結果とほぼ同じである。このことから，ブランド・コミットメントに対する効果の消費者間での異質性はそう大きなものではなく，前述した異質性を考慮しない分析の結果は，多くの消費者のブランド・コミットメント形成に共通する，自己とブランドとの結び付き，ノスタルジックな結び付き，ブランド・ラブの

効果を捉えていると言える。

第6節　まとめ

　本章では，ブランド・コミットメントに対する自己とブランドとの結び付き，ノスタルジックな結び付き，ブランド・ラブの固有の効果を検討した。包括的テストの結果，以下の3点が明らかにされた。即ち，(1)自己とブランドとの結び付きは他の概念を一定としてもブランド・コミットメントに大きな影響を及ぼすため，ブランド・コミットメントを説明するために役立つ，(2)自己とブランドとの結び付きに加えてブランド・ラブも考慮することが有用な場合もあれば（SONY），そうでない場合もある（iPod），(3)自己とブランドとの結び付き（及び，SONYについてはブランド・ラブ）を説明概念とするモデルにノスタルジックな結び付きを追加することは冗長である。

　自己とブランドとの結び付きがブランド・コミットメントの主要なドライバーであるという結果は，図4.4に示したように，長期記憶内の自己知識とブランド知識が強固に結び付くことで，ブランド・コミットメントが高まることを示唆している。自己知識とブランド知識が強く結び付くほど，自己概念を形成・強化・表現するためにそのブランドが不可欠であり，したがって，そのブランドとの長期的関係を維持しようと動機付けられるのである。

1. 理論的貢献

　現代の消費者による製品間の競争・共生関係の形成を解明するという本書の目的に照らして，本章の貢献は自己とブランドとの結び付きがスタティックな競争を回避させることを明らかにしたことである。第2章で述べたように，ある製品が固有便益を持ち，かつ，消費者の目標が固有便益によって達成されるとき，その製品は競争を回避する。コモディティ化に陥った現在，製品が固有の機能的便益を持ち続けることは難しい。しかし，どんなにコモディティ化が進んでも，企業は固有のブランドを自社製品に付与することができる。製品に

図 4.4 コモディティ化と自己とブランドとの結び付き

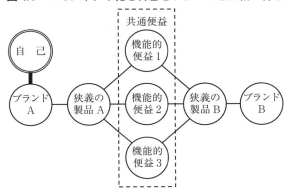

付与されたブランドが自己と強く結びいたとき，その製品は他の製品が同質化対応しにくい固有の心理的便益を持つようになる（図1.7のケース6「ブランド→心理的便益」）。コモディティ化が進行した現代的環境下では，自己とブランドとの結び付きが競争回避を導くのである。

　ブランド・コミットメントを説明する主な心的概念が自己とブランドとの結び付きであることを明らかにしたことは，ブランド研究に対する貢献でもある。構成概念は何らかの説明対象を説明するために研究者が構成するものである。したがって，構成概念は，それが説明対象を説明するためにどの程度役立つかについて，経験的にテストされる必要がある（例えば，阿部1987）。ブランド研究では，ブランドの購買や使用行動，あるいは行動に先行するブランド・コミットメントや態度的ロイヤルティを説明するために，ブランドに対する心的反応に関する数多くの構成概念が提案され，提案された構成概念の効果を確証するための経験的テストが行われてきた。しかし，構成概念が提案されるペースが速すぎたせいか，ブランド研究がこれまでに行ってきた経験的テストは，代替的説明を与える構成概念を十分に考慮したものではなかった。現在のブランド研究は，ブランド・コミットメントや態度的ロイヤルティ，また実際の行動に代替的説明を与える多数の構成概念が，その有用性を十分に評価されないままに並立している状況にある。本章の実証分析は，自己とブランドとの

結び付きがブランド・コミットメントを説明する主な心的概念であることを特定することで，ブランド・コミットメント形成に関する理論体系の構築に貢献するものである。

2. マーケティングへの示唆

　本章の結果は，現代の企業が自社製品を持続的に競争から回避させるために，自己とブランドとの結び付きを高めること，端的に言えば，自分らしいブランドであるという認知を獲得することに最大のマーケティング資源を投入すべきであるという実務的示唆を与える。また自己とブランドとの結び付きを強めるための効果的な手段は，ノスタルジックな結び付きを高めることである。したがって，現在の消費者にブランドを経験させることでブランドと自伝的記憶や自己概念との結び付きを強め，それによって将来の自己とブランドとの結び付きを高めるという中長期的視点に立ったマーケティングが求められる。一方，外部刺激によって自社ブランドへのラブを直接的に引き出そうとする試みは，ブランド・コミットメントを高めることを目的とした場合には，自己とブランドとの結び付きやノスタルジックな結び付きを高めることに比べて効果的ではない。

［付記］第Ⅱ部は，斉藤嘉一・星野浩美・宇田聡・山中寛子・魏時雨・林元杰・松下光司(2012)，「何がブランドコミットメントを生み出すか？ ブランドと自己との結び付き，ノスタルジックな結び付き，ブランドラブの効果の包括的テスト」『消費者行動研究』18（1・2），57-84 を加筆・変更したものである。

(1) ブランド以外にも，様々な対象が自伝的記憶を想起するトリガーとなりうる（Holbrook and Schindler 2003）。例えば音楽は，その音楽を聴いた場面だけでなく，その音楽を聴いていない場面も想起させる（Baumgartner 1992）。
(2) 自伝的記憶の範囲については必ずしも研究者間で統一されているわけではなく，エピソード的自己知識のみを指して自伝的記憶とするものもあれば，過去の自己概念まで含めて自伝的記憶とするものもある。本書では，エピソード的自己知識のみを指して自伝的記憶と呼ぶことにする。
(3) 内容適切性は表面妥当性と呼ばれることもある（例えば，Hardesty and Bearden 2004）。しかし，表面妥当性は，尺度が構成された後に，標的概念を測定するためにその

項目が適当であると尺度使用者や回答者が評価することを指す場合が多い（例えば，Netemeyer, Bearden, and Sharma 2003）。そこでここでは，項目が標的概念だけを表していることを内容適切性と呼ぶ。

第Ⅲ部
知識のネットワークと製品間のダイナミックな関係

第 5 章　自己生成される知識

　製品の機能的便益の同質化は，1つの製品カテゴリー内の製品間だけでなく，製品カテゴリー間でも起こっている。近年新たに市場導入されたIT製品は，画期的新製品よりも，既存製品と機能的便益を部分的に共有した漸進的新製品が多い。既存製品と漸進的新製品のように共通の機能的便益を持つ製品の組み合わせは，ダイナミックな競争関係を形成するとも，ダイナミックな共生関係を形成するとも考えられる。多くの企業が漸進的新製品を盛んに市場導入しているものの，ダイナミックな関係のマネジメントにとっての漸進的新製品の市場導入の是非は定まっていない。このような現在の状況は，共通の機能的便益がダイナミックな競争関係と共生関係のどちらを導くかを明らかにすることを要請していると言えるだろう。そこで第Ⅲ部では，異なる製品カテゴリーに含まれる製品，特に，IT製品が共通の機能的便益を持つとき，ダイナミックな競争関係と共生関係のどちらが形成されるかを検討する。

　本章ではまず，どんなときにダイナミックな競争関係が形成され，どんなときにダイナミックな共生関係が形成されるのかを議論する。次に，類推やメンタル・シミュレーションといった情報処理を中心に，消費者による新製品の理解に関する既存研究を概観する。

第1節　ダイナミックな競争・共生関係が成立するとき

　製品間のダイナミックな関係は，一般的に，複数の購買機会にまたがった購買の関連性である。特に，製品や製品カテゴリーの採用について言えば，製品間のダイナミックな関係は，時点間にまたがった採用の関連性である。つま

り，ある時点で製品 A を採用することによって，製品 B の採用タイミングが遅くなるとき，製品 A→製品 B はダイナミックな競争関係にある。一方，先に製品 A を採用することで，製品 B の採用タイミングが早まるとき，製品 A→製品 B はダイナミックな共生関係にある。

では，このようなダイナミックな競争・共生関係はどのように形成されるのだろうか。ここでは，IT 製品のカテゴリー採用におけるダイナミックな競争・共生関係について考えよう。製品カテゴリーの採用は，購買経験のない製品カテゴリーに含まれる任意の製品を初めて購買することである。製品カテゴリーの境界は，製品の構成要素である狭義の製品によって規定されるから，同じ製品カテゴリーに含まれる製品は，狭義の製品が大きく重複する。したがって，カテゴリー採用は狭義の製品の採用と言える。

IT 製品のカテゴリー採用は，機能的便益に大きく依存する。一般的には，消費者は採用意思決定において社会的結果や心理的結果レベルの目標も設定できる（Bearden and Etzel［1982］によると，贅沢品のカテゴリー採用は準拠集団の影響を強く受けると言う）。社会的結果や心理的結果レベルの目標が設定された場合には，図 1.7 のケース 3（狭義の製品→社会的便益→心理的便益）やケース 4（狭義の製品→心理的便益）のような手段目的連鎖をいかにして消費者に持たせるかが焦点となる。しかし，IT 製品の採用意思決定では，機能的結果レベルの目標が設定されることが多いと考えられる。また社会的結果や心理的結果レベルの目標を設定した場合でも，これらは機能的便益から派生する社会的便益や心理的便益によって達成されることが多いだろう（図 1.7 のケース 1「狭義の製品→機能的便益→社会的便益→心理的便益」や，ケース 2「狭義の製品→機能的便益→心理的便益」）。そのため，IT 製品の採用意思決定は，製品の機能的便益に依存することになる。

図 5.1 に示したように，製品 A と B の組み合わせの機能的便益の全体は，(1) 製品 A と B の共通の機能的便益 $Z_{A \cap B}$，(2) 製品 A の固有の機能的便益 Z_A，(3) 製品 B の固有の機能的便益 Z_B，(4) 製品 A と B の併用の機能的便益 $Z_{A \times B}$ に整理することができる（第 2 章参照）。機能的便益をもたらすのは，製品の構

成要素のうち狭義の製品であるから，ここでの製品 A と B は，より特定的には，狭義の製品 A と B と言える。ここで，PC ネット・カテゴリーに含まれる任意の製品と，携帯ネット・カテゴリーに含まれる任意の製品の組み合わせの機能的便益を考えてみよう。以下，第Ⅲ部では，「特定のカテゴリーに含まれる任意の製品」を省略して，カテゴリー名のみを書く。例えば，「PC ネット・カテゴリーに含まれる任意の製品」を PC ネット，「携帯ネット・カテゴリーに含まれる任意の製品」を携帯ネットと省略する。PC ネットと携帯ネットの共通の機能的便益は「メール送受信」と「ウェブサイト閲覧」，PC ネットの固有の機能的便益は「大容量」，携帯ネットの固有の機能的便益は「即時性」，併用の機能的便益は「メール転送」である（図5.1）。デジタルカメラ（以下，デジカメ）とカメラ付き携帯電話（以下，カメラ携帯）も同様に，「静止画の撮影」という共通の機能的便益を持つ。またプラズマ TV と液晶 TV は，「高解像度の映像の視聴」や「省スペース」という共通の機能的便益を持つ。

図5.1 2つの IT 製品の組み合わせが持つ4種類の機能的便益

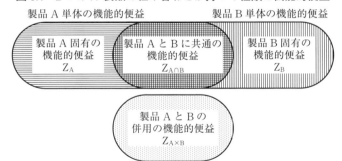

製品の組み合わせ	共通便益	固有便益		併用便益
PC ネットと 携帯ネット	メール送受信 サイト閲覧	大容量 （PC ネット）	即時性 （携帯ネット）	メール転送
デジカメと カメラ携帯	静止画撮影	高画質 （デジカメ）	即時性 （カメラ携帯）	―
プラズマ TV と 液晶 TV	高解像度映像 省スペース	大画面 広い視野角 （プラズマ TV）	省電力 （液晶 TV）	―

なお，デジカメとカメラ携帯，プラズマ TV と液晶 TV の組み合わせは併用便益を持たない。

　PC ネットと携帯ネット，デジカメとカメラ携帯，プラズマ TV と液晶 TV のように，異なるカテゴリーに含まれるが，共通の機能的便益を持つ製品 A と B に注目しよう。製品 A の未採用者と採用者のそれぞれが，製品 B を採用することによって獲得する追加的な便益は何だろうか。製品 A の未採用者が製品 B を先に採用することによって得る追加的便益は，製品 B 単体の便益，即ち，共通便益と製品 B の固有便益の和である（図 5.1 の格子部分と縦縞部分の合計。即ち，$Z_{A\cap B} + Z_B$）。一方，IT 製品は長期間使用されるから，製品 A の採用者が後から製品 B を採用することによって得る追加的便益は，製品 B の固有便益と併用便益の和である（図 5.1 の縦縞部分と水玉部分の合計。即ち，$Z_B + Z_{A\times B}$）。製品 A の採用者は製品 A を採用した時点で共通便益を既に獲得しており，製品 A を使用している間は共通便益を得ることに注意してほしい。そのため，製品 A の採用者が後から製品 B を採用しても，共通便益は追加的に獲得されない。例えば，PC ネットの採用者にとって，メール送受信やウェブサイト閲覧といった共通便益は PC ネットを採用した時点で既に獲得済みの便益であり，携帯ネットを採用することによって新たに得られるものではない。PC ネットの採用者は携帯ネットを採用しなくとも PC を使用してメール送受信やウェブサイト閲覧ができるから，彼らが携帯ネットを採用することによって得る追加的便益は，携帯ネットに固有の便益（即時性）と併用便益（メール転送）のみである。その逆の場合，即ち，携帯ネットの採用者が後から PC ネットを採用する場合に獲得する追加的便益は，PC ネットの固有便益（大容量）と併用便益（メール転送）である。

　製品 A の未採用者と採用者のそれぞれが，製品 B を採用するか，採用しないかという採用意思決定を行うとき，彼らは製品 B を採用することで機能的結果レベルの目標がどの程度達成されるかを推論する。ここでは，製品 B の追加的採用がもたらす機能的結果レベルの目標の達成度を，製品 B の追加的便益に対する魅力度と呼ぼう。製品 B を採用するか否かは，この追加的便益

に対する魅力度に依存する。ここで，

$U_{A \cap B}$ ＝ 製品 A の未採用者が持つ共通便益 $Z_{A \cap B}$ に対する魅力度，
U_B ＝ 製品 A の未採用者が持つ製品 B の固有便益 Z_B に対する魅力度，
U_B' ＝ 製品 A の採用者が持つ製品 B の固有便益 Z_B に対する魅力度，
$U_{A \times B}'$ ＝ 製品 A の採用者が持つ併用便益 $Z_{A \times B}$ に対する魅力度，

と書くと，製品 A の未採用者が持つ製品 B の追加的便益に対する魅力度は $U_{A \cap B} + U_B$ である。一方，製品 A の採用者が持つ製品 B の追加的便益の魅力度は $U_B' + U_{A \times B}'$ である。

製品 A→製品 B がダイナミックな共生関係にあるのは，$U_{A \cap B} + U_B < U_B' + U_{A \times B}'$ の場合，つまり，製品 A を既に採用しているときの方が，これを採用していないときよりも，製品 B の追加的便益が大きい場合である。不等号が逆，即ち，$U_{A \cap B} + U_B > U_B' + U_{A \times B}'$ の場合には，製品 A→製品 B はダイナミックな競争関係にある。例えば，PC ネットの採用者が持つ携帯ネットの追加的便益の魅力度は，固有便益（即時性）と併用便益（メール転送）の魅力度である（$U_{携帯ネット}' + U_{PCネット \times 携帯ネット}'$）。これが，PC ネットの未採用者にとっての携帯ネットの追加的便益の魅力度，即ち，共通便益（メール送受信やウェブサイト閲覧）と携帯ネットの固有便益（即時性）の魅力度（$U_{PCネット \cap 携帯ネット} + U_{携帯ネット}$）を上回るとき，PC メール→携帯ネットのダイナミックな共生関係が形成され，魅力度の大小関係が逆のとき，ダイナミックな競争関係が形成される。

デジカメとカメラ携帯，プラズマ TV と液晶 TV といった製品の組み合わせは併用便益を持たないため，併用便益の魅力度は 0 である（$U_{A \times B} = 0$）。そのため，これらの併用便益を持たない製品については，製品 A の採用者と未採用者との間での製品 B の固有便益に対する魅力度の差が，製品 A の未採用者が持つ共通便益に対する魅力度よりも大きいとき（$U_B' - U_B > U_{A \cap B}$），製品 A→製品 B のダイナミックな共生関係が形成される。したがって，併用便益を持たない製品間では，製品 A の採用によって製品 B の固有便益に対する魅力度が高まらない限り（$U_B' > U_B$），ダイナミックな共生関係は形成されないこ

とになる。

なお，ここでの議論は非耐久財については成立しないことに注意してほしい。非耐久財は短期間で使用される。したがって，製品 A を採用し，その便益を引き出しても，その状態が長期にわたって持続することはない。したがって，使用期間が短い非耐久財については，製品 B を追加的に採用することで得る便益には，共通便益も含まれ，併用便益は含まれない。

第 2 節　ダイナミックな共生関係を生み出す情報処理

Rogers（2003）によると，知覚された複雑性，即ち，「（製品を）理解し，使用することが難しいと知覚される程度」（Rogers 2003, p.257）が高いほど，その製品カテゴリーの普及スピードは遅いと言う。知覚された複雑性は消費者間で異なりうる。つまり，全ての消費者が製品の便益を容易に理解し，また実際に便益を引き出せるわけではない。特に，IT 製品は消費者間で知覚された複雑性が大きく異なることが多い。新しい IT 製品を容易に使いこなす消費者もいれば，全くついていけないと考える消費者もいる。

消費者は採用意思決定プロセスにおいて，その製品の目標達成度を推論する。目標達成度の推論に利用する情報の探索では，外部探索よりも内部探索の方が必要とされる認知的・行動的努力は小さいため，内部探索が先行して行われる。ここで，使用経験のある製品の知識は，その製品の目標達成度の推論に利用されるだけではない。消費者はこれを使用経験のない他の製品の目標達成度を推論するために利用することもできる。例えば，PC ネットを使用した経験があり，したがって，PC ネットに関する知識を長期記憶に貯蔵している消費者は，PC ネットの知識を携帯ネットの目標達成度を推論するために利用できる。同様に，デジカメに関する知識を持つ消費者は，これをカメラ携帯の目標達成度の推論に利用することができる。

では，どのようにして消費者は使用経験のある製品に関する知識を別の使用経験のない製品の目標達成度の推論に利用するのだろうか。ある製品に関する

知識に基づいて別の製品がもたらす機能的便益を推論する情報処理には，(1) カテゴライゼーション，(2) 類推，(3) メンタル・シミュレーションがある (Hoeffler 2003; Feiereisen, Wong, and Broderick 2008)。これらのうち，カテゴライゼーションによる推論が起こるのは，推論の対象となる製品が既存の製品カテゴリーに含まれる場合に限られる。一方，類推やメンタル・シミュレーションによる推論は，推論対象製品が既存の製品カテゴリーに含まれない場合でも起こる。以下では，これらの情報処理について見ていこう。ここで取り上げるカテゴライゼーション，類推，メンタル・シミュレーションは，人が「一を聞いて十を知る」ときに「九」がどこから来るかを説明するものである。

1. カテゴライゼーション

消費者は記憶内にカテゴリー・スキーマを持つ。ここでスキーマとは，外部情報を理解する際の枠組みとして機能する，ある対象（製品カテゴリー，ブランド，自己，他者）についての知識のまとまりである。例えば，過去にいくつかのカップラーメンの製品を使用した経験を持つ消費者は，「カロリーが高い」「お湯を入れて3分待つ」「小腹がすいたときに食べる」といった要素から構成されるカップラーメンのカテゴリー・スキーマを持っている。カテゴライゼーションによる推論は，対象製品とカテゴリー・スキーマがマッチした場合に，カテゴリー・スキーマを構成する要素が対象製品へと転移されることによって起こる (Meyers-Levy and Tybout 1989; Stayman, Alden, and Smith 1992; Sujan 1985)。ここで，ある消費者が，あるカップラーメンの新製品を初めて見た状況を考えてみよう（この新製品には「カップラーメン」というカテゴリーラベルが付与されている）。消費者がこの新製品は長期記憶内のカップラーメン・スキーマによくマッチすると認識した場合，その新製品はカップラーメン・カテゴリーのメンバーとしてカテゴライゼーションされる。そして，カップラーメン・スキーマを構成する「カロリーが高い」「お湯を入れて3分待つ」「小腹がすいたときに食べる」といった要素がその新製品に転移される。

カテゴライゼーションによる推論は，消費者が長期記憶内に対象製品がよく

マッチするカテゴリー・スキーマを貯蔵しており，これにアクセスできた場合にのみ起こる。対象製品にカテゴリーラベルが付与されていない場合，消費者が自力で対象製品がよくマッチするカテゴリー・スキーマを検索できなければ，カテゴライゼーションによる推論は起こらない。また対象製品にカテゴリーラベルが付与されていても，当該カテゴリーに所属する既存製品の使用経験がなく，したがって，対象製品がよくマッチするカテゴリー・スキーマを持たない場合にも，カテゴライゼーションによる推論は起こらない（例えば，Olshavsky and Spreng 1996）。本章で注目する漸進的新製品は（もちろん，画期的新製品も），既存の製品カテゴリーに含まれない新製品である。そのため，漸進的新製品についてはカテゴライゼーションによる推論は起こらない。

2. 類　推

　類推とは，ターゲット領域（いま知ろうとしている，よく知らない領域）とベース領域（よく知っている領域）が類似していることを根拠として，ベース領域の知識の一部をあてはめることで，ターゲット領域を推論することである。既存カテゴリーに含まれない新製品であっても，類推を行うことによって，消費者はその新製品がもたらす便益を推論することができる（Moreau, Lehmann, and Markman 2001; Moreau, Markman, and Lehmann 2001; 秋山 2012）。例えば，PC 用ソフトウェアの新製品が市場に導入され，その広告メッセージが「この新製品は頭痛薬のようなものだ」であったとしよう。この場合，新しいソフトウェアがターゲット領域，頭痛薬がベース領域ということになる。上記の広告メッセージを見た消費者は，「頭痛薬のようなものだ」という手がかりを用いて，「このソフトウェアは作業上のトラブルを即座に解決してくれる」「トラブルが起きたときの非常用に，このソフトウェアを持っておくとよい」と推論するだろう。

　類推のプロセスは，アクセス，写像（mapping），転移（transfer）の3つの段階から構成される（Gregan-Paxton and Roedder John 1997; 鈴木 1996）。アクセスとは，長期記憶内でのベース領域の検索である。ここで，ベース領域とな

りうるのは，ターゲット領域よりも精通した領域だけである。「この新製品は頭痛薬のようなものだ」「この新製品はデジカメのようなものだ」といった類推手がかりが外的に提示されたとき，これに従って頭痛薬やデジカメの知識にアクセスする。類推手がかりが与えられていない場合には，適当なベース領域，即ち，ターゲット領域の既知の要素と十分に類似した要素を含む領域特定的知識を自ら検索する。このとき，適当なベース領域が検索できなければ，類推は起こらない。写像段階では，ベース領域とターゲット領域との間で構造写像が行われる。つまり，ベース領域の要素とターゲット領域の要素が対応付けられ，両者の構造上の類似性が見出されていく（Gentner 1983; Gentner and Markman 1997; 澁谷 2013）。消費者にとって，ターゲット領域よりもベース領域の方がよく知っている領域であり，より多くの要素を含んでいる。そのため，構造写像を行っても，ベース領域の要素の中には対応付けられなかった要素が残る。転移段階では，この対応付けられなかったベース要素がターゲット領域へと転移される。

　注意すべきは，類推によって形成されるのは事実ではなく，あくまでも推論であるという点である（Holyoak and Thagard 1995; Gentner and Markman 1997; Holyoak 2005）。類推は，ターゲット領域がベース領域に十分に類似していることを根拠に，ターゲット領域に不足している要素をベース領域の要素によって埋め合わせているに過ぎない。ベース領域とターゲット領域は類似しているが全く同じではない以上，ベース領域がターゲット領域についての事実を提供するとは限らない（Holyoak and Thagard 1995）。

　類推はカテゴライゼーションと比較して，形成される推論の確信度が低い（Gregan-Paxton and Moreau 2003）。類推のプロセスでは，構造写像を行い，これに基づいて，ベース領域に含まれる要素の一部をターゲット領域に転移する。この構造写像は消費者にとってカテゴライゼーションよりも困難な情報処理であり，誤った写像（mismapping）が起こる可能性が高い。そのために類推によって形成される推論に対する確信度は低い。例えば，新製品にデジタルカメラというカテゴリーラベルが付与されているとき，消費者はカテゴリー・ス

キーマに含まれる全ての要素を新製品に転移する。したがって，推論に対する確信度は高い。一方，「この新製品はデジカメのようなものだ」という類推手がかりは，「この新製品はデジタルカメラではないこと」を示唆している。デジタルカメラではない以上，全ての要素を新製品に転移することはできない。そこで，新製品に転移する要素を決定するために構造写像を行うが，適切な写像を見分けることは消費者にとって難しいことも多い。したがって，類推によって形成される推論に対する確信度は低い。

3. メンタル・シミュレーション

メンタル・シミュレーションとは，何らかの出来事についての擬似的表象である（Taylor and Schneider 1989）。メンタル・シミュレーションには，将来の出来事についてのシミュレーションと，過去の出来事のシミュレーション，即ち，自伝的想起（autobiographical remembering）がある。本章では将来，自分が製品を使用することのシミュレーションに注目していることから，以下では将来の出来事についてのメンタル・シミュレーションに限定して議論する。

メンタル・シミュレーションの最大の特徴は，エピソード的な処理，即ち，ナラティブ処理（narrative processing）であるという点にある（Escalas 2004b; Escalas and Luce 2004）。つまり，メンタル・シミュレーションを行うことで，消費者は物語を作り出す。この物語は，出来事が時間の流れに沿ってならべられ，ある出来事が別の出来事を引き起こすといった因果関係を持つように構造化されたものである（Fiske 1993）。そして，言語情報である場合も，視覚情報である場合も，その組み合わせである場合もある。

将来，製品を使用する場面についてのメンタル・シミュレーションは，特に，消費ビジョン（consumption vision）と呼ばれる（Philips 1996; Phillips, Olson, and Baumgartner 1995）。つまり，消費ビジョンは自分が製品を使用したときに，どのような結果を得るかについての心的イメージであり（Walker and Olson 1997），新製品に関する消費ビジョンを構成する（即ち，想像する）ことによって，新製品の未採用者は新製品を使用した結果を代理経験することがで

きる（Hoeffler 2003; MacInnis and Price 1987; Rogers 2003; Walker and Olson 1997）。例えば，携帯ネットの未採用者は，将来，自分が携帯ネットを採用したならば，「どこにいても友人からのメールを受信して，すぐに返信することができる」「友人と出かけた帰りに，急にこれから食事をしようとなったときに，近くにある評判のいいレストランをその場で調べることができる」といった消費ビジョンを想像できる。新製品についての消費ビジョンは，新製品の便益の理解を促進し（Feiereisen, Wong, and Broderick 2008），さらに新製品の評価を高める（Dahl and Hoeffer 2004; Escalas 2004b; Feiereisen, Wong, and Broderick 2008）。

ただし，全ての消費者がどんな製品についても消費ビジョンを構成できるとは限らない。消費者間で，また製品間でシミュレーションの容易さは異なっており，シミュレーションの容易さは消費者がどんな知識を持っているかに大きく依存する。Dahl and Hoeffler（2004）の実験によると，自分が新製品を使用する場面を想像するよう指示された場合と，他者が新製品を使用する場面を想像するように指示された場合では，漸進的新製品については自己関連シミュレーションを行った場合の方が新製品の評価は高かった。逆に，画期的新製品については他者関連シミュレーションを行った場合の方が新製品の評価は高かった。漸進的新製品については自己関連シミュレーションの方が容易であり，画期的新製品については他者関連シミュレーションの方が容易なためである。ブランド拡張についてのメンタル・シミュレーションを実験によって検討した Lehmann, Stuart, Johar, and Thozhur（2007）によると，拡張先のカテゴリーに精通している方が，また親ブランドと拡張先のカテゴリーとの適合度が高い方が，拡張された製品に関する消費ビジョンは構成されやすい。Mandel, Petrova, and Cialdini（2006）は，他者が社会的に成功したストーリーが提示されたとき，他者と自分が類似していれば，自らが成功するイメージを構成しやすいという実験結果を報告している。

このような実験結果は，メンタル・シミュレーションの容易さは消費者間で，また製品間で異なっており，消費者が持つ知識がメンタル・シミュレー

ションの容易さを規定することを示唆している。端的に言えば，メンタル・シミュレーションは「魔法ではない」（Taylor, Pham, Rivkin, and Armor 1998, p.430）。あくまでも，その消費者にとって現実味のある範囲でのみ，メンタル・シミュレーションは構成される（Roese 1997; Taylor et al. 1998）。そして，現実味があるからこそ，便益の理解が促進され，新製品の評価や行動意図が高まるのである。

　製品 A を採用した消費者は，これを使用することによって製品 A の知識を獲得する。この製品 A の知識を獲得した消費者は，製品 A とは異なるカテゴリーに含まれるが，機能的便益の一部が共通する製品 B についての，現実味のあるメンタル・シミュレーションを行うことができるようになる。例えば，PC ネットの採用者は PC ネットの機能的便益の知識を持っているからこそ，携帯ネットの消費ビジョン（例えば，タイムリーなメールのやりとり，外出先で近くのおいしいレストランの検索）を容易に想像できる。一方，PC ネットの未採用者は PC ネットの機能的便益の知識を持たないため，このような携帯ネットの消費ビジョンを構成することは難しい。このような実験結果は，先に製品 A を採用・使用することによって機能的便益が一部重複する製品 B の消費ビジョンの構成が可能になり，製品 B の魅力度が高まることを示唆している。

　このように，消費者は，(1)カテゴライゼーション，(2)類推，(3)メンタル・シミュレーションといった情報処理を行うことで，使用経験のない製品の機能的便益を推論することができる。使用経験のない製品を初めて見た消費者は，これらの情報処理のうち，認知的努力が小さく，推論の確信度の高い方法を採用する。どの情報処理を行うにしても，推論の容易さは消費者が長期記憶内に貯蔵している知識に依存する。適切な知識を持っていれば，製品の機能的便益を推論することは容易であるが，これを持たない消費者にとっては機能的便益を推論することは難しい。

第3節 まとめ

　本章では，共通の機能的便益を持つIT製品のカテゴリー採用に焦点をあて，ダイナミックな競争・共生関係がどのようにして成立するかを検討した。共通の機能的便益を持つ他の製品の先行採用は，当該製品の採用に対してプラスの作用とマイナスの作用の両方を持っている。マイナスの作用は共通便益が獲得済みになってしまい，当該製品を採用しても共通便益を追加的に獲得できなくなることである。一方，プラスの作用は類推やメンタル・シミュレーションを通じた当該製品の固有便益に対する魅力度の増大である。つまり，異なるカテゴリーに含まれる製品AとBが共通の機能的便益を持つとき，製品Aを先に採用した消費者は，これを使用することで，製品Aの知識を記憶内に保持するようになる。この製品Aの知識が類推やメンタル・シミュレーションによる製品Bに固有の機能的便益の推論を容易にするのである。言い換えれば，共通便益が"フック"として機能することで，製品Bの固有便益の理解が促進される。これらのプラスの作用とマイナスの作用の大小関係によって，ダイナミックな競争関係と共生関係のどちらが形成されるかが決まる。ここで，共通便益を持たない製品の組み合わせ（既存製品と画期的新製品）については，上記の議論はあてはまらないことに注意してほしい。異なるカテゴリーに含まれる製品間でも機能的便益が同質化した現代だからこそ，類推やメンタル・シミュレーションによる固有の機能的便益の理解が促進され，ダイナミックな共生関係が生み出されると考えられるのである。

　共通の機能的便益はダイナミックな競争関係と共生関係のどちらを生み出しているのだろうか。つまり，共通便益を持つ他のカテゴリーに含まれる製品の採用は，当該製品の類推やメンタル・シミュレーションを促進するとは言え，それは共通便益を獲得済みにするマイナスの作用を上回るほどに大きなものだろうか。次章では，共通の機能的便益を持つIT製品は，ダイナミックな競争関係にあるか，ダイナミックな共生関係にあるかを経験的に検討しよう。

第6章　製品の同質化は
　　　　ダイナミックな共生関係を導くか

　共通の機能的便益を持つ他の製品を先行して採用することは，当該製品の採用に対してプラスの作用とマイナスの作用の両方を持っている。プラスの作用は当該製品のメンタル・シミュレーションや類推の容易さを高めることであり，マイナスの作用は当該製品と他の製品に共通の機能的便益が獲得済みになることである。プラスとマイナスの作用のうち，どちらが大きいかによって，ダイナミックな競争関係と共生関係のどちらが形成されるかが決まる。本章では，異なるカテゴリーに含まれる製品間のダイナミックな関係に注目する。したがって，本章で言う当該製品と他の製品はそれぞれ異なるカテゴリーに含まれる製品である。

　本章の目的は，既存製品と漸進的新製品のように，異なるカテゴリーに含まれるが共通の機能的便益を持つIT製品は，ダイナミックな競争関係にあるか，ダイナミックな共生関係にあるか，あるいは，独立な関係にあるかを検討することである。例えば，先にPCネットを採用すると，以降，携帯ネットの採用は促進されるだろうか，抑制されるだろうか。その逆の場合，即ち，先に携帯ネットを採用した場合はどうだろうか。以下ではまず，耐久財の製品カテゴリーの採用に関する既存研究を概観する。その上で，IT製品の採用履歴データを用いて，共通の機能的便益を持つ製品がダイナミックな競争関係と共生関係のいずれの関係にあるかを検討する。

第1節　耐久財のカテゴリー採用に関する研究と本章の問題意識

　製品カテゴリーの採用は，購買経験のない製品カテゴリーに含まれる任意の

製品，言い換えれば，狭義の製品を初めて購買することである（第1章で述べたように，製品カテゴリーは狭義の製品によって規定されることに注意してほしい）。図6.1に示したように，ある製品カテゴリー，ないしは狭義の製品Aの採用意思決定において，消費者は広告などの企業が発信する情報や他の消費者が発信する情報を用いて，その目標達成度を推論することができる。また第5章で議論されたように，消費者は他の製品カテゴリー，ないしは狭義の製品Bの知識に基づいて狭義の製品Aの目標達成度を推論することもできる。内部探索の方が外部探索よりも行動的・認知的努力は小さいため，外部探索よりも内部探索が優先される。

図6.1 採用意思決定において利用される情報

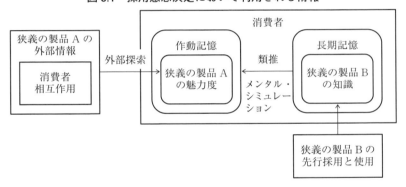

　新製品の普及・採用に関する既存研究は，冷蔵庫や洗濯機といった耐久財の画期的製品カテゴリーの採用を説明するために，主に消費者相互作用に焦点をあててきた。冷蔵庫や洗濯機のように，対象製品と機能的便益の一部を共有する他の製品が存在しない状況では，製品カテゴリーの普及や採用は消費者相互作用によってよく説明できたためである。またFAXやEメール，ゲーム機やDVDプレイヤーといったネットワーク製品が普及していった1980年代半ば以降，ネットワーク製品の普及を説明する概念として，直接的・間接的ネットワーク外部性が大きな注目を集めてきた。ネットワーク外部性とは，消費者があるネットワーク製品を使用することで得る効用は，そのネットワーク製品の

使用者数に依存するというものである(例えば,Economides 1996; Katz and Shapiro 1985, 1986)。例えば,ある消費者以外,誰もメールを使用していないなら,この消費者はメールから何の効用も引き出すことはできない。メールの使用者が多いほど,メールを使用することで得る効用は高くなる。消費者相互作用とネットワーク外部性はいずれも,他者による製品カテゴリー,ないしは狭義の製品の採用の効果であり,図6.1の左半分に描かれている外部情報の効果である。

　現在の市場には機能的便益の一部が共通するIT製品が数多く導入されている。この機能的便益の部分的共有という新しい,しかし,現在では一般的になりつつある特徴を持ったIT製品の普及や採用を説明することが,今日の普及・採用研究に求められている。しかし,共通の機能的便益を持つIT製品の採用は,消費者相互作用やネットワーク外部性といった他者によるカテゴリー採用の効果だけでは必ずしも十分に説明できないと考えられる。なぜなら,消費者は認知的・行動的努力が小さい内部探索を先に行い,内部探索によって確信度の要求水準が満たされれば,外部探索を行わないためである。共通の機能的便益を持つIT製品の採用を説明するためには,図6.1の右半分に描かれているような,その消費者自身による機能的便益を共有する他の製品の先行採用の効果を考慮する必要がある。

　近年の研究では,集計レベルの分析によって機能的便益が一部共通するIT製品の普及の関連性が検討されている。Bass (1969)のモデルをはじめとする伝統的な普及モデルは,普及における製品カテゴリー間の独立を仮定したものであったが,近年,当該カテゴリーの使用者数に対する他のカテゴリーの使用者数の影響を認めたモデルが提示され,IT製品の使用者数のデータに適用されている(Kim, Chang, and Shocker 2000; 斉藤・高田・上田 2006)。しかし,集計レベルの分析では,個々の消費者レベルでの製品間のダイナミックな関係は必ずしも十分に把握できない。つまり,集計レベルの分析では,個々の消費者の製品Bの採用が,彼/彼女が製品Aを使用していることによって影響されたのか(製品Aの先行採用の効果),あるいは,他者が製品Aを使用している

ことによって影響されたのか（考えられる製品 A と B の間接的ネットワーク外部性）はわからない。製品 B の採用に対して製品 A の先行採用が及ぼす影響のみを別個に捉えるには，非集計レベルデータの分析が必要となる。そこで本章では，個々の消費者による IT 製品の採用履歴を観測したパネルデータを用いて，共通の機能的便益を持つ他の製品の先行採用の効果を検討する。

第 2 節　データと方法

1. データ

　ここでは，JMR サイエンス社のパネル調査データを用いて実証分析を行った[1]。この調査は 2002 年以降毎年 1 回ずつ実施されており，各回の調査は IT 製品の所有や使用をはじめ様々な質問項目を含む。本章で用いたデータは，2003 年～2006 年の 4 年分（デジタルカメラとカメラ付き携帯電話のデータは 2004 年以降 3 年分）である。ここでは，7 つの分析対象製品を，(1) PC ネットと携帯ネット，(2) デジタルカメラ（以下，デジカメ）とカメラ付き携帯電話（以下，カメラ携帯），(3) プラズマ TV，液晶 TV，及び HDD レコーダの 3 つのグループに分け，各グループ内でのダイナミックな関係を検討した。第 5 章で述べたように，上記のグループ内の製品は機能的便益が一部共通する製品の組み合わせ，即ち，共通の機能的便益と各製品に固有の機能的便益を持つ製品である（図 5.1 参照）。ただし，HDD レコーダはプラズマ TV や液晶 TV との共通便益を持たないものの併用便益を持つことから，参考として分析に含めた。

　このデータは製品カテゴリーを採用した期間，即ち，購買・使用経験のない製品カテゴリーに含まれる任意の製品を初めて購買・使用した期間を観測したものである。例えば，2003 年調査時点においてある製品カテゴリーを「所有していない」と回答し，2004 年調査時点においてその製品カテゴリーを「所有している」と回答したとき，この消費者は当該製品カテゴリーを 2003 調査時点直後から 2004 調査時点までの期間に採用したことがわかる。デジカメ，プラズマ TV，液晶 TV，HDD レコーダについては，「所有していない」から

「所有している」に回答が変化した期間を,また PC ネットについては,「自宅で使用している」に回答が変化した期間を,それぞれの製品カテゴリーを採用した期間とした。携帯ネットとカメラ携帯については,所有しているが使用していない場合も多いことから,「使用している」と初めて回答した期間を採用した期間とした。

なお分析にあたり,欠損値を含む回答者はデータから除いた。また,Allison (1995) に従って,各カテゴリーの1回目調査以前に当該カテゴリーを採用していた回答者はデータから除き,各カテゴリーの1回目調査における未採用者を分析に用いた。

2. 方　法

上記の7つの分析対象製品のデータセットのそれぞれを,ノンパラメトリックな離散時間のハザードモデル (Meyer 1990; Seetharaman and Chintagunta 2003) にあてはめた[2]。ノンパラメトリックな離散時間のハザードモデルでは,期間 $(i-1, i)$ (以下,t_i 期) の離散時間ハザード,即ち,t_{i-1} 期の終わり (時点 $i-1$) までに当該製品が採用されないことを条件として,t_i 期に当該製品が採用される確率は,

$$h(t_i; \mathbf{x}(t_i)) = 1 - \exp[-\exp(\alpha(t_i) + \boldsymbol{\beta}' \mathbf{x}(t_i))] \quad (6.1)$$

として定式化される[3]。ただし,$\mathbf{x}(t_i)$ は t_i 期の説明変数ベクトル,$\boldsymbol{\beta}$ はハザードに対する共変量の影響を捉えたパラメター・ベクトルである。$\alpha(t_i)$ はハザードに対する期間 t_i の影響 (即ち,消費者間では一定で,期間 t_i 間で変化する観測されていない要因の影響) を捉えるパラメターであり,連続時間のハザードモデルにおけるベースラインハザードに対応している。

6.1 式に含まれるパラメター $\alpha(t_i)$ と $\boldsymbol{\beta}$ は最尤法によって推定される。個人の尤度は,

$$L = h(\tau; \mathbf{x}(\tau))^\delta \prod_{t_i < \tau} [1 - h(t_i; \mathbf{x}(t_i))] \quad (6.2)$$

である。ただし,δ はデータ期間内に消費者が製品を採用したとき 1,それ以

外のとき 0 のダミー変数，τ は消費者が製品を採用した期間と観測が打ち切られた期間のうち，小さい方の値である。実際の推定では，6.2 式によって表される個人の尤度を全ての回答者について掛け合わせて対数をとった，全体での対数尤度を最大化した。

　説明変数は，t_{i-1} 期までのグループ内の他の製品の先行採用，外部探索の積極性，所得である。t_{i-1} 期までの他の製品の先行採用は時間依存型共変量であり，t_{i-1} 期までに他の製品を採用していれば 1，それ以外のとき 0 である。先行採用の係数は，他の製品を先行して採用することによる当該製品のハザードの変化，つまり，t_{i-1} 期までに他の製品を採用している場合に，これを採用していない場合と比較して，t_i 期において当該製品の採用が促進されるのか，あるいは，抑制されるのかを捉えている（cf. Singer and Willett 1993）。この推定値の符号がプラスであればダイナミックな共生関係を，マイナスであればダイナミックな競争関係をそれぞれ表す。つまり，推定値がプラスであることは，便益を共有する他の製品の先行採用のマイナスの作用（共通便益が獲得済みになること）よりも，プラスの作用（メンタル・シミュレーションや類推を通じた固有便益の魅力度の増大と，併用便益が追加的に獲得できるようになること）の方が大きいこと，即ち，$(U_{B'} - U_B) + U_{A \times B'} > U_{A \cap B}$ を意味する。一方，マイナスの推定値は先行採用のマイナスの作用の方がプラスの作用よりも大きいこと，即ち，$(U_{B'} - U_B) + U_{A \times B'} < U_{A \cap B}$ を意味する。なおここでは，t_i 期ではなく t_{i-1} 期までの他の製品の採用を共変量としている。この 1 年間に当該製品と他の製品の両方を採用したことを観測したとき，当該製品と他の製品のどちらを先に採用したのかはデータからはわからないから，t_i 期までの採用を共変量としたならば，時間的継起性を必ずしも満たさないためである。したがって，先行採用の係数は，この 1 年間の当該製品の採用に対して 1 年前までに他の製品を採用したことがどんな影響を及ぼすかを捉えており，当該製品の採用直前の時点までに他の製品を採用したことの影響を捉えているわけではない。

　外部探索の積極性は固定型共変量であり，2003 年調査において測定された 9 項目のリッカート尺度の項目得点の合計である（α 係数＝ .84）。外部探索を積

極的に行う消費者の方がそれぞれの期間において獲得する外部情報量が相対的に多く，その結果として採用が促進されると考えられることから，この共変量の係数の推定値はプラスであることが期待される。所得も2003年調査において測定された固定型共変量であり，その係数の推定値はプラスであることが期待される。

第3節　結果：共通便益はダイナミックな共生関係を導く

1. グループ1：PCネットと携帯ネット

PCネットと携帯ネットの推定結果は表6.1に示されている通りである。PCネットの採用に対する携帯ネットの先行採用の効果は1%水準で有意であり，その符号はプラスであった（$\beta_{携帯ネット \rightarrow PCネット} = .93, p < .01$）。このことから，携

表6.1　グループ1の推定結果

説明変数	PCネット	携帯ネット
α_1	-4.23***	-2.57***
$\alpha_2 - \alpha_1$ [a]	-.13	-.34
$\alpha_3 - \alpha_1$ [a]	.70***	-.45*
先行採用		
PCネット	—	.71***
携帯ネット	.93***	—
外部探索の積極性	.04***	.04**
所得	.09***	.01
対数尤度	-332.0	-240.0
回答者数	307	202
同時期相関		
PCネット	—	.03
携帯ネット	.03	—

***：1%水準で有意
**：5%水準で有意
*：10%水準で有意
a：2期目以降については，1期目との差を推定した。

帯ネットを先行して採用することによって以降の PC ネットの採用が促進される，即ち，携帯ネット→PC ネットはダイナミックな共生関係にあることがわかる。この結果は，携帯ネットを採用・使用することで，メンタル・シミュレーションや類推といった認知的処理による PC ネットの機能的便益の推論が容易になり，PC ネットの固有便益（大容量）の魅力度が高まること，あるいは，併用便益（メール転送）の魅力度が大きいことを示唆している。

その逆，即ち，携帯ネットの採用に対する PC ネットの先行採用の効果もまたプラスで，1％水準で有意であることから，PC ネット→携帯ネットはダイナミックな共生関係にあることがわかる（$\beta_{\text{PCネット→携帯ネット}} = .71, p < .01$）。このことから，PC ネットの採用以降，携帯ネットの固有便益（即時性）の魅力度が高まる，あるいは，併用便益の魅力度が大きいことが示唆される。このように，PC ネットと携帯ネットはダイナミックな対称の共生関係にある。

外部探索の積極性の効果は，期待された通り，PC ネット，携帯ネットともにプラスで有意であった（PC ネットについては，$\beta_{\text{外部探索}} = .04, p < .01$；携帯ネットについては，$\beta_{\text{外部探索}} = .04, p < .05$）。また所得の効果は，PC ネットについてはプラスで有意であるが，携帯ネットについては非有意であった（PC ネットについては，$\beta_{\text{所得}} = .09, p < .01$；携帯ネットについては，$\beta_{\text{所得}} = .01, p > .10$）。

2. グループ 2：デジタルカメラとカメラ付き携帯電話

デジカメとカメラ携帯の推定結果は表 6.2 に示されている通りである。カメラ携帯の採用が以降のデジカメの採用に対して及ぼす影響はプラスで，5％水準で有意であった（$\beta_{\text{カメラ携帯→デジカメ}} = .43, p < .05$）。その逆，即ち，デジカメの先行採用のカメラ携帯の採用に対する影響もプラスで，1％水準で有意であった（$\beta_{\text{デジカメ→カメラ携帯}} = .45, p < .01$）。したがって，共通の機能的便益を持つデジカメとカメラ携帯もまた，ダイナミックな対称の共生関係にある。このことは，カメラ携帯を先行して採用すると，以降，デジカメの固有便益（高画質）の魅力度が高まり，先にデジカメを採用すると，カメラ携帯の固有便益（即時性）の魅力度が高まることを示唆している。

124　第6章　製品の同質化はダイナミックな共生関係を導くか

表6.2　グループ2の推定結果

説明変数	デジカメ	カメラ携帯
α_1	-2.00***	-1.77***
$\alpha_2 - \alpha_1$ [a]	.29	-.41***
先行採用		
デジカメ	―	.45***
カメラ携帯	.43**	―
外部探索の積極性	.01	.04***
所得	.05*	-.01
対数尤度	-297.3	-409.9
回答者数	303	409
同時期相関		
デジカメ	―	.04
カメラ携帯	-.02	―

***：1%水準で有意
**：5%水準で有意
*：10%水準で有意
a：2期目については，1期目との差を推定した。

外部探索の積極性の効果は，デジカメについては非有意であったが，カメラ携帯については，期待された通りプラスで有意であった（デジカメについては，$\beta_{外部探索} = .01, p > .10$; カメラ携帯については，$\beta_{外部探索} = .04, p < .01$）。また所得の効果は，デジカメについてはプラスで有意，カメラ携帯については非有意であった（デジカメについては，$\beta_{所得} = .05, p < .10$; カメラ携帯については，$\beta_{所得} = -.01, p > .10$）。

3. グループ3：プラズマTV，液晶TV，及びHDDレコーダ

プラズマTV，液晶TV，及びHDDレコーダの推定結果は表6.3に示されている通りである。まず，機能的便益が一部重複するプラズマTVと液晶TVについては，液晶TV→プラズマTVの効果とプラズマTV→液晶TVの効果は両者ともプラスで，5%水準で有意であった（$\beta_{液晶 \to プラズマ} = 1.22, p < .05$; $\beta_{プラズマ \to 液晶} = 1.37, p < .05$）。このことから，共通の機能的便益を持つプラズマTVと

表6.3　グループ3の推定結果

	プラズマTV	液晶TV	HDDレコーダ
α_1	-6.20***	-3.27***	-4.21***
$\alpha_2 - \alpha_1$[a]	1.01	.60*	1.59***
$\alpha_3 - \alpha_1$[a]	1.75**	1.28***	1.91***
先行採用			
プラズマTV	—	1.37**	.51
液晶TV	1.22**	—	.41
HDDレコーダ	.37	.68**	—
外部探索の積極性	-.01	-.02	.03**
所得	.16**	.04	.05*
対数尤度	-100.7	-280.0	-464.8
回答者数	444	435	425
同時期相関			
プラズマTV	—	.08***	.14***
液晶TV	.07***	—	.14***
HDDレコーダ	.10***	.10***	—

***：1%水準で有意
**：5%水準で有意
*：10%水準で有意
a：2期目以降については，1期目との差を推定した。

液晶TVはダイナミックな対称の共生関係にあることがわかる。また併用便益を持つが，共通の機能的便益を持たないHDDレコーダとプラズマTVの組み合わせについては，先行採用の効果はいずれも非有意であった（$\beta_{HDD \to プラズマ}$ = .37, p > .10; $\beta_{プラズマ \to HDD}$ = .51, p > .10）。HDDレコーダと液晶TVについては，HDDレコーダ→液晶TVの効果がプラスで有意，液晶TV→HDDレコーダは非有意であることから，非対称の関係にある（$\beta_{HDD \to 液晶}$ = .68, p < .05; $\beta_{液晶 \to HDD}$ = .41, p > .10）。外部探索の積極性の効果は，HDDレコーダについてはプラスで有意であったが，プラズマTVと液晶TVについては非有意であった（プラズマTVについては，$\beta_{外部探索}$ = -.01 p > .10; 液晶TVについては，$\beta_{外部探索}$ = -.02, p > .10; HDDレコーダについては，$\beta_{外部探索}$ = .03, p < .05）。所得の効果は，プラズマTVとHDDレコーダについてはプラスで有意であり，液晶TVにつ

いては非有意であった（プラズマ TV については，$\beta_{所得}= .16, p < .05$; 液晶 TV については，$\beta_{所得}= .04, p > .10$; HDD レコーダについては，$\beta_{所得}= .05, p < .10$）[4]。

　このように，本章で分析対象とした共通の機能的便益を持つ製品の組み合わせは，いずれもダイナミックな対称の共生関係にある。また，デジカメ，プラズマ TV，液晶 TV については，外部探索の積極性の影響は非有意であった。このことから，探索される外部情報の量が他の消費者と比較して相対的に多くても，それぞれの期間においてデジカメ，プラズマ TV，液晶 TV を採用しやすいわけではないことが示唆される。また所得の効果は，携帯ネットやカメラ携帯といった比較的低価格の製品，及び液晶 TV については非有意であった[5]。

　最後に，同じ期間内での採用の関連性を見ておこう。製品 A の t_i 期の採用と製品 B の t_i 期の採用のスピアマンの相関係数は，PC ネットと携帯ネット，デジカメとカメラ携帯についてはいずれも非有意であるが，プラズマ TV，液晶 TV，HDD レコーダについてはいずれもプラスで有意である（表 6.1，表 6.2，表 6.3）。このことから，PC ネットと携帯ネット，デジカメとカメラ携帯は，いずれも同じ期間に採用されやすい，あるいは採用されにくい傾向はないこと，一方，プラズマ TV，液晶 TV，及び HDD レコーダは，同じ期間内に採用されやすいことがわかる。

4. 共通便益を持たない他の製品の先行採用の効果

　これまでに見てきた通り，共通の機能的便益を持つ製品間では，先行採用の効果はいずれも符号はプラスで，1％水準，あるいは5％水準で有意であった。では，共通の機能的便益を持たない製品についてはどうだろうか。共通便益を持たない製品間では，一方の製品の先行採用はメンタル・シミュレーションや類推といった認知的処理を容易にするプラスの作用も，共通便益を獲得済みにするマイナスの作用も持たないことから，先行採用の効果は非有意であることが期待される。

　ここでは，データ期間が4年分の PC ネット，携帯ネット，プラズマ TV，液晶 TV の4つの製品を，共通便益を持たないグループに組み替え，6.1 式に

あてはめた。したがって，ここで検討された先行採用の効果は，PC ネット↔プラズマ TV，PC ネット↔液晶 TV，携帯ネット↔プラズマ TV，携帯ネット↔液晶 TV の 8 通りである。これらのグループは，データ期間である 2003 年～2006 年については，共通便益だけでなく，顕著な併用便益も持たないと考えられる。推定の結果，期待された通り，先行採用の効果が 1% 水準，あるいは 5% 水準で有意なケースはなかった。なお，プラズマ TV → PC ネット，携帯ネット → 液晶 TV については，10% 水準で有意であった（$\beta_{\text{PCネット}\to\text{プラズマ}} = .57$, $p > .10$; $\beta_{\text{プラズマ}\to\text{PCネット}} = 1.29$, $p < .10$; $\beta_{\text{PCネット}\to\text{液晶}} = .05$, $p > .10$; $\beta_{\text{液晶}\to\text{PCネット}} = .29$, $p > .10$; $\beta_{\text{携帯ネット}\to\text{プラズマ}} = .61$, $p > .10$; $\beta_{\text{プラズマ}\to\text{携帯ネット}} = .46$, $p > .10$; $\beta_{\text{携帯ネット}\to\text{液晶}} = .57$, $p < .10$; $\beta_{\text{液晶}\to\text{携帯ネット}} = .58$, $p > .10$）。このような推定結果から，共通便益を持たない製品間はほぼ独立な関係にあることがわかる。同時に，この結果によって，6.1 式は共通便益を持つ，あるいは持たない他の製品の先行採用の効果を正確に捉えていることが確認できる。

第 4 節　まとめ

　現在の IT 製品は，製品カテゴリーを超えて機能的便益の同質化が進んでいる。他の製品と機能的便益の一部が共通する IT 製品の採用は，消費者相互作用や直接的・間接的ネットワーク外部性といった他者によるカテゴリー採用の効果だけでは必ずしもよく説明できないと考えられる。本章の実証分析は，その消費者自身が機能的便益を共有する他の製品を先行して採用することで，当該製品の採用タイミングが早まることを明らかにした。

1. 理論的貢献

　製品間の競争・共生関係の形成を解明するという本書全体の目的に対する本章の貢献は，共通の機能的便益はダイナミックな対称の共生関係を導くことを示したことである。共通の機能的便益がダイナミックな対称の共生関係を生み出すのは，メンタル・シミュレーションや類推といった認知的処理が容易にな

ることに起因する。つまり,異なるカテゴリーに含まれる製品が共通の機能的便益を持つとき,一方の製品の先行採用は,他方の製品の採用に対して,共通便益が獲得済みになるというマイナスの作用だけでなく,メンタル・シミュレーションや類推が容易になるというプラスの作用も持つ。本章の分析結果は,先行採用による知識獲得と,これに続くメンタル・シミュレーションや類推のプラスの作用は,共通便益を獲得済みにするマイナスの作用を上回るほどに大きいことを示唆している。つまり,機能的便益を一部共有した IT 製品間では,「1つ持っていると,もっと欲しくなる」が「1つ持っているから,もういらない」を上回るのである。

　本章の分析結果はまた,普及・採用研究に新たな知見をもたらす。既存研究では,新しい製品カテゴリーの導入期には,採用に伴うリスクをよく受容する消費者が採用すると言われてきた(例えば,Rogers 2003)。本章の結果は,機能的便益の部分的共有化が進んだ現在の IT 製品については,これが必ずしもあてはまらないことを示唆している。つまり,カテゴリー採用のタイミングが早いのは,リスク回避性向が低い「冒険的な」(Rogers 2003, p.282)消費者よりも,便益を部分的に共有する他の製品を採用・使用した消費者,つまり,知覚するリスク自体が小さい消費者である(cf. 田嶋 2004)。また,Parasuraman (2000, p.308)は「新たな技術全般を採用・使用する消費者の性向」と定義される技術レディネス(technology readiness)概念を提案したが,以降の実証研究では,技術レディネスでは IT 製品の採用が必ずしもよく説明できないことが報告されている(Liljander, Gillberg, Gummerus, and van Riel 2006; Lin, Shih, and Sher 2007)。本章の結果は,IT 製品なら何でも採用しやすい消費者と採用しにくい消費者が存在するのではなく,1人の消費者でも IT 製品間で採用しやすさは異なっており,各 IT 製品の採用しやすさは,これまでにどんな IT 製品を採用・使用してきたかに依存することを示唆している。

2. マーケティングへの示唆

　本章の結果は,IT 製品のメーカーに対する実務的示唆をもたらす。他の製

品と機能的便益の一部を共有する新製品を導入することは，機能的便益が重複する他の製品とのスタティックな競争関係を導く。しかし，実証分析の結果からわかるように，時点をまたがって考えれば，他の製品との機能的便益の部分的共有はダイナミックな共生関係を導く。したがって，IT 製品のメーカーが新しい市場を創造する，特に，いち早く新しい市場を立ち上げることを目的としたとき，画期的新製品，即ち，既存製品と機能的便益が重複しない新製品を導入すべきではない。この新製品は既存製品とのスタティックな非競争関係を生み出すものの，消費者は既存製品の知識に基づいて新製品のメンタル・シミュレーションや類推ができないため，新製品は採用されにくい。むしろ，既存製品の採用者をターゲットに，漸進的新製品，即ち，既存製品と機能的便益を部分的に共有した新製品を導入すべきである。既存製品と機能的便益を一部重複させることによって，この既存製品の採用者は新製品のメンタル・シミュレーションや類推ができるようになり，新製品を採用しやすくなるためである。このことは，Min, Kalwani, and Robinson（2006）が行った産業財の新製品の生存時間データの分析結果と整合的である。彼らによると，12 年間以上生存した画期的製品カテゴリーの先発製品は 23％に過ぎないが，漸進的製品カテゴリーの先発製品は，その 61％が 12 年間以上市場で生き残ったという。彼らの分析対象は産業財であり，この結果が消費財でも言えるとは限らない。本章の結果は，消費財についても，漸進的製品カテゴリーの先発製品の方が市場で生き残りやすいことを示唆している。

　個々の企業の観点に立てば，ひとくちに漸進的新製品と言っても，どの既存製品と機能的便益を一部重複させるかが重要な課題となる。漸進的新製品の導入にあたって，企業は多くの消費者によって採用された既存製品と共通の機能的便益を新製品に持たせるべきである。これにより，多くの消費者がメンタル・シミュレーションや類推によって新製品を理解することができるようになるためである。Goldenberg, Libai, and Muller（2002）は，新製品の導入後いったん売上が落ち込み，その後しばらくして再び売上が伸びていく現象をサドル（馬の背）現象と呼び，1/3〜半数の IT 製品でこの現象が見られることを示し

ている。また彼らによると，早いタイミングで採用する小規模なセグメントと，遅いタイミングで採用する大規模なセグメントから市場が構成されており，セグメント間での消費者相互作用が不活発なとき，サドル現象が起こるという。消費者は外部探索より内部探索を優先するから，メンタル・シミュレーションや類推によって新製品を理解できれば，採用は消費者相互作用に左右されない。多くの消費者が採用した既存製品と共通の機能的便益を新製品に持たせることで，多くの消費者が新製品を容易に理解できる状態を作り出せば，サドル現象は回避されると考えられる。

[付記] 第Ⅲ部は，斉藤嘉一 (2009)，「IT は IT を呼ぶか？ 便益を部分的に共有する IT 製品間のダイナミックな補完と代替」『流通研究』12 (2), 23-40 を加筆・変更したものである。

(1) 貴重なデータを提供していただいた株式会社 JMR サイエンス社に厚く御礼申し上げます。
(2) ハザードモデルには，連続時間のモデルと離散時間のモデルがある。連続時間のモデルは，イベントが連続時間において起こり，そのイベント生起が観測される時間間隔が十分に短いことを前提としたモデルである。一方，離散時間のモデルは，(1) イベントが離散時間において生起・観測されるか，あるいは，(2) イベントは連続時間において起こるが，年次や月次など観測の間隔が長いことを前提としている。ここで用いたデータは連続時間において起こった採用を 1 年間隔で観測したデータであることから，ここでは離散時間のハザードモデルを用いた。
(3) 6.1 式は，連続時間のベースラインハザードを t_i 期の始めの時点から終わりの時点の区間で積分したものを $\exp(\alpha(t_i))$ と仮定することによって導出される。また 6.1 式は，一般化線形モデルにおいて，相補 log-log 関数をリンク関数とすることによって導出することもできる。なお，ベースラインハザードにワイブル分布などの任意の確率分布を仮定することもできるが，この場合，どんな分布を仮定したかによって β の推定値が大きく変化しうる。ベースラインハザードをノンパラメトリックに推定する 6.1 式では，このようなベースラインハザードの特定化に関連する問題は起こらない (Seetharaman and Chintagunta 2003)。
(4) 製品 A の採用後しばらくは製品 B の採用は抑制されるが，ある程度時間が経過すると製品 B の採用は促進されるといったように，先行採用の効果は時間に伴って変化することも考えられる。このような先行採用の効果の変化を検討するために，他の製品の先行採用の代わりに，他の製品を採用してからの経過期間 (1 期，2 期以上の 2 つのダミー変数) を共変量として含めたモデルに，グループ 3，即ち，プラズマ TV，液晶 TV，HDD レコーダのデータをあてはめた (2003 年調査において「所有している」と回答したとき，2003 年調査時点の 1 年前から 2003 年調査時点までの期間に採用したものとして，採用後

の経過期間を求めた。なお，グループ 1 と 2 の製品はデータ期間の数年前から本格的な普及が始まっており採用後の経過期間が定義できないため，推定していない)。尤度比検定の結果，先行採用の効果が時間によって変化するモデルと，変化しないモデル（表 6.3) では，どのデータセットについてもフィットに有意差はなかった。このことから，先行採用の効果の変化は，モデルの説明力を有意に改善するほど大きなものではないと言える。

(5) なお，表 6.1，表 6.2，表 6.3 に示した結果では，重大な多重共線性は起きていない。$\alpha(t_i)$ と共変量を 1 つだけ含むモデルを推定して表 1 の推定結果と比較したところ，カメラ付き携帯電話のデータにおける所得の効果の符号が変化したのみであり（マイナスからプラスへ。ただし，いずれも非有意)，それ以外については，符号や統計的有意性が変化するケースはなかった。

第Ⅳ部
消費者相互作用のネットワーク

第7章　消費者相互作用に関する既存研究

　第Ⅳ部では，現代の社会的環境の最大の特徴である消費者間の相互作用のネットワークに焦点をあてる。現代の消費者は，フェイス・トゥ・フェイス，クチコミサイト，SNSの3つのネットワークからWOM（word-of-mouth：クチコミ）を得ることができる。ソーシャルメディアの浸透によるWOM受信の範囲の拡大と多頻度化は，消費者行動を大きく変えつつある。

　次章以降で行う実証研究に先立って，本章では消費者相互作用に関する既存研究を概観する。第1節では，市場全体レベルでの売上げとWOMとの関連性を検討した研究について述べる。第2節以降は，個々の消費者レベルでの消費者相互作用とその影響を検討した既存研究を扱う。そこでは，消費者が持つ他者に対する影響力を議論の中心に据える。

第1節　売上げに対する未経験WOMの効果

1. Bass モデル

　消費者相互作用と売上げの関係を捉えようと試みた先駆的研究として，Bass（1969）があげられる。Bass（1969）において提案された普及モデルは，消費者相互作用の効果を考慮して耐久財の特定カテゴリーの採用者数をモデル化したものである。具体的には，Bassモデルでは，時点tのハザード（瞬間的な採用率）を，

$$\frac{f(t)}{1-F(t)} = p + qF(t) \tag{7.1}$$

と定義する。ただし，f(t)は時点tにおける採用率，F(t)は時点tまでの累

積採用率，p は外的影響係数（革新係数），q は内的影響係数（模倣係数）である。7.1 式の qF(t) が消費者相互作用の影響を表した部分である。累積採用者数が増えるほど，発信される WOM やシグナルの総量は多くなると考えられるから，F(t) は製品カテゴリーについての WOM やシグナルの総量を反映している。F(t) にかかっている q は，WOM やシグナルが未採用者によるカテゴリー採用を促進する程度を捉える（メールや電話などのネットワーク製品については，q はネットワーク外部性も捉えている）。したがって，q が大きいほど，WOM やシグナルは未採用者のカテゴリー採用を強く促進することを意味する。Bass モデルは，多くの研究において様々な耐久財のカテゴリー売上げデータに適用されており，以降の消費者相互作用に関する研究に対して，大きな影響を及ぼしたモデルと言える。

　Bass モデルはその背景に WOM やシグナルの効果を想定しているものの，現在までのカテゴリー売上げの時系列データに基づいて，将来のカテゴリー売上げを予測することに力点を置いたモデルである。そのため，Bass (1969)，及び，以降の Bass モデルを適用した研究は，製品カテゴリーについての WOM やシグナルを観測して，これらが売上げにどのような影響を及ぼすかを検討したものではない。売上げデータのみを用いて模倣者による学習の程度を捉えられる点は Bass モデルの長所であるが，売上げに対する WOM やシグナルの影響を検討するためには，Bass モデルは不向きと言える。

2. クチコミサイト上のユーザーレビューが売上げに及ぼす影響

　この 10 年間で，クチコミサイトに投稿されたユーザーレビューが対象製品の売上げに与える影響を検討した研究が急増している。クチコミサイトの登場以降，ユーザーによって投稿されたユーザーレビューを能動的に探索し，これを購買意思決定において利用するという新しい現象が見られるようになったためである。またフェイス・トゥ・フェイスの WOM と比較してクチコミサイト上のユーザーレビューは観測が容易であり，WOM データの入手可能性が高まったことも，売上げに対するユーザーレビューの効果が盛んに検討されるよ

うになった一因であろう。現在までに，映画 (Duan, Gu, and Whinston 2008; Liu 2006)，書籍 (Chevalier and Mayzlin 2006; Sun 2012)，ゲーム (Zhu and Zhang 2010) といったカテゴリーに含まれる製品の売上げが，クチコミサイトに投稿されたユーザーレビューによってどのような影響を受けるのかが盛んに検討されてきた。

　これらの研究では主に，(1)ユーザーによって投稿されたレビューの数と，(2)レビューの評価得点の平均や分散，あるいは標準偏差の売上げにする効果をとり上げてきた。ユーザーレビューには，評価得点の高いものもあれば，低いものもある。後者は，全体的に評価得点がどの程度高いか（平均），またどの程度ばらついているか（分散や標準偏差）によって，売上げがどの程度影響されるかを検討したものである。1つめの課題であるレビューの数の効果については，多くの研究において，売上げを高める効果を持つことが示されている (Chevalier and Mayzlin 2006; Duan, Gu, and Whinston 2008; Liu 2006)。

　一方，評価得点の平均の効果については，これを支持する結果と，支持しない結果が報告されている。Chevalier and Mayzlin (2006) は，インターネット上の書店（Amazon. com と Barns & Noble. com）の売上げ順位とユーザーレビューのデータを分析し，評価得点の平均が高いほど売上げは高まるという結果を得ている。これに対して，Duan, Gu, and Whinston (2008) の実証分析によると，映画のユーザーレビューの評価得点は売上げに対して影響しないという。ただし，彼らは，ポジティブな感情価のレビューは投稿されるレビューの量を媒介として，間接的に売上げを高めることを示している。

　評価得点の分散や標準偏差の売上げに対する効果も，これまでの実証研究では一貫した結果が得られていない。評価得点の分散や標準偏差はレビューア間での評価の不統一の程度を表す。つまり，評価得点の分散や標準偏差が大きいことは，レビューア間で評価が大きく割れていることを意味しており，分散や標準偏差が小さいことことは，多くのレビューアが同じような評価をしていることを意味している。レビューの受信者にとっては，分散や標準偏差が大きい製品ほど，製品使用によって得られる結果が不確実なことになる。Zhu and

Zhang（2010）は，ゲームの売上げとユーザーレビューのデータを用いて，評価得点の標準偏差は売上げに有意な影響を及ぼさないという結果を報告している。また Sun（2012）は，Amazon.com と Barnes & Noble.com の売上げ順位とレビューのデータを用いた実証分析を行い，売上げに対する評価得点の平均の効果は，評価得点の標準偏差によって調整されることを示している。評価得点の平均が低く，かつ，標準偏差が大きいことは，多くのユーザーがその書籍を低く評価したが，一部のユーザーはこれを高く評価したことを意味する。また，評価得点の平均が高くとも，標準偏差が大きければ，その書籍を低く評価したユーザーも少なからずいることになる。そのため，評価得点の平均が低い書籍については，評価得点の標準偏差は売上げを高める効果を持つが，評価得点の平均が高い書籍については，評価得点の標準偏差は売上げを低下させる効果を持つのである。

第2節　他者への影響力

　前節で取り上げた集計レベルの分析の結果が示唆するように，個々の消費者によって発信された WOM は，これを受信した消費者の製品採用やカテゴリー採用を促進する。ただし，全ての WOM・シグナルが採用を等しく促進するわけではない。WOM・シグナルを通じて他者の採用をよく促進する消費者もいれば，そうでない消費者もいる。これまでの消費者行動研究では，個々の消費者が持つ他者への影響力，即ち，他者の採用行動に影響を与える程度を測定し，影響力の強い消費者を特定しようとする試みが盛んに行われてきた。その中で，イノベーティブネス，オピニオンリーダーシップ，マーケット・メイブンシップなど，他者への影響力に関連する様々な概念が提案されてきた。

1．イノベーター

　ある製品や製品カテゴリーを採用するタイミングは，その製品，あるいは製品カテゴリーについての WOM やシグナルの発信・受信を規定する。なぜな

ら，採用者が未採用者に対してWOMやシグナルを発信することはあるが，その逆，つまり，未採用者から採用者へのWOMやシグナルの発信は基本的に起こらないためである。特に，耐久財については，カテゴリー採用のタイミングはその消費者が持つ他者への影響力を大きく規定する。耐久財のカテゴリー採用では，消費者は高い機能的リスクを知覚する。例えば，ノンフライヤーの未採用者は，「ノンフライヤーで揚げた料理は体にはよくても，おいしくないかもしれない」という機能的リスクを知覚するだろう。この機能的リスクは，採用者が発信する当該製品カテゴリーの機能的便益についてのWOMやシグナルによって引き下げられ，その結果，未採用者によるカテゴリー採用が促進される。ノンフライヤーの採用者が「油で揚げたのと味はほとんど変わらない。さっぱり食べたいときは，ノンフライヤーで揚げた方がむしろおいしい」と言っているのを聞けば，上記のような知覚された機能的リスクは低下する。そのため，特に耐久財については，消費者が他者に及ぼす影響力は採用タイミングによって大きく規定されることになる。端的に言えば，採用タイミングによって決まる消費者間での製品知識の差が，他者への影響力の源泉になる。

　このような背景に基づいて，耐久財のカテゴリー採用タイミングの早さ，ないしは実現されたイノベーティブネス（actualized innovativeness）を説明しようと試みた研究が盛んに行われてきた（例えば，Im, Bayus, and Mason 2003; Rogers 2003）。その中で，カテゴリー採用のタイミングを説明するために，様々な構成概念が提案されている。Midgley and Dowling（1978）によると，カテゴリー採用のタイミングは，生得的イノベーティブネスによって影響されるという。ここで生得的イノベーティブネスとは，意思決定の独立性である。つまり，WOMやシグナルの影響を受けずに採用意思決定を行う消費者ほど，カテゴリー採用のタイミングは早い。またHirschman（1980）は，消費者特性としての内在的新奇性追求（inherent novelty seeking），即ち，新しい刺激を追求する欲求が採用タイミングを早めるとしている。Manning, Bearden, and Madden（1995）はこれらの研究を受けて，新奇性追求は採用意思決定プロセ

スの早い段階（即ち，情報探索）に，また意思決定の独立性は遅い段階（即ち，採用）に，それぞれ影響を及ぼすことを示した。また Roehrich（2004）は，イノベーティブネス概念のレビュー論文において，採用タイミングは意思決定の独立性や新奇性追求だけでなく，刺激欲求や独自性欲求によっても説明されるとしている。

2. オピニオンリーダー

先に述べたように，採用者は未採用者に WOM を発信することがある。ただし，全ての採用者が必ず WOM を発信するわけではない。また，たとえ採用者が WOM を発信したとしても，それが未採用者の意思決定に必ず影響を及ぼすとは限らない。WOM やシグナルを通じて他者に影響を及ぼす消費者の傾向に直接言及した概念が，オピニオンリーダー，ないしはオピニオンリーダーシップである。オピニオンリーダーとは，「直接的に接している他者によく影響を及ぼす個人」（Katz and Lazarsfeld 1955, p.3）であり，消費者特性としてのオピニオンリーダーシップとは，直接的に接している他者に影響を及ぼす程度である。

オピニオンリーダーシップ概念の背景には，Katz and Lazarsfeld（1955）が提唱した2段階のコミュニケーション・モデルがある。このモデルよると，オピニオンリーダーはマスメディアからの情報を受信し，これに基づいて自らの意見を形成し，これを発信する。オピニオンリーダー以外のフォロワーと呼ばれる人々は，マスメディアからの情報ではなく，オピニオンリーダーが発信した情報に影響されるという。このように，2段階のコミュニケーション・モデルは，オピニオンリーダーのみがフォロワーに影響を及ぼすと考えている。これは Bass モデルが想定する消費者間コミュニケーションとは大きく異なる。つまり，Bass モデルでは，新製品を採用した全ての消費者が，まだ新製品を採用していない消費者に影響を及ぼすことを想定している。

既存研究では，オピニオンリーダーを特定することを目的として，オピニオンリーダーシップのいくつかの測定尺度が開発されてきた。これらの尺度はい

ずれも，回答者に自らのオピニオンリーダーシップの程度を評価させるものである。ただし，尺度によって項目の内容はある程度異なっている。例えば，King and Summers（1970）の尺度は，「過去6ヶ月間に，何人と____について話したか（空白部には，特定の製品カテゴリーが入る）」「一般的に，友人や近所の人たちと____についてよく話すか」「友人や近所の人たちと____について話すとき，多くの情報を提供するか」「他の友人たちと比べて，____についてよく尋ねられるか」といったWOM発信の頻度に関する項目を多く含む。一方，Flynn, Goldsmith, and Eastman（1996）の尺度は，「私の知人は，私が話したことに基づいて____を選ぶ」「私は____についての人々の意見に，しばしば影響を及ぼす」「____についての私の意見は，他の人たちに当てにされていない（逆得点）」など，発信したWOMやシグナルが他者の意思決定に影響を及ぼす程度を直接尋ねる項目が含まれている。

3．マーケット・メイブン

マーケット・メイブンは「多くの種類の製品，買い物の場所，そしてマーケティングの他の側面についての情報を持ち，消費者との議論を始め，消費者からの市場の情報についての要求に応える個人」（Feick and Price 1987, p.85）と定義される。マーケット・メイブンは他者の意思決定に大きな影響を及ぼすと考えられることから，マーケット・メイブンとオピニオンリーダーは類似した概念と言える。ただし，マーケット・メイブンはオピニオンリーダーとは，以下の2つの点で異なる。まず，オピニオンリーダーは特定の製品カテゴリーにのみ関与し，したがって，特定のカテゴリーについてのみ豊富な知識を持つのに対して，マーケット・メイブンは，市場に対して関与するため，より広い範囲の市場に関する知識を持つとされる。

もう1つのマーケット・メイブンの特徴は，彼らの高い利他性にある（Feick and Price 1987; Price, Feick, and Guskey 1995）。つまり，マーケット・メイブンは他者に利得をもたらすために（他者が"よい買い物"をすることを手助けするために），WOMを発信する。一方，オピニオンリーダーは，利他目標よりもむ

しろ，利己目標（例えば，自分の関与する特定の製品カテゴリーについて他者と会話することを楽しむ）を達成するためにWOMを発信する。

第3節　社会ネットワーク

1. 影響力と社会ネットワーク

前節であげた3つの概念のうち，オピニオンリーダーシップは他者への影響力に直接言及している点で，マーケティングや消費者行動にとって特に魅力的な概念と言える。しかし，オピニオンリーダーシップの概念領域は非常に広い。ある消費者Aが別の消費者Bの採用行動に影響を及ぼすのは，どのような場合だろうか。それは，消費者Aが発信したWOMやシグナルを消費者Bが受信し，かつ，消費者Bの採用行動がこのWOMやシグナルによって左右される場合である。したがって，オピニオンリーダーシップは，(1)他者に向けてWOMやシグナルを発信する程度と，(2)WOMやシグナルが受信者の購買・採用意思決定に影響を及ぼす程度の交互効果として捉えられる。Weimann (1991) によると，オピニオンリーダーシップは個人的要因と社会的要因の組み合わせであり，次の3つの消費者特性と関連性があるという。即ち，(1)発信者の社会的結び付き（誰とよく話すか），(2)発信者のパーソナリティ特性，そして，(3)発信者の知識である。

社会ネットワークを扱った研究は，このようなオピニオンリーダーシップの構成要素のうち，WOMやシグナルの発信と受信，ないしは，Weimann (1991) の言う発信者の社会的結び付きに注目したものである。新製品，あるいは，より広くイノベーションの採用が消費者の持つ社会ネットワークに依存することは，消費者行動の関連領域において古くから検討されてきた。例えば，前述のKatz and Lazarsfeld (1955) の2段階コミュニケーション・モデルは，社会ネットワークの1つである。またGranovetter (1973) は，2段階モデルとは大きく異なる社会ネットワークを示している。個人を丸で，個人間の関係を表す紐帯（tie）を線で表現すると，社会ネットワークは，図7.1に描かれている

図7.1 クリークを含む社会ネットワーク

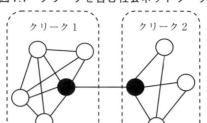

（注）黒丸で表した個人は，クリーク間で情報を伝達する役割を担っている。

ような，いくつかのクリークを含んだものになるという。ここでクリークとは，ある個人が結び付いた他者同士もまた結び付いている個人の集まりである。典型的には，家族や仲良しグループのメンバーが1つのクリークを構成することが多い。ただし，全ての消費者が同じクリーク内の他者とのみ結び付いているわけではない。異なるクリークに所属する他者とも結び付く消費者もいる。クリーク同士は，このような消費者によって橋渡しされている。

消費者間を結ぶ紐帯には，強い紐帯もあれば弱い紐帯もある。Granovetter (1973) によると，紐帯の強さは，個人間の関係の継続時間，感情の強さ，親密さ，相互扶助といった要因に依存するという。多くの場合，人は家族や友人と長期間にわたる親密な関係を持ち，彼らを積極的に援助しようとするから，家族間や友人間を結ぶ紐帯が強い紐帯と言える。一般的に，同じクリーク内の消費者間を結ぶ紐帯は強く，異なるクリークに所属する消費者間を結ぶ紐帯は弱いことが多い。

WOM 情報は弱い紐帯よりも強い紐帯を流れやすい（家族や友人とは頻繁に会話し，顔見知り程度の他者とはそう頻繁には会話しない）。そのため，同じクリーク内の各個人が持っている情報はおのずと同質的になる。ただし，ときに弱い紐帯を WOM 情報が流れることもある。弱い紐帯を通して伝達された WOM 情報は，その情報を受け取った個人が所属するクリークの他のメンバーにとって，新しい情報であることが多い。そのため，弱い紐帯は WOM 情報

が流れにくいけれども，社会全体に WOM 情報が伝播していく際には重要な役割を果たすのである。Granovetter (1973) はこれを弱い紐帯の強みと名付けている。ただし，書籍，旅行，レストランといった製品に関する WOM 情報について言えば，クチコミサイトの登場によって弱い紐帯の強みは弱まっていると考えられる。第1章で議論したように，現代の消費者はクチコミサイトにおいて，見知らぬ他者，即ち，紐帯で結び付いていない他者からの WOM を得ることができる。したがって，現代の消費者の WOM ネットワークでは，弱い紐帯で結び付いた他者がクチコミサイト上の他者によって代替されることもある。

このように，消費者行動の関連領域では社会ネットワークと WOM との関係を検討した研究が行われ，興味深い知見をもたらしてきた。一方，消費者行動研究では，Brown and Reingen (1987) や Reingen, Foster, Brown and Seidman (1984) を除いて，伝統的に社会ネットワークを積極的に扱ってこなかった。しかし最近では，社会ネットワーク上の個人の位置付けとオピニオンリーダーシップや採用行動との関連性が盛んに検討されるようになった。以下では，社会ネットワーク分析を簡単に紹介した上で，これらの既存研究を見ていこう。

2. 社会ネットワーク分析の概要

社会ネットワーク分析では，ネットワーク上の個人の位置付けを，次数中心性 (degree centrality)，媒介中心性 (betweenness centrality)，クラスタリング係数といった指標によって捉える。ある個人の次数中心性とは，その個人が持つ直接的な紐帯（あるいは辺）の数である。図 7.2 のパネル A に描かれている社会ネットワークにおける消費者 a〜d の次数中心性はそれぞれ，1, 3, 1, 1 である。次数中心性の高い個人はネットワーク・ハブと呼ばれる（図 7.2 パネル A では，消費者 b がネットワーク・ハブである）。WOM の発信・受信のように方向が定まっているネットワーク・データでは，入次数 (in-degree) 中心性と出次数 (out-degree) 中心性が区別される。入次数中心性は個人へと伸びる紐帯

図7.2 社会ネットワークの例

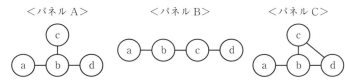

の数である。具体的には，WOM の発信・受信を観測したデータでは，その個人が WOM を受信した他者の数が入次数中心性である。出次数中心性は，入次数中心性とは逆に，その個人から伸びるパスの数である。つまり，その個人が発信した WOM を受信した他者の数である。

媒介中心性は，ネットワーク内のあるペアを結ぶ最短のパスにその個人が含まれる程度である。図 7.2 のパネル B に描かれたネットワークおいて，ペア {a, c}, {a, d} を結ぶ最短のパスは消費者 b を通る。したがって，消費者 b の媒介中心性は 2 である。また消費者 b, c, d を結ぶ最短のパスは消費者 a を通らないため，消費者 a の媒介中心性は 0 である。その個人がいなければ，他の多くのメンバー同士が結び付かないとき，その個人の媒介中心性は高い。媒介中心性の高い個人は，個人やクリークを橋渡しする役割を担っている。

クラスタリング係数は，自分と結び付いた他者同士が結び付いている程度を表す指標である。つまり，自分の友人同士もまた友人関係にあるとき，クラスタリング係数は大きく，自分の友人同士が友人関係にないときクラスタリング係数は小さい。ネットワーク全体の中のある個人の直接的な結び付きのみを指して，その個人のエゴセントリック（自己中心的な）・ネットワークと呼ぶ。クラスタリング係数はエゴセントリック・ネットワークの密度を捉えたものである。図 7.2 のパネル C に示したネットワークでは，消費者 b は消費者 a, c, d と結び付いている。この 3 人の消費者のうち 2 人から成るペアは {a, c}, {a, d}, {c, d} の 3 通りあるが，このうち {c, d} のみが結び付いている。したがって，消費者 b のクラスタリング係数は 1/3 である。また，消費者 c は消費者 b, d と結び付いている。この消費者 b と d もまた結び付いているから，消費者 c のクラスタリング係数は 1/1 である。

3. 社会ネットワーク上の位置とオピニオンリーダーシップ

　Lee, Cotte, and Noseworthy（2010）は，ある大学のエスニック・クラブに所属する125人の友人関係のネットワーク・データを用いて，個人のネットワーク上の位置付け（入次数中心性，出次数中心性，媒介中心性）とオピニオンリーダーシップや対人的影響の感受性との関連性を検討した。その結果，出次数中心性の高い個人ほど，自分はオピニオンリーダーであると自ら認識しており（前述のような尺度を用いて測定されたオピニオンリーダーシップの自己評価が高い），入次数中心性が高い個人ほど，他者からオピニオンリーダーと認識されていることが示された。そして，媒介中心性が高いほど，オピニオンリーダーシップの自己評価，オピニオンリーダーシップの他者評価ともに高い。また対人的影響の感受性は，出次数中心性や媒介中心性とプラスの関連性がある（高齢者のアクティビティ・クラブのメンバー40人のネットワーク・データを用いた分析でも，同様の結果を得ている）。このように，ネットワーク上で出次数中心性と媒介中心性の高い個人は，自分が他者に影響を与えると認識していると同時に，他者によって影響されやすいのである。

　Kratzer and Lettl（2009）は小学校に通う子供537人の友人関係のネットワーク・データを用いて，ネットワーク上の位置付けとオピニオンリーダーシップとの関連性を検討している。その結果，オピニオンリーダーシップの自己評価は次数中心性とプラスの関連性があるが，媒介中心性とは有意な関連性はないことが示された。彼らはまた，ネットワーク上の位置とリードユーザーとの関係についても検討している。ここでリードユーザーとは，数ヶ月，あるいは数年後に市場で一般的になるニーズを，現在，他者に先駆けて持っており，そのニーズを満たすことで大きな便益を得る消費者である（Von Hippel 1986）。オピニオンリーダーとは対照的に，リードユーザーは次数中心性とは有意な関連性がないが，媒介中心性とプラスの関連性があった。

　このように，社会ネットワーク・データを収集した対象が異なり，また個人の位置付けの指標の一部が異なる Lee, Cotte, and Noseworthy（2010）と Kratzer and Lettl（2009）では，全ての結果が一貫しているわけではない。し

かし，オピニオンリーダーシップが次数中心性と関連している，言い換えれば，ネットワーク・ハブがオピニオンリーダーであるという結果は，両方の研究に共通している。

4. 社会ネットワーク上の位置と採用・普及

いくつかの既存研究では，自己評価されたオピニオンリーダーシップではなく，自分や他者の新製品採用行動が，ネットワーク上の位置とどのような関連性を持つかを検討している。Goldenberg, Han, Lehmann, and Hong (2009) は，ユーザー数が1,200万人を超える大規模な SNS である Cyworld の社会ネットワーク・データを用いて，ネットワーク上の位置と SNS 内で購買されるいわゆる情報財の製品の普及との関連性を検討した[1]。彼らは，非常に多くの紐帯を持つ消費者（正確には，入次数中心性と出次数中心性の両方が平均＋3×標準偏差以上である消費者）をネットワーク・ハブと定義した。彼らの研究の主な発見は，ネットワーク・ハブが製品を採用すると，その製品の最終的な採用者数が増加し，また普及スピードも早まることである。この結果は，先にあげた Lee, Cotte, and Noseworthy (2010)，Kratzer and Lettl (2009) のネットワーク・ハブがオピニオンリーダーであるという結果と整合的である。

ネットワーク・ハブは意思決定の独立性（ないしは，生得的イノベーティブネス）が高い消費者とは限らない。そのため，イノベーター・ハブ（ネットワーク上で自分と直接結び付いたメンバーよりも先に採用するハブ）もいれば，フォロワー・ハブ（自分と直接結び付いたメンバーよりも遅れて採用するハブ）もいる。彼らの結果によると，イノベーター・ハブによる採用は，フォロワー・ハブによる採用よりも，市場全体の普及スピードを速めるという。一方，フォロワー・ハブはイノベーター・ハブよりも，最終的な採用者数に対してより大きな影響を及ぼす。

Katona, Zubcsek, and Sarvary (2011) は，ある大規模 SNS の採用と，現実世界の友人関係のネットワークにおける個人の位置との関連性を検討した。彼らの用いたデータは，SNS 上の社会ネットワークを時系列で観測したもので

ある。そのため，最終的な採用者のネットワークと，データ期間の各時点での採用者のネットワークがわかる。分析対象としたSNSユーザーの現実世界の友人関係の測定は非常に困難であるため，彼らは，最終的なネットワークを現実世界の友人関係のネットワークと見なして，分析を行っている。彼らの主な発見は以下の2点である。1つは，自分の現実世界の友人のうちの多くがSNSを採用するほど，自分もSNSを採用しやすくなることである。自分の友人のうち，ある時点までに当該SNSを採用した友人の割合は，その時点のSNSネットワークでの個人の次数中心性を，現実世界の友人関係のネットワークでの個人の次数中心性で割ったものである。彼らは，この割合がSNSの採用と有意なプラスの関連性を持つことを示した。もう1つは，SNSを採用した自分の友人同士が友人関係にあるほど，自分もSNSを採用しやすいことである。つまり，SNSの採用は，その個人のクラスタリング係数と有意なプラスの関連性を持つのである。

　このように，社会ネットワーク分析を用いた最近の消費者行動研究は，興味深い知見をもたらしている。特に，ネットワーク・ハブと呼ばれる次数中心性の高い消費者が多くの未採用者による採用を促進することは，ここで取り上げた既存研究に共通する結果である。Goldenberg et al.（2009）やKatona, Zubcsek, and Sarvary（2011）が用いたようなSNS上の社会ネットワーク・データの利用可能性は，今後も高まっていくと考えられる。社会ネットワーク上の個人の位置付けによって製品採用を説明する研究は，今後も大きな進展が期待される領域である。

第4節　意思決定におけるWOMとシグナルの影響

　他者への影響力は，(1)WOMやシグナルを発信し，他者によって受信される量と，(2)受信されたWOM・シグナルが他者の意思決定を左右する程度で決まる。前節で取り上げた社会ネットワークを扱った既存研究は前者に焦点をあてたものであり，後者を検討したものではない。ここでは，後者，即ち，

第4節　意思決定における WOM とシグナルの影響

WOM やシグナルが受信者の意思決定にどのような影響を及ぼすかを議論しよう。

WOM やシグナルが意思決定に及ぼす影響として，(1)情報的影響，(2)機能的影響，(3)社会的影響，そして，(4)心理的影響が考えられる。WOM やシグナルの情報的影響は，製品を知らなかった消費者が，WOM やシグナルを受信することによって，その製品の存在を知るようになることである。

機能的影響は，WOM やシグナルを受信することによって，消費者がその製品の機能的便益，及びそこから派生する社会的・心理的便益を理解することである。第1章で述べたように，機能的便益は社会的便益や心理的便益と手段目的関係で結び付くことがある。この場合，消費者が機能的便益を理解すると，これに起因する社会的便益や心理的便益も同時に理解することになる。例えば，ある消費者が「部屋の隅々まできれいだと，気分良くすごせる」と考えているとしよう。この消費者が，ロボット掃除機のルンバは「部屋の隅々まできれいに掃除してくれる」という機能的便益を持つことを理解したとき，ルンバは「気分良くすごせる」という心理的便益をもたらすことも同時に理解する。ここでは，機能的便益から派生する社会的・心理的便益を理解することも含めて，WOM やシグナルの機能的影響と呼ぶ。

WOM やシグナルの社会的影響は，WOM やシグナルを受信した消費者がその製品を使用することによってもたらされる社会的便益，及びこれに起因する心理的便益を理解するようになることである。社会的便益は，他者による自己のポジティブな評価であり，具体的には，他者による受容，承認，尊敬などである。機能的影響は，WOM 発信者がその製品を使用したことで得た機能的便益を知ることで生み出されるのに対して，社会的影響はどのような他者がその製品を購買・使用，また選好しているかを知ることによって引き起こされる。家族や友人といった重要他者が発信した WOM やシグナルを受信するとき，消費者はその発信者について豊富な知識を事前に持っている。また，見知らぬ他者から WOM やシグナルを受信する場合にも，消費者は発信者についての情報を同時に取得しうる。例えば，その外見から，発信者の性別，年齢，

ファッション・スタイル，また好みのファッション・ブランドがわかるし，これらを手がかりにライフスタイルを推論することもできる。このような他者についての情報と，WOM・シグナルが直接もたらす他者と製品との行動的・心理的関わりについての情報が社会的影響を生み出す。つまり，WOM・シグナルの受信者はこれらの情報を組み合わせて自分がその製品を使用することで得られる社会的便益を推論する。

　心理的影響とは，WOM やシグナルを受信した消費者が，その製品の心理的便益を理解するようになることである。例えば，「この映画は面白かった」「このテーマパークは楽しかった」「この旅行先はエキサイティングだった」といった WOM を受信した消費者は，自分が同じ映画を見たり，同じテーマパークに行ったり，同じ旅行先に訪れたときに得られる心理的便益を推論できる。また「ハーゲンダッツなう♡しあわせー」というツイートを見た消費者は，ハーゲンダッツの製品が幸福感という心理的便益をもたらすことを推論しうる。

　消費者が受信する WOM とシグナルは，(1)未経験 WOM・シグナル，即ち，自分が購買・使用した経験がない製品に関する WOM とシグナルと，(2)経験 WOM・シグナル，即ち，購買・使用経験のある製品の WOM とシグナルに分類される（第1章参照）。未経験 WOM・シグナルと経験 WOM・シグナルでは，上記の4つの影響の程度は大きく異なる。また同じ未経験 WOM・シグナルでも，それが耐久財の画期的新製品に関するものか，非耐久財の連続的新製品に関するものかによって，4つの影響の大きさは異なる。

　表7.1に示したように，未経験 WOM・シグナルは情報的影響を持ちうるが，経験 WOM・シグナルは情報的影響を持たない。経験 WOM・シグナルを受信した採用者は，WOM・シグナルを受信する以前から製品の存在を知っているためである（経験 WOM・シグナルは，製品を購買した以降に受信する WOM・シグナルである）。

　経験 WOM・シグナルは機能的影響も持たない。採用者は使用経験を通じて製品の機能的便益を知っているためである。一方，未採用者は機能的便益を知

第4節　意思決定における WOM とシグナルの影響　151

表 7.1　未経験/経験 WOM・シグナルはどんな影響を持つか

	未経験 WOM・シグナル		経験 WOM・シグナル
	耐久財の 画期的新製品	非耐久財の 連続的新製品	
情報的影響	あり	あり	なし
機能的影響	あり（大きい）	あり（小さい）	なし
社会的影響	あり	あり	あり
心理的影響	あり（大きい）	あり（小さい）	なし

らないため，未経験 WOM・シグナルは機能的影響を持つ。特に，非耐久財の連続的新製品よりも耐久財の画期的新製品についての WOM・シグナルの方が，より大きな機能的影響を持つ（表 7.1）。耐久財の画期的新製品を採用する際，消費者は大きな機能的リスクを知覚するためである。耐久財は一般的に購買関与が高いため，高い確信度で目標達成度を推論しようとする。また画期的新製品については，消費者は高い確信度で機能的便益を推論できるような知識を持たない。機能的便益が高い（あるいは低い）と確信したいけれども，確信できない状態が，知覚された機能的リスクが高い状態である。知覚された機能的リスクが WOM の能動的探索を動機付け，また実際に WOM やシグナルを受信することで，機能的便益を高い確信度を持って推論できるようになる。これに対して，非耐久財は一般的に低価格で，使用期間が短いため，購買関与が低い。また非耐久財の連続的新製品については，同じカテゴリーの他の製品の使用経験を持つことが多く，そのため，カテゴライゼーションによって新製品の機能的便益をある程度高い確信度を持って推論できてしまう。したがって，未経験 WOM を含む外部情報を能動的に探索することは少ない。また偶発的に未経験 WOM を受信しても，意思決定に対する影響は小さい。

　経験・未経験を問わず，WOM とシグナルは社会的影響を持つ（表 7.1）。購買・使用経験のある製品については，消費者は経験 WOM を受信する以前から，その存在を知っているし，使用経験を通じて機能的便益や心理的便益をよく理解している。一方，自らの使用経験によってその製品の社会的便益を理解できるとは限らない。その理由として，以下の3点があげられる。まず，使用

場面の可視性が低い製品については，自分が製品を購買・使用したことを他者は知らないことが少なくない。2つめに，ある製品を使用した自分を，他者がポジティブに，あるいはネガティブに評価しても，この評価が表出されることは少ない。特に，ネガティブな評価の表出は社会的規範によって抑制される（遠藤 2010）。3つめに，もし他者が評価を表出したとしても，それを真に受ける，つまり，実際に他者による自己評価が高い，あるいは低いと高い確信度で推論するわけではない。このように，機能的便益や心理的便益と違って，社会的便益は使用経験によってその理解が大きく促進されるわけではない。

製品がもたらす社会的便益を高い確信度で推論することを可能にするのは，自分の使用経験よりも，その製品がどのような他者によって購買・使用，また選好されているかについての情報である。前述のように，WOMやシグナルは，発信者と製品との行動的・心理的関わりについての情報をもたらす。この情報とWOMやシグナルと同時に取得される，あるいは，長期記憶内に貯蔵されている他者についての情報を用いて，製品のもたらす社会的便益が推論される。このように，製品を使用した経験の有無にかかわらず，社会的便益を推論するためにはWOMやシグナルが必要となる。

心理的影響については，機能的影響と同様である（表7.1）。採用者は使用経験を通じて製品の心理的便益を知っているため，経験WOM・シグナルは心理的影響を持たない。一方，未経験WOM・シグナルは心理的影響を持つ。特に，購買関与が低く，また多くの製品の使用経験を持ち，したがって，カテゴライゼーションによって高い確信度で目標達成度を推論できる非耐久財の連続的新製品よりも，耐久財の画期的新製品についてのWOM・シグナルの方が，心理的影響は大きい。

第5節　まとめ

本章では，消費者相互作用に関する既存研究を概観してきた。既存研究には，集計レベルデータの分析と非集計レベルデータの分析がある。また，その

第5節 まとめ

対象も，製品カテゴリーの WOM・シグナルがカテゴリー採用に及ぼす影響を扱った研究もあれば，個々の製品の WOM・シグナルが製品採用に及ぼす影響を扱った研究もある。分析のレベルや対象はデータの利用可能性に大きく依存するため一概には言えないものの，集計レベルから非集計レベルへ，また製品カテゴリーから個々の製品へという大きな流れが見てとれる。最後に，本章で明らかにされたことをまとめ，次章以降で行う実証研究の焦点を示そう。

集計レベルの分析が明らかにしてきたことは，発信された WOM の総量は製品や製品カテゴリーの売上げを高めることである（第1節）。売上げが個々の消費者による購買を集計したものであることを考慮すれば，この結果は，WOM が個々の消費者の製品採用やカテゴリー採用を促進することを示唆している。ただし，全ての WOM・シグナルが製品採用やカテゴリー採用を等しく促進するわけではない。WOM・シグナルを通じて他者の採用をよく促進する消費者もいれば，そうでない消費者もいる。つまり，消費者間で，他者の製品採用やカテゴリー採用を促進する程度，即ち，他者への影響力は異なる。オピニオンリーダーシップは，WOM・シグナルを通じた他者への影響力に直接言及した概念である（第2節）。

ある消費者が持つ他者への影響力，ないしはオピニオンリーダーシップは，(1) WOM やシグナルを発信し，受信される程度と，(2) WOM やシグナルが受信者の意思決定に影響を及ぼす程度の交互効果として規定される。WOM やシグナルを発信する程度は，社会ネットワークにおける次数中心性として捉えられる。最近の社会ネットワーク分析を用いた実証研究では，次数中心性の高い消費者，言い換えれば，ネットワーク・ハブは他者への影響力が大きいことが示されている（第3節）。WOM・シグナルが受信者の意思決定に与える影響には，情報的影響，機能的影響，社会的影響，そして，心理的影響がある。経験 WOM・シグナルと未経験 WOM・シグナルの間では，これらの影響の大きさは異なる。また同じ未経験 WOM・シグナルでも，それが耐久財の画期的新製品に関するものか，あるいは，非耐久財の連続的新製品に関するものかによって，影響の大きさが異なっている（第4節）。

第 8 章以降で行う実証分析では，耐久財の画期的新製品に関する WOM とシグナルを取り上げない。その理由は以下の 2 点である。1 つは，耐久財の画期的新製品の採用が WOM・シグナルによって影響されることは，既存研究からほとんど明らかなことである。この影響の理論的背景には，先に述べた知覚された機能的リスクがある。つまり，耐久財の画期的新製品を採用するにあたって，消費者は大きな機能的リスクを知覚する。この知覚された機能的リスクが，WOM・シグナルの能動的探索を生み出す。そして，実際に WOM・シグナルを受信することで，知覚された機能的リスクが引き下げられ，画期的新製品の採用が促進される。また，多くの実証研究において，耐久財の画期的新製品に関する WOM・シグナルが大きな機能的影響を持つことを示唆する結果が示されている（例えば，Gatignon and Robertson 1985; Rogers 2003; Sultan, Farley, and Lehmann 1990）。もう 1 つの理由は，マーケティング上の要請に関連する。近年は耐久財の画期的新製品が市場に導入されることは少ないため，画期的新製品に関する WOM とシグナルを取り上げることの必要性は小さい。

第 8 章以降では，経験 WOM や非耐久財の連続的新製品についての WOM やシグナルに焦点をあてる。これらに焦点をあてることは，WOM やシグナルの持つ社会的影響に注目することを意味している（表 7.1 参照）。現代の消費者を取り巻く物理的環境は，WOM やシグナルの機能的影響よりも，社会的影響を検討することを要請していると考えられる。その理由の 1 つは，製品の機能的便益の同質化が進んだ現在，WOM やシグナルの機能的影響は以前よりも小さくなっていることである。推論の対象となる製品と記憶内の他の製品が同質的であるほど，カテゴライゼーション，メンタル・シミュレーション，類推といった認知的処理によって，機能的便益を高い確信度を持って推論できる。内部探索だけで機能的便益を高い確信度を持って推論できてしまえば，WOM 情報を能動的に探索することはない。もう 1 つの理由は，他者と製品との行動的・心理的関わりに関する情報の増大である。これまで，SNS の浸透によって家族や友人からの経験 WOM の量は飛躍的に増加してきた。ウィッシュリストやいいねボタンなども，同様の役割を果たしている。そして恐らく，情報

技術に支えられて,今後も他者と製品との行動的・心理的関わりの可視化が進んでいくだろう。このような現在の,また将来の物理的環境を考慮すると,WOM やシグナルの持つ社会的影響は,競争・共生関係のマネジメントにとって重要なのはもちろん,マーケティング全般にとっても重要であると考えられる。そこで,第 8 章以降では,経験 WOM や非耐久財の連続的新製品についての WOM やシグナルの社会的影響に焦点をあてる。

図 7.3 に示したように,第 8 章では,非耐久財の考慮集合形成における経験 WOM の影響を検討する。前節で議論したように,経験 WOM は社会的影響のみを持つ。この経験 WOM の社会的影響によってスタティックな競争関係がどのように変わるかが,第 8 章の焦点である。第 9 章では,非耐久財の連続的新製品についての未経験・経験 WOM の発信を検討する。WOM ネットワークは発信者と受信者の両者がいて初めて成り立つ。これまでの消費者行動研究では,WOM 発信者としての消費者にはほとんど注目してこなかったが,現代の消費者行動をつかむためには,WOM 発信意思決定を検討することが求められる。

図 7.3 第 8〜10 章の焦点

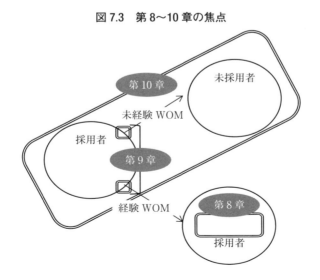

156　第7章　消費者相互作用に関する既存研究

　第10章では，非耐久財の連続的新製品について，よくフォローされる消費者のプロファイリングを行うことで，未経験シグナル・WOMの影響を検討する。これまでの消費者行動研究では，オピニオンリーダーシップ尺度の開発など，オピニオンリーダーを特定しようとする研究が盛んに行われてきた。そして，第3,4節での議論が示唆するように，オピニオンリーダーは"生まれながらのオピニオンリーダー"なのではなく，結局のところ，フォロワーが作り出すものである。つまり，多くのフォロワーを獲得した消費者がオピニオンリーダーになるのである。そこで第10章では，非耐久財の連続的新製品について，どんな消費者が多くのフォロワーを獲得するかを検討する。

(1)　Cyworldでは，ユーザーはミニ・ホームページを公開する。ユーザーは様々なパーツ，例えば，バーチャルな家具，家電，壁紙，BGMなどを購買して，ミニ・ホームページをカスタマイズする。彼らの研究は，ミニ・ホームページをカスタマイズするパーツのCyworld内での普及を扱っている。

第8章　重要他者からの経験WOMは競争関係を変えるか

　消費者が受信する非耐久財に関するWOM（word-of-mouth：クチコミ）は，未経験WOM，即ち，購買経験のある製品（ブランド化された製品）についてのWOMが少なく，経験WOMが多い。特に，最近のSNSの急速な浸透は，消費者が偶発的に経験WOMを受信する機会を増加させている（例えば，「ハーゲンダッツなう♡しあわせー」「ブル注入！」といったツイートを目にすることは少なくない）。

　本章の目的は，重要他者からの経験WOMが非耐久財の考慮集合形成にどのような影響を及ぼすかを検討し，これを通じて，経験WOMによってスタティックな競争関係がどのように変わるかを明らかにすることである。第2章で述べたように，サイズ1の考慮集合が形成されたとき，その考慮集合に含まれる製品はスタティックな競争を回避する。自社製品のみが含まれる考慮集合は，自社製品が考慮され，かつ，他社製品が考慮されないことによって形成される。そこで本章では，以下の2つの課題を検討する。1つは，経験WOMはWOMの対象になった製品の考慮を促進するかである。もう1つは，経験WOMはWOM対象製品以外の製品の考慮を抑制するかである。これら2つの課題を検討することで，経験WOMがスタティックな競争の回避を導くかを明らかにする。以下ではまず，なぜ経験WOMに焦点をあてるかを述べる。次に，経験WOMの社会的影響について議論し，これに基づいて仮説を提示する。この仮説を検証するために，考慮とWOM受信を測定した質問紙調査データを用いた実証分析を行う。

第1節　WOMの効果に関する研究と本章の問題意識

　WOMの効果に関する既存研究は，未経験WOMが採用に及ぼす影響に焦点をあててきた。第7章第1節で取り上げた製品の売上げに対するユーザーレビューの効果を検討した研究は，映画，書籍，ゲームといった経験材を対象としたものであった。これらの製品カテゴリーでは，ほとんどの消費者は使用経験がない製品を購買する。言い換えれば，同じ製品をリピート購買しない（例えば，一度見に行った映画をもう一度見に行く消費者はほとんどいない）。したがって，これらの研究は，未経験WOMの製品採用に対する効果を検討したものである。第7章第2節で述べたオピニオンリーダーシップも，未経験WOMが他者による製品採用やカテゴリー採用に及ぼす影響力に言及した概念と言える。また第7章第3節で取り上げた社会ネットワーク上の位置と普及・採用との関連性を検討した研究も，未経験WOMの効果に焦点をあてたものである。
　このように，既存研究は，未経験WOMが製品採用に及ぼす影響を盛んに検討してきたが，経験WOMが製品のリピート購買に及ぼす影響を検討してこなかった。経験WOMと未経験WOMでは，受信者にもたらす追加的情報が異なっており，したがって，これらが購買意思決定に及ぼす影響は異なる。未経験WOMを受信することで，消費者はWOM対象製品の機能的・心理的便益を知るようになる。これに対して，経験WOMがもたらす追加的情報は，WOM発信者がその製品を購買・使用したこと，そして，WOM発信者にとってその製品が話題にする程度に重要であることのみである（使用経験のある製品については，消費者はその機能的・心理的便益を記憶内に貯蔵している）。このように，未経験WOMに比べて経験WOMが消費者にもたらす情報は，"些細なもの"に見える。そのために，既存研究では経験WOMに注目してこなかったと考えられる。
　しかし，非耐久財について言えば，現実には，未経験WOMが少なく，経験WOMが多い。まず，非耐久財は一般的に製品関与と購買関与が低いこと

から，消費者は未経験 WOM を能動的に探索することが少ない。そのため，非耐久財に関する WOM の多くは偶発的に受信されることになる。ここで，耐久財と違って非耐久財については，多くの消費者はいくつかの製品の購買・使用経験を持つから，偶発的に受信した WOM は経験 WOM であることが多い。特に，最近の SNS の急速な浸透によって，消費者間で発信・受信される経験 WOM は増加している。実際に，本章の実証分析で用いたデータによると，発泡酒と新ジャンルの製品については，家族や友人といった重要他者から受信した WOM のうち 68%，またヨーグルトの製品については 75% が経験 WOM である。このような現在の状況は，WOM 研究に未経験 WOM だけでなく，経験 WOM の影響を検討することを要請していると言えるだろう。

そこで本章では，経験 WOM，特に，重要他者からの経験 WOM に焦点をあて，それが考慮集合形成にどのような影響を及ぼすかを検討する。社会ネットワークの観点から見れば，本章が取り上げる重要他者からの WOM は，強い紐帯で結び付いた他者からの WOM である。

第2節　理論的背景と仮説

1. 準拠集団の影響

消費者行動研究では伝統的に，購買・採用意思決定に対する社会的影響として，準拠集団の影響を検討してきた（例えば，Park and Lessig 1977; Bearden and Etzel 1982）。準拠集団とは，消費者が自分自身の比較対象とする集団，あるいは個人である。準拠集団には，自分が実際に所属する集団である所属集団，所属したい集団である願望集団，所属したくない集団である拒否集団がある。以下では，準拠集団は所属集団を指すものとする。Park and Lessig (1977) によると，準拠集団は消費者の意思決定に対して，(1)情報的影響，(2)功利主義的影響，そして，(3)価値表現的影響を持つという。情報的影響は，準拠集団のメンバーから，WOM やシグナルを受信することである。功利主義的影響は，準拠集団がもたらす報酬を獲得し，制裁を回避するために，自分の行動を

準拠集団のメンバーの選好や期待にあわせようとすることである。価値表現的影響とは，準拠集団を用いて自己を確証したり，高揚しようとすること，つまり，準拠集団のシンボリックな製品を購買・使用することで，自己アイデンティティを形成・強化・表現することである（Escalas and Bettman 2003, 2005; Swaminathan, Page, and Gurhan-Canli 2007; White and Dahl 2007）。ここでシンボリックな製品とは，「その製品を使用している個人のことが伝えられる」（Escalas and Bettman 2005, p.380）製品であり，贅沢品であったり，希少であったり，また使用場面が可視的であったりする製品がシンボリックな製品になることが多い（Bearden and Etzel 1982; Escalas and Bettman 2005）。

　価値表現的影響と功利主義的影響は，準拠集団への同調的行動を生み出すという点，また同調的行動をとることで報酬が得られるという点では同じである。功利主義的影響と価値表現的影響の違いは報酬の種類にある。つまり，功利主義的影響は報酬の種類を限定していないのに対して，価値表現的影響は報酬の種類を自己アイデンティティの形成・強化・表現に限定している。そのため，準拠集団が価値表現的影響を及ぼすのは，自己アイデンティティを形成・強化・表現するために役に立つ製品，即ち，シンボリックな製品の購買に対してのみである。

　本章が注目する重要他者からの経験 WOM の影響は，準拠集団の功利主義的影響として位置付けられる。準拠集団はシンボリックな製品の購買に対して価値表現的影響を及ぼす。本章では，経験 WOM がシンボリックな製品に関する WOM であるか否かを問わない（前述のように，本章の実証分析では，発泡酒と新ジャンル，及びヨーグルトのデータを用いる。これらのカテゴリーに含まれる製品はシンボリックな製品でない場合がほとんどだろう）。したがって，本章の焦点は，重要他者からの経験 WOM の功利主義的影響と言える。

2. 所属欲求

　準拠集団が購買意思決定に対して及ぼす功利主義的影響の根底には，消費者が持つ所属欲求（need to belong）があると考えられる。言い換えれば，準拠集

団のメンバーの選好や期待にあわせる，つまり，同調的行動をとることで得られる報酬が，所属欲求の充足である。所属欲求を充足しようとする消費者にとって重要なのは，その製品がシンボリックか否かではなく，その製品が重要他者にとって重要であるか否かである。重要他者にとっての製品の重要性に応じて，同調的行動をとる（とらない）ことで得られる報酬（制裁）の大きさが決まる。つまり，重要他者にとって重要な製品ほど，同調すれば報酬が大きく，同調しなければ制裁が大きい。重要他者にとって重要でない製品については，同調しても報酬が小さく，また同調しなくても制裁が小さい。したがって，消費者が所属欲求を充足しようとするとき，シンボリックな製品ではなく，製品の使用経験が重要他者にとって重要な製品について同調することで，消費者は所属欲求を充足しようと試みるはずである。

　ここで所属欲求とは，少数の他者との長期にわたるポジティブな関係，ないしは対人的愛着を形成し，維持しようとする，人の基本的な欲求である（例えば，Baumeister and Leary 1995）。進化的な視点から言えば，人が生存するためには集団に所属し，他者との関係を維持することが不可欠であったために，所属欲求を備えるようになったと考えられている（Baumeister and Leary 1995; Leary and Baumeister 2000）。現代では，所属集団を持ち，他者との関係を安定的に維持することは，生存のために不可欠というわけではないものの，適応上の様々な恩恵をもたらしている（遠藤 2010）。

　所属欲求を満たすために，人は他者との間の頻繁で，長期的な，ポジティブ感情を伴う交流を動機付けられる。そして，他者に受容され，あるいは，実際には他者が受容していなくても，他者に受容されているという信念が形成されることで，つまり，受容感（sense of acceptance）を得ることで，所属欲求は充足される（Baumeister and Leary 1995; Gardner, Pickett, and Knowles 2005）。ただし，人はどんな他者にも等しく受容されたいと考えるわけではない。他者の中には，所属欲求を満たすために効果的な他者もいれば，そうでない他者もいるためである。見知らぬ他者よりも家族や友人といった重要他者に受容されたとき，所属欲求はよく充足される。そのため，人は重要他者との関係を維

持・強化しようする。そして，いったん重要他者によって所属欲求が充足されてしまえば，重要他者以外の他者との長期的関係を新たに形成しようとはしない（Baumeister and Leary 1995）。所属欲求の充足を目的として新たな長期的関係を形成しようとするのは，重要他者との長期的関係が維持できなくなった場合に限られる。

　所属欲求が充足されない状態，例えば，社会的に拒絶された状態では，不安，寂しさ，怒りといったネガティブな感情が喚起される（例えば，Blackhart et al. 2009）。またソシオメーター理論によると，所属欲求が充足されないとき，自分自身による自己価値の評価である自尊感情（self-esteem）が低下するという（Leary and Baumeister 2000; Leary, Tambor, Terdal, and Downs 1995）。つまり，自尊感情は他者が自分との関係をどの程度価値のあるものと考えているか，したがって，他者が自分を受容しているかをモニターするソシオメーターの役割を果たすのである。自尊感情がソシオメーターとして機能するのは，第1章で述べたように，自己知識が他者との関係を含んでおり（関係的自己），この自己知識に基づいて自分の価値を評価したものが自尊感情だからである。

3．経験 WOM と所属欲求の充足

　所属欲求は人の行動全般に影響を与えており，消費者行動も例外ではない。購買意思決定は所属欲求によって影響される。Mead, Baumeister, Stillman, Rawn, and Vohs（2011）によると，社会的に拒絶されたとき，消費者は新たな社会的絆を形成するために，その集団のシンボリックな製品や，他者に同調して自分にとって魅力的でない製品を購買するという。つまり，社会的拒絶のリスクを回避しようとするほど，消費者は機能的便益よりも社会的便益を優先するのである。また Loveland, Smeesters, and Mandel（2010）は，消費者が所属欲求充足の目標を持つとき，社会的に拒絶されていなくても，ノスタルジックな製品に対する選好が高まることを実験によって示している。ノスタルジックな製品は過去を思い出させ，そして，過去の重要他者と結び付いていると感じさせるためである（cf. Wildschut, Sedikides, Routledge, Arndt, and

Cordaro 2010)。Gardner, Pickett, and Knowles（2005）によると，一時的に他者との直接的な交流ができないとき，人は写真やメールを使って所属欲求を充足することができるという。つまり，重要他者の写真を見たり，過去の重要他者とのメールを読み返したりして社会的絆を思い出すことで，所属欲求を充足させる。彼らはこのような行動を社会的間食（social snacking）と呼んでいる。これらの研究は，他者との直接的な交流だけが所属欲求を充足する唯一の手段というわけではなく，製品を使って受容感を得ることで所属欲求が充足されることを示唆している。

　消費者が製品を使って受容感を得ようとするとき，重要他者からの経験WOMは社会的手がかりとして機能する。先に述べたように，所属欲求を充足しようとする消費者にとって決定的に重要なのは，その製品が重要他者にとって重要であるか否かである。重要他者にとっての製品の重要性に応じて，その製品を購買する（購買しない）ことで得られる報酬（制裁）の大きさが決まるためである。重要他者からの経験WOMは，重要他者がその製品を購買・使用したこと，そして，その使用経験がWOMを発信した重要他者にとって少なくとも話題にする程度には重要であるという情報を受信者にもたらす。経験WOMは偶発的に受信されることから，経験WOMに注意を向けないこともある。しかしながら，所属欲求を充足しようとするとき，人は社会的手がかりに大きな注意を向けるという（Pickett, Gardner, and Knowles 2004）。

　重要他者からの経験WOMを受信した消費者は，所属欲求を充足するために，WOMの対象となった製品を自分も購買・使用することを，さらには，この製品に関するWOMを発信者に返信することを動機付けられる。なぜなら，重要他者と同じ製品を購買・使用し，またその使用経験に関するWOMを返信することが，所属欲求を充足するための手段となりうるためである。前述のように，所属欲求は直接的交流がなくとも，受容感を得ることで充足される。したがって，他者と同じ製品を購買・使用することだけで所属欲求を多かれ少なかれ充足することができる。さらには，自分が同じ製品を購買・使用したことをWOM発信者に知らせて直接的に交流すれば，この発信者との関係が強

化され，所属欲求を大きく充足することができる。

　ここで注意すべきは，単に経験WOMを受信するだけでは，経験WOMの発信者と同じ製品を購買・使用することを動機付けられないことである。自己知識の一部に反映されている重要他者が発信した経験WOMだからこそ，これを受信したときに，同じ製品を購買しようと動機付けられる。WOM発信者に関する知識を持たなければ，WOM発信者が対象製品を購買・使用していることを知っても，同じ製品を購買しようと動機付けられることはない。またWOM発信者の知識を持っていても，WOM発信者に受容されたいと思っていなければ，WOM発信者と同じ製品を購買しようと動機付けられない。消費者はクチコミサイト上のWOM発信者について十分な知識を持たないことが多く，クチコミサイト上のWOM発信者が重要他者であることはほとんどない。そのため，クチコミサイト上のWOM発信者に受容されるために，WOM対象製品を購買・使用しようと動機付けられることはない。一方，フェイス・トゥ・フェイスやSNS上でWOMを受信したとき，そのWOMの発信者は重要他者であることが多い。そのため，所属欲求を充足するためにフェイス・トゥ・フェイスやSNS上のWOM発信者と同じ製品を購買・使用しようという同調的購買が起こりうる。そこで，

H1：重要他者からの経験WOMは，当該製品の考慮を促進する。

　経験WOMの対象でない製品を購買し，これを使用することは，所属欲求の充足に貢献しないどころか，むしろ，これを妨げてしまう。つまり，経験WOM対象以外の製品の購買・使用は，受容感をもたらさないだけでなく，重要他者から拒絶されるリスクを高める。つまり，重要他者に同調的な行動をとることで所属欲求の充足という報酬が得られるが，同調的行動をとらないときには，社会的拒絶，そして，ネガティブな感情の喚起，自尊感情の低下といったリスクが高まるという制裁を受けることになる。この社会的拒絶リスクの大きさは購買・使用場面の可視性に依存するが，重要他者とは頻繁に交流するた

め一般的に可視性は高い。重要他者から拒絶されるリスクを回避するために，消費者は WOM 対象以外の製品の購買を積極的に避けると考えられる。

　第 1 章で述べたように，消費者は購買意思決定プロセスにおいて，最もよく目標を達成する製品を特定しようとする。そして，ある製品を考慮することは，その製品の目標達成度の推論に大きな認知的・行動的努力を投入することである。消費者が重要他者からの他の製品の経験 WOM を受信したとき，その製品の購買は社会的拒絶のリスクを高めるために目的達成度が非常に低いことが，高い確信度で容易に推論できる。そこで，

H2：重要他者からの他の製品の経験 WOM は，当該製品の考慮を抑制する。

第 3 節　データと方法

1. データ

　株式会社読売広告社から提供された質問紙調査データを用いて実証分析を行った[1]。分析対象としたカテゴリーは発泡酒と新ジャンル，及びヨーグルトの 2 つのカテゴリーである。この質問紙調査では，回答者に対して発泡酒と新ジャンル 21 製品，ヨーグルト 16 製品の名前が提示された。そして，各製品について，次回購買機会における考慮，家族や友人からの WOM，店頭での製品への露出（店頭でよく目にする），広告への露出（広告をよく目にする），購買経験，満足などを尋ねた。回答はいずれも「はい」「いいえ」の 2 値で測定された。各製品の経験 WOM（$EWOM_i$）と未経験 WOM（$NWOM_i$）は，測定された WOM と購買経験（$Experience_i$）を用いて，

$$EWOM_i = WOM_i \times Experience_i \tag{8.1}$$

$$NWOM_i = WOM_i \times (1 - Experience_i) \tag{8.2}$$

として定義した。

　ここでは，全ての製品の購買経験のない回答者，どの製品も考慮しないと回答した回答者，全ての製品を考慮すると回答した回答者を除き，発泡酒と新

ジャンルについては598人，ヨーグルトについては809人ぶんのデータを分析に用いた。したがって，発泡酒と新ジャンルのデータは12,558オブザベーション（598人×21製品），ヨーグルト・データは12,944オブザベーション（809人×16製品）を含む。

それぞれのデータの概要は表8.1に示した通りである。発泡酒と新ジャンルのデータに含まれる12,558オブザベーションのうち，製品が考慮された頻度は1,803回であり，回答者1人当たり平均3.0製品（＝1,803回/598人）を考慮していた。また1人当たり1.9製品のWOMを受信した。そのうち，経験WOMが1.3製品，未経験WOMが.6製品であり，経験WOMの方が多い。店頭でよく見る製品と広告をよく見る製品の数の平均はそれぞれ6.7と5.0であるから，WOMを受信した製品よりも店頭や広告でよく見る製品の方が圧倒的に多い。また満足した製品の数の平均は2.7であった。購買経験のある製品数は3.0であり，購買経験がない製品に満足することはないから，購買経験のある製品のうちのほとんどに満足していることになる。

ヨーグルト・データは，発泡酒と新ジャンルのデータとよく似た特徴を持つ

表8.1　経験・未経験WOMの頻度

変数	発泡酒と新ジャンル		ヨーグルト	
回答者数	598		809	
製品数	21		16	
オブザベーション数	12,558		12,944	
推定用データ	7,539		7,776	
検証用データ	5,019		5,168	
考慮	1,803	(3.0)	2,899	(3.6)
WOM	1,130	(1.9)	1,319	(1.6)
経験WOM	781	(1.3)	970	(1.2)
未経験WOM	349	(.6)	349	(.4)
購買経験	1,734	(2.9)	2,823	(3.5)
店頭	4,020	(6.7)	5,703	(7.0)
広告	2,969	(5.0)	2,993	(3.7)
満足	1,607	(2.7)	2,737	(3.4)

（注）カッコ内は1人当たりの平均製品数。

（表 8.1）。ヨーグルトのデータでは、製品が考慮された頻度は 2,899 回、1 人当たり平均 3.6 製品を考慮した。また、1 人当たり平均 1.2 製品の経験 WOM と .4 製品の未経験 WOM、合計 1.6 製品の WOM を受信した。これは、店頭や広告でよく見る製品の数と比較して非常に少ない。満足した製品の数の平均は 3.4 製品であり、購買経験のある製品数は 3.5 であるから、購買経験のある製品のうちのほとんどに満足していることがわかる。

このような 2 つのカテゴリーのデータのそれぞれを、推定用と検証用のデータに分割した。具体的には、データ全体の中から 60％の回答者をランダムに抜き出し、これを推定用データとし、残りの回答者を検証用データとした。

2. 方　法

図 8.1 に示したように、考慮集合形成における WOM の効果には、自己効果と交差効果が考えられる。自己効果は、製品考慮に対して当該製品の WOM が及ぼす影響である。図 8.1 では、自己効果を真横に伸びる実線の矢印として描いている（製品 1 の経験 WOM→製品 1 の考慮と、製品 2 の未経験 WOM→製品 2 の考慮）。一方、交差効果とは、他の製品の WOM が当該製品の考慮に及ぼす影響である。図 8.1 の斜めに伸びる点線の矢印が交差効果にあたる（製品 1 の経験 WOM→製品 2 の考慮と、製品 2 の未経験 WOM→製品 1 の考慮）。

ここで、製品 1 は購買経験のある製品、製品 2 は購買経験のない製品としよう。したがって、製品 1 の WOM は経験 WOM、製品 2 の WOM は未経験

図 8.1　概念モデル：未経験/経験 WOM の自己効果と交差効果

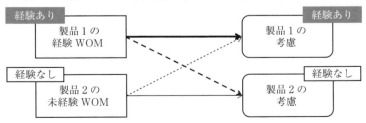

（注）太い実線は経験 WOM の自己効果、太い点線は経験 WOM の交差効果、細い実線は未経験 WOM の自己効果、細い点線は未経験 WOM の交差効果である。

WOMである（図8.1）。このとき，購買経験のある製品1の考慮は，製品1の経験WOMの自己効果と，製品2の未経験WOMの交差効果を受ける。また購買経験のない製品2の考慮は，製品2の未経験WOMの自己効果と，製品1の経験WOMの交差効果を受ける。前述のH1は図8.1の太い実線部分の関係がプラスであること，またH2は太い点線部分の関係がマイナスであることを，それぞれ述べたものである。

ここでは，2項ロジットモデルを用いて各製品の考慮確率を定義した。そして，経験WOMと未経験WOMの自己効果と交差効果を検討するために，製品iの効用関数を以下のように定義した。

$$V_i = \alpha + \beta_1 \text{EWOM}_i + \beta_2 \text{NWOM}_i + \beta_3 \text{Experience}_i + \beta_4 \text{Store}_i + \beta_5 \text{Ad}_i$$
$$+ \sum_{j \neq i} \gamma_{1j} \text{EWOM}_j + \sum_{j \neq i} \gamma_{2j} \text{NWOM}_j + \sum_{j \neq i} \gamma_{3j} \text{Experience}_j$$
$$+ \sum_{j \neq i} \gamma_{4j} \text{Store}_j + \sum_{j \neq i} \gamma_{5j} \text{Ad}_j \tag{8.3}$$

である。ただし，EWOM_iは製品iの経験WOM（8.1式），NWOM_iは製品iの未経験WOMである（8.2式）。また，Experience_iは製品iの購買経験，Store_iは製品iの店頭，Ad_iは製品iの広告である。前述のように，この質問紙調査では満足を測定しているが，購買経験と満足はほとんどのオブザベーションで同じ値であることから，ここでは満足を説明変数に含めていない。αは定数項，β_kはk番目の説明変数の自己効果を捉えるパラメーター，γ_{kj}はk番目の説明変数の製品jから製品iへの交差効果を捉えるパラメーターである[2]。

本章の主な目的は製品間での交差効果の違いを検討することではなく，全体としてWOMが交差効果を持つかを検討することである。そこでここでは，交差効果は製品間で等しいという制約（$\gamma_{kj} = \gamma_k$）を置いたモデルを推定した。H1によると，β_1の符号はプラスであることが期待される。したがって，β_1がプラスで有意であるとき，H1は支持されることになる。またH2は，β_2がマイナスで有意であれば，支持される。またここでは，提案モデルと併せて，WOMの交差効果を含まないモデル（比較モデル1），WOMの自己効果と交差

効果を含まないモデル（比較モデル 2）も推定した。

第4節　結果：経験 WOM は競争参加と競争回避を導く

1. 発泡酒と新ジャンル・データの結果

発泡酒と新ジャンルのデータの分析結果は表 8.2 に示した通りである。尤度比検定の結果，提案モデルは比較モデル 1（LR = 13.1, d.f. = 2, p < .01）と比較モデル 2（LR = 188.6, d.f. = 4, p < .01）よりも統計的に有意によくデータにフィットした。また検証用データについても，その対数尤度から提案モデルの方がデータへのフィットがよいことがわかる。このように WOM の自己効果と交差効果を考慮することによって，データへのフィットは改善される。

以下，提案モデルの推定結果を見ていこう。まず，経験 WOM の自己効果

表 8.2　発泡酒と新ジャンル・データの推定結果

説明変数	提案モデル	比較モデル 1	比較モデル 2
切片	-3.57***	-3.57***	-3.52***
自己効果			
経験 WOM	1.63***	1.46***	
未経験 WOM	1.90***	1.85***	
購買経験	2.95***	3.02***	3.20***
店頭	1.34***	1.33***	1.50***
広告	.82***	.82***	1.03***
交差効果			
経験 WOM	-.16***		
未経験 WOM	.02		
購買経験	-.05*	-.09***	-.09***
店頭	.001	.01	-.001
広告	-.02	-.04**	-.03*
対数尤度			
推定用データ	-1529.3	-1535.8	-1623.6
検証用データ	-904.0	-907.2	-956.5

***：1% 水準で有意
**：5% 水準で有意
*：10% 水準で有意

は有意であり,その符号はプラスであった($\beta_{経験WOM} = 1.63, p < .01$)。このことは,家族や友人といった重要他者からの経験 WOM は,WOM 対象製品の考慮を促進することを示している。したがって,H1 は支持された。また,未経験 WOM の自己効果もプラスで有意であった($\beta_{未経験WOM} = 1.90, p < .01$)。購買経験,店頭,広告の自己効果もプラスで有意である($\beta_{購買経験} = 2.95, p < .01$; $\beta_{店頭} = 1.34, p < .01$; $\beta_{広告} = .82, p < .01$)。このことから,重要他者からの経験・未経験 WOM の受信だけでなく,店頭での露出,広告への露出,購買経験の3つの要因もまた,WOM 対象製品の考慮を促進することがわかる。

H2 は,他の製品の経験 WOM が製品考慮に及ぼす交差効果を検討することによって検証される。期待された通り,経験 WOM の交差効果は,マイナスで有意であった($\gamma_{経験WOM} = -.16, p < .01$)。このことから,重要他者から他の製品の経験 WOM を受信することで,当該製品は考慮集合に入りにくくなることがわかる。したがって,H2 も支持された。一方,未経験 WOM の交差効果は非有意であった($\gamma_{未経験WOM} = .02, p > .10$)。第7章で述べたように,経験 WOM と同様に未経験 WOM も社会的影響を持ちうるが,期待に反して,未経験 WOM の交差効果は非有意であった。この考えられる原因として,未経験 WOM の受信は情報探索の能動性を,したがって,購買関与を多かれ少なかれ反映していることがあげられる。購買関与は考慮を促進する。つまり,購買関与が高いほど多くの製品を考慮しやすい。そのため,未経験 WOM が購買関与を反映するならば,未経験 WOM の係数には,購買関与が考慮を促進する効果も含まれていることになる。未経験 WOM の交差効果が非有意であったのは,未経験 WOM 自体が持つ他の製品の考慮を抑制する効果と,購買関与が考慮を促進する効果が相殺されたためと考えられる。なお,経験 WOM は偶発的に受信されるから,購買関与とは関連性がない。そのため,経験 WOM のパラメターが捉えるものは,購買関与の影響を含んでいない。

2. ヨーグルト・データの結果

ヨーグルト・データの分析結果は表 8.3 の通りである。尤度比検定によると,

第4節 結果：経験 WOM は競争参加と競争回避を導く

提案モデルは比較モデル1（LR ＝ 8.9, d.f. ＝ 2, $p < .05$）と比較モデル2（LR ＝ 197.9, d.f. ＝ 4, $p < .01$）よりも，推定用データによくフィットした。また検証用データについても，提案モデルの方がデータへのフィットがよい。このようにヨーグルト・データでも，WOM の自己効果と交差効果を考慮することによって，データへのフィットは改善される。

表 8.3 ヨーグルト・データの推定結果

説明変数	提案モデル	比較モデル1	比較モデル2
切片	-3.21***	-3.19***	-3.12***
自己効果			
経験 WOM	1.37***	1.26***	
未経験 WOM	1.79***	1.78***	
購買経験	2.97***	3.00***	3.09***
店頭	1.24***	1.24***	1.37***
広告	.24**	.23**	.42***
交差効果			
経験 WOM	-.10***		
未経験 WOM	.06		
購買経験	-.002	-.03*	-.02
店頭	-.02	-.01	-.02*
広告	.03*	.02	.03*
対数尤度			
推定用データ	-2283.1	-2287.5	-2382.0
検証用データ	-1498.3	-1501.1	-1551.1

***：1%水準で有意
**：5%水準で有意
*：10%水準で有意

提案モデルの推定結果によると，経験 WOM の自己効果はプラスで有意であり，したがって，H1 は支持された（$\beta_{経験 WOM} = 1.37, p < .01$）。また経験 WOM の交差効果はマイナスで有意であることから，H2 も支持された（$\gamma_{経験 WOM} = -.10, p < .01$）。このように，本章で用いた両方のデータにおいて，2つの仮説は支持された。

第5節　まとめ

本章では，非耐久財の考慮集合形成において，重要他者からの経験WOMがどのような影響を持つかを検討した。実証分析の結果，(1) 経験WOMはWOM対象製品の考慮を促進すること（プラスの自己効果），(2) 経験WOMはWOM対象以外の製品の考慮を抑制すること（マイナスの交差効果）が示された。

図8.2は，重要他者からのWOMを受信したとき，消費者知識がどのように変化するかを示している。経験WOMを受信する以前から，重要他者に関する知識と自己知識は強く結び付いている。重要他者によって発信された特定の製品に関する経験WOMは，この他者と製品との行動的・心理的関わりについての情報を受信者にもたらす。重要他者に受容されるという所属欲求充足の目標を持つとき，WOM対象製品を購買することはこの目標の達成に貢献し，それ以外の製品の購買は目標達成を妨げる。重要他者からの経験WOMの効果は，他者知識と自己知識との結び付きと，経験WOMがもたらす他者と製品との行動的・心理的関わりについての情報の交互作用が生み出すのである。

図8.2　経験WOMは知識のネットワークをどう変えるか

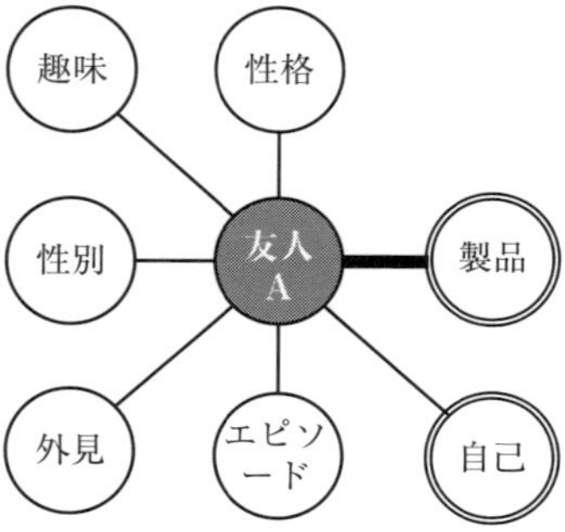

1. 理論的貢献

　製品間の競争・共生関係の解明という本書全体の目的に対する本章の貢献は，重要他者からの経験WOMは，WOM対象製品をスタティックな競争から回避させることを明らかにしたことである。自社製品の競争回避は，自社製品が考慮され，かつ，他社製品が考慮されないことによって成立する。重要他者からの経験WOMがプラスの自己効果とマイナスの交差効果を持つという結果は，重要他者から経験WOMを受信することで，WOM対象製品はスタティックな競争を回避することを示唆している。このような経験WOMの効果は，消費者が所属欲求を持つことに起因する。重要他者は，所属集団を持つことによる所属欲求の充足と適応上の恩恵という報酬と，社会的拒絶，そしてこれに起因する強いネガティブ感情の喚起や自尊感情の低下という制裁をコントロールする。このような心理的な報酬と制裁を受けるか否かは，経験WOMの対象製品を購買するかに一部依存する。そのために，重要他者からの経験WOMはWOM対象製品の考慮を促進し，他の製品の考慮を抑制する効果を持つのである。第Ⅱ部では，ブランド知識と自己知識が強固に結び付いたとき，スタティックな競争が回避されることを示した。本章の結果は，自己知識と特定の他者に関する知識が強固に結び付いている（つまり，特定の他者が重要他者である）場合には，経験WOMを受信することで他者と製品が結び付くことによって，スタティックな競争が回避されることを示唆している。

　これまでの消費者行動研究では，自己アイデンティティを形成・強化・表現するために，準拠集団のシンボリックな製品を購買・使用することが示されてきた。本章の結果は，発泡酒と新ジャンル，またヨーグルトといったシンボリックでない製品についても，同調的購買が起きることを示している。所属欲求を充足しようとする消費者にとって重要なのは，その製品がシンボリックか否かではなく，その製品の使用経験が重要他者にとって重要であるか否かである。経験WOMは，重要他者にとってのWOM対象製品の重要性を評価し，報酬と制裁を推論する手がかりとして機能するのである。

2. マーケティングへの示唆

本章の結果は，スタティックな競争を回避するために，自社製品についての経験WOMを発生させることは非常に有用であることを示唆している。経験WOMは情報的・機能的・心理的影響を持たない。そのため，自社製品が多くの消費者によって採用されていれば，自社製品のWOMを発生させても意味がないように見える。しかしながら，経験WOMは所属欲求を充足させる手がかりとなるという社会的影響を持っており，WOM対象製品をスタティックな競争から回避させ，リピート購買を促進する。したがって，たとえ多くの消費者がすでに採用している製品であっても，非耐久財メーカーはWOMを発生させることに大きなマーケティング努力を投入すべきである。

ただし，店頭や広告と違って，WOMはメーカーが直接的にコントロールできるものではない。また，本章で用いたデータが示しているように，WOMを受信することは店頭で製品を見たり，広告を見たりするよりも圧倒的に少ない。いかにして消費者にWOMを発信させることができるかは，実務的に重要な課題である。第9章では，この課題に応えるべく，WOM発信者としての消費者に焦点をあてた実証研究を行う。

(1) 貴重なデータを提供していただいた株式会社読売広告社に厚く御礼申し上げます。
(2) 8.3式に8.1式と8.2式を代入して整理すると，提案モデルはWOMと購買経験の交互項（$WOM_i \times Experience_i$）を組み込んだモデルと同じであることがわかる。交互項を組み込んだモデルではなく8.3式を用いたのは，以下のような理由による。

　本章のデータは，WOMと購買経験を2値で測定したものである。そのため，交互項を組み込んだモデルでは，WOMの係数は購買経験に依存しないWOMの効果を，交互項の係数はWOMが購買経験のあるブランドに関するWOMであるときの追加的な効果を，それぞれ捉える。したがって，購買経験によってWOMの効果に差があるかを見るためには，交互項を組み込んだモデルが適当である。しかし，本章の興味は，購買経験によってWOMの効果に差があるかではない。第7章で述べたように，未経験WOMは情報的・機能的・社会的・心理的影響の全てを持ちうるが，経験WOMは社会的影響のみを持ちうる。そのため，経験WOMよりも未経験WOMの効果の方が大きいことはほとんど明らかである。本章の興味は，経験WOMは考慮集合形成において社会的影響を及ぼすかであり，実証分析で確認すべきは，仮説として設定された経験WOMの社会的影響が実際にあるのかである。そこで，経験WOMの自己効果と交差効果が0と有意に異なるかを容易に確認できるように，8.3式を用いた。

第9章　なぜ製品について話すのか

　第8章では，WOM（word-of-mouth：クチコミ）の受信者に注目し，考慮集合形成におけるWOMの影響を検討した。しかし，そもそも誰かがWOMを発信しなければ，WOMが考慮集合形成に，したがって，競争関係の形成に影響を及ぼすことはない。現代の消費者行動をつかむためには，WOM発信者としての消費者に注目し，WOM発信意思決定を検討することも求められる。私たちが日常生活において非耐久財の製品（ブランド化された製品）について話すとき，きっとその話はさほど重要なものではないだろう。とはいえ，特定の製品のWOM発信行動は「その製品についてのWOMを発信するか」，あるいは「発信しないか」という意思決定の結果である。

　本章は，非耐久財の連続的新製品の市場導入直前に行われる無料サンプル・プロモーションに注目し，サンプルを試用した消費者が対象製品のWOMを発信する心理的プロセスを解明することを目指す。具体的には，サンプル試用直後に形成されるWOM発信意図に影響を及ぼす要因と，対象製品を実際に購買した以降のWOM発信行動に影響を及ぼす要因を，それぞれ検討する。以下ではまず，WOM発信に関する既存研究を概観する。次に，本章が依拠する理論的枠組みについて述べる。そこでは，WOM発信行動を目標達成行動として捉え，どのような目標がWOM発信を引き起こすかを議論する。その上で，サンプル試用直後のWOM発信意図の形成（研究1），及び製品購買後のWOM発信行動（研究2）について，それぞれ実証分析を行う。

第1節　WOM発信研究と本章の問題意識

　新製品を市場導入する際に，消費者間でのWOMコミュニケーションの促進を目的とした無料サンプル・プロモーション，即ち，種まき戦略を採用する企業が増加しつつある（濱岡 2012; Hinz, Skiera, Barrot, and Becker 2011; Sernovitz 2009）。種まき戦略の成否は，サンプル試用者が当該製品のWOMを発信するかに大きく依存する。しかしながら，種をまいても企業が期待しただけのWOMが生み出されないことも多い[1]。このような種まき戦略の課題，より一般的にはWOMマーケティングの実務的課題を解決するために，サンプル試用者のWOM発信意思決定を解明することが求められている。

　しかしながら，既存研究はこのような要請に十分に応えるものではない。これまでの消費者行動研究は，WOM発信をあたかも満足の"副産物"であるかのように購買後行動の一部として位置付けるのみで，WOMを発信する心理的プロセスを十分に検討してこなかった。購買前，購買，購買後から成る消費者の購買行動には，少なくとも2つの異なる種類の意思決定，即ち，代替的行動間での選択が含まれるはずである。つまり，(1)購買意思決定や採用意思決定といった購買に関する意思決定と，(2)購買・使用した製品のWOMを発信するかというWOM発信意思決定である。既存研究では，購買に関する意思決定に焦点があてられ，WOM発信意思決定はほとんど検討されてこなかった。

　例外的に，いくつかの既存研究において，不特定の製品についてのWOM発信を動機付ける要因が検討されてきた（Dichter 1966; 濱岡・里村 2009; Hennig-Thurau, Gwinner, Walsh, and Gremler 2004; Sundaram, Mitra, and Webster 1998）。これらの既存研究は，WOM発信の背後にある様々な動機付け要因を明らかにしたものの，特定の製品についてのWOM発信を説明しようとしたものではない。そのため，既存研究は，消費者に自社製品のWOMを発信させることを目的とする種まき戦略への示唆に富むものでは必ずしもない。

WOM発信自体に焦点をあてたものではないが，顧客満足研究やブランド研究では，製品やサービスに対する満足とWOM発信との関係や，ブランド・コミットメントとWOM発信との関係が検討されてきた。しかし，これらの既存研究では，未経験WOMの発信と経験WOMの発信を区別してこなかった。未経験WOMと経験WOMは受信者視点でのWOMの分類であり，購買・使用経験のない製品に関するWOMが未経験WOM，購買・使用経験のある製品のWOMが経験WOMである（第1章参照）。発信者の視点に立てば，未経験WOMの発信は，未採用者に向けたWOM発信であり，経験WOMの発信は，採用者に向けたWOM発信である。第7章で議論されたように，また第8章の実証研究において示されたように，未経験WOMと経験WOMでは，購買・採用意思決定に対する影響が異なる。そのため，種まきを行う企業がWOMの効果を得るために，未経験WOMの発信と経験WOMの発信に影響を及ぼす心理的要因を，それぞれ把握することが求められる。

　そこで本章では，特定の製品についてのWOM発信意思決定を検討する。特に，未経験WOM（未採用者へのWOM）の発信と，経験WOM（採用者へのWOM）の発信を区別し，それぞれに影響を及ぼす要因を検討する。

第2節　理論的背景：WOM発信を導く目標

　特定の製品についてのWOMの発信は目標達成行動として捉えられる（以下，特定の製品についてのWOM発信を，WOM発信と省略する）。伝統的に消費者行動研究では，消費者は合目的的に行動する存在として仮定され，消費者意思決定は目標志向の問題解決プロセスとして捉えられてきた（第1章参照）。ここでは，消費者行動研究の伝統にならって消費者を合目的的に行動する主体と見なし，WOM発信を目標達成行動として捉える。

　では，消費者はどのような目標を達成するためにWOMを発信するのだろうか。WOMを発信する現象は，WOMの発信者としての自分，WOMの受信者である他者，発信されるWOMの対象であるブランド化された製品の3者

によって構成される図式として捉えられる。したがって，WOM 発信は利己目標，利他目標，利ブランド目標の1つ，あるいは複数を達成しようとする行動と考えることができる。

1. 利己目標志向の WOM 発信

消費者は利己目標を達成するために，つまり，自分に何らかの利得をもたらそうとして，WOM を発信することがある。利己目標志向の WOM 発信は，図 9.1 に描かれている状態，つまり，他者や製品が自分に利得を与える状態を作り出そうとする行動として捉えられる。消費者が WOM を発信することによって獲得する具体的な利得として，自己高揚があげられる（De Angelis, Bonezzi, Peluso, Rucker, and Costabile 2012; Hennig-Thurau et al. 2004; Sundaram, Mitra, and Webster 1998）。消費者は自己呈示，即ち，他者が持つ自分の印象を操作するための手段として製品を利用することができる（例えば，Chung and Darke 2006; 柴田 2004）。消費者が操作しようとする他者からの印象は無数に考えられるが，市場導入前の種まきにおいて特に注目すべきは，先進的自己と冒険的自己である。市場導入前の種まきは，サンプル試用者のみが対象製品の使用経験を持ち，サンプル試用者以外は使用経験を持たない状況を作り出す。この使用経験の差異によって，サンプル試用者は先進的自己や冒険的自己を呈示

図 9.1　利己目標に基づく WOM 発信

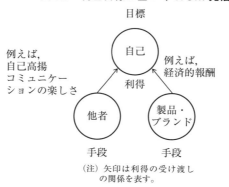

(注) 矢印は利得の受け渡しの関係を表す。

することができるようになる。先進的自己と冒険的自己は，両者とも他者が経験していないことを経験する自分である。ただし，冒険的自己は将来他者が自分と同じ経験をするかを問わないのに対して，先進的自己は将来他者も経験するであろうことを他者に先駆けて経験した自分，言わば，"先取りする自分"である。市場導入以降，多くの消費者たちに支持される製品を誰よりも早く試用したことを知らせれば，自分は先進的であるという印象を他者に持たせることができる（一方，将来多くの消費者たちに支持される製品でなければ "先取り"にはならないから，先進的自己を印象付けることはできない）。冒険的自己は過去に他者がしてきた経験とは大きく異なる経験をした自分である。既存製品とは大きく異なる製品を試用したことを知らせることにより，消費者は冒険的自己を呈示することができる。

　他者とのコミュニケーションが引き起こす楽しいというポジティブな感情もまた，WOM 発信によって消費者が獲得する利得である（濱岡・里村 2009; Hennig-Thurau et al. 2004; Sundaram, Mitra, and Webster 1998）。自分が満足した製品や興味を持つ製品についての WOM を他者に発信することは，ポジティブな感情を引き起こすだろう。さらには，WOM 発信をきっかけに他者と製品について会話をするとき，ポジティブな感情が喚起されることもある（会話が盛り上がる）。

　また WOM プロモーションでは，WOM を発信した消費者に対して企業が何らかの経済的報酬を支払うことも多い。この場合，経済的報酬も WOM 発信がもたらす利得となる（Ryu and Feick 2007）。

2．利他目標志向の WOM 発信

　消費者はまた，他者に利得を与えるために，WOM を発信することがある（Dichter 1966; Hennig-Thurau et al. 2004; Sundaram, Mitra, and Webster 1998）。他者の利得と自らの利得が両立する場合に，消費者は利他目標を持つ。WOM 発信の文脈では，消費者が利他目標を持つのは，他者が "よい買い物" をすること，つまり，他者が便益の大きな製品を購買・使用することは，自分にとっ

ても好ましいと考える場合である。自分の家族や友人が，例えば，美味しいアイスクリーム，カロリーゼロのビール，よく効いて副作用のない風邪薬を購買・使用することは，多くの消費者にとって多かれ少なかれ好ましいことであろう。このように他者の利得と自らの利得が両立する場合に，消費者は他者に利得をもたらそうとして，WOM を発信する。

ただし，他者に利得を与えることができるのは，消費者ではなく製品である。つまり，他者は WOM を受信することではなく，製品を購買し，これを使用することによって，その製品から便益を得る。そのため，利他目標を持つ消費者は，WOM を発信することで，その製品に他者に対して利得を与えさせようとする。言い換えれば，利他目標が導く WOM 発信は，他者の利得と自らの利得が両立することを背景として，図 9.2 の状態，つまり，製品が他者に利得を与える状態を作り出そうとする行動である。消費者が利他目標を持つのは，他者の利得と自らの利得が両立する場合であるから，利他目標を達成することで自分も間接的に利得を得ることになるが，自らの利得は他者の利得に依存している点で利己目標とは異なる。

図 9.2 利他目標に基づく WOM 発信

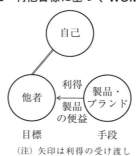

(注) 矢印は利得の受け渡しの関係を，二重線は利得が両立する関係を表す。

利他目標が導く WOM 発信が起こるのは，他者が当該製品を使用した経験を持たない場合に限られる。つまり，利他目標は未経験 WOM の発信を導くが，経験 WOM の発信を導くことはない。消費者は，自分が発信する WOM

によって他者の行動が大きく変化すると考えるとき,即ち,高い自己効力感を持つとき WOM を発信し,自己効力感が低いとき WOM を発信しない(例えば,濱岡・里村 2009)。使用経験を通じて当該製品の便益を知っている採用者に対しては低い自己効力感しか持たないため,利他目標を持つ消費者は経験 WOM を発信しない(自分が WOM を発信しなくとも,採用者はその製品を購買・使用して便益を得る)。一方,当該製品の便益を知らない未採用者には高い自己効力感を持つため,利他目標を持つ消費者は未経験 WOM を積極的に発信する。前述のように,市場導入前の種まきは,サンプル試用者は対象製品の使用経験を持つが,それ以外の消費者は使用経験を持たない状況を作り出す。そのため,市場導入前の種まきでは,利他目標志向の未経験 WOM の発信が頻繁に起こりうる。

3. 利ブランド目標志向の WOM 発信

　消費者は特定のブランドの存続・発展を支援するために,そのブランドの製品の WOM を発信することもある。消費者が利ブランド目標を持つのは,自己とブランドとの強い結び付きを基盤として,ブランドの利得と自らの利得が両立する場合である。第4章で明らかにされたように,自己とブランドとの結び付きが強いとき,消費者は高いブランド・コミットメント,即ち,ブランドとの長期的な関係継続を支援するように行動する意図を持つ。ブランドとの関係は,たとえ消費者の側から打ち切らなくても,ブランドが消滅すれば解消されてしまう。そのため,ブランド・コミットメントの高い消費者は,ブランドの存続・発展のために,多少の犠牲を払ってでもそのブランドの製品を継続的に購買しようとする。彼らはまた,他者にそのブランドの製品を購買させることで,ブランドを存続・発展させようとする。利ブランド目標に基づく WOM 発信は,自分の利得とブランドの利得が両立することを背景として,図9.3の状態,つまり,他者がブランドに利得を与える状態を作り出そうとする行動である。利ブランド目標の達成は自分にも間接的に利得をもたらすが,自分の利得がブランドの利得に依存している点で利己目標とは異なる。

図 9.3 利ブランド目標に基づく WOM 発信

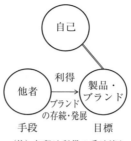

(注) 矢印は利得の受け渡しの関係を，二重線は利得が両立する関係を表す。

　利ブランド目標が導く WOM 発信が起こるのは，主に自己とブランドとの結び付きが強い場合であり，自己とブランドとの結び付きは使用経験の蓄積に基づいて形成される（第 4 章で明らかにされたように，自己とブランドとの結び付きはノスタルジックな結び付きによってよく説明される）。そのため，市場導入前の種まきによってサンプルを 1 回試用しただけで，消費者が利ブランド目標を持つようになることはほとんどない。

　利ブランド目標は，当該製品の知識を持つ採用者よりも，これを持たない未採用者への WOM 発信を導くと考えられる。先に述べたように，消費者は採用者よりも未採用者に対して高い自己効力感を持つ。つまり，自分が WOM を発信することで，使用経験を通じて当該製品の便益を理解している採用者の行動よりも，未採用者の行動の方が変化しやすいと考える。この高い自己効力感が利ブランド目標志向の未経験 WOM 発信を生み出すのである。

　このように，目標達成行動としての WOM 発信は，自己，他者，あるいはブランドに利得をもたらすために，他者や製品を手段化しようとする行動として捉えられる。したがって，WOM 発信は目標達成の手段としての他者や製品の有用性に依存する。つまり，利己目標，利他目標，あるいは利ブランド目標の達成に製品や他者がよく貢献する場合にのみ，消費者は WOM を発信する。

第3節　研究1：何がWOM発信意図を生み出すか

　研究1では，サンプル試用直後に形成されるWOM発信意図に影響を及ぼす要因を検討する。前述のように，サンプルを1回試用しただけで消費者が利ブランド目標を持つことはほぼない。そのため，サンプル試用直後に形成されるWOM発信意図は，利己目標や利他目標を達成する手段としての他者や製品の有用性に依存する。

1. 仮　　説

WOM発信意図に対する市場反応予測の影響　ここでは，先進的自己呈示の利己目標と利他目標を達成する手段としての製品の有用性を規定する心的概念として，市場反応予測を提案する。市場反応予測とは，自分以外の不特定の消費者たちが将来その製品をどの程度支持するかについての予測である。ここで，製品を支持する程度の予測は，購買や使用といった行動的側面の予測だけでなく，どの程度選好するか，どの程度興味を持つかといった心理的側面の予測も含む。ある特定の製品について高い市場反応予測を持つ消費者とは，その製品が将来自分以外の消費者たちによってよく支持される，即ち，よく購買され，よく選好され，よく興味を持たれると予測する消費者である。

　市場反応予測は満足とは概念的に明確に区別される。市場反応予測は自分以外の消費者たちの将来についての予測であり，したがって，不確実であるのに対して，満足は自分が過去に製品を使用した際に形成された感情的反応に関する判断であり，確実である。また市場反応予測は，山本・西田・森岡・山川（2010）の知覚認知率概念とも区別される。知覚認知率は「世の中でどれくらいある情報が普及しているか」（山本他 2010, p.75）についての主観的な知覚，即ち，現在の消費者たちについての知覚であるのに対して，市場反応予測は将来の消費者たちについての予測である。市場反応予測は清水（2013）の目利き概念とも概念領域が異なる。市場反応予測と目利きはいずれも，将来の自分以

外の消費者たちについての予測に関する概念であるが，目利きは予測がどの程度当たるかを問う概念であるのに対して，市場反応予測は予測の精度を問わない。またネットワーク外部性によると，消費者が特定のネットワーク製品の効用はその製品の使用者数に依存するため，将来の使用者数を多く予測する消費者ほどその製品を採用しやすいという。ネットワーク外部性は将来の消費者たちの使用という行動の予測のみに注目するのに対して，市場反応予測は選好や興味といった心理的側面の予測もその領域に含んでいる。ネットワーク外部性が想定する効用は機能的便益であるが，製品使用の結果には社会的便益もある。製品使用の社会的便益は，自分以外の消費者たちが当該製品を選好するか，また興味を持つかにも依存するため，ここでの市場反応予測は選好や興味の予測を含む。

　高い市場反応予測を持つサンプル試用者ほど，未経験WOM（未採用者へのWOM）の発信意図は高いと考えられる。なぜなら，将来多くの消費者たちが支持すると思われる製品を，自分は他の人々に先駆けて試用したことを未採用者に伝えれば，自分は先進的であるという印象を与えることができるためである（先進的自己呈示の利己目標が導く未経験WOM発信）。またこの製品は多くの消費者たちが支持する製品であると思われることを伝えれば，未採用者のよい買い物に貢献するためである（利他目標が導く未経験WOM発信）。そこで，

H1：市場反応予測は未経験WOM発信意図にプラスの影響を及ぼす。

　一方，市場反応予測は経験WOM（採用者へのWOM）の発信意図には影響しないと考えられる。採用者はその製品を使用した経験を持つことから，採用者に自分が試用したことを知らせても先進的自己を印象付けることはできないためである。また，採用者は当該製品を既に理解しており，WOM情報よりも記憶内の製品知識を利用して購買意思決定を行う。したがって，採用者にその製品は将来多くの消費者たちによって支持されると思われることを伝えても，彼らのよい買い物にほとんど貢献しない。つまり，採用者に対しては低い自己

効力感しか持たないために，利他目標を持つ消費者は経験 WOM を発信しない。

WOM 発信意図に対する満足，知覚された新しさ，非経験属性評価の影響　未経験 WOM の発信意図は，市場反応予測だけでなく，満足によっても影響されると考えられる。これまでに，WOM 研究でも，また顧客満足研究でも，満足と WOM 発信にはプラスの関連性があることが示されてきた（例えば，Matos and Rossi 2008; 濱岡・里村 2009）。自分が満足した製品についての他者とのコミュニケーションは，楽しいというポジティブな感情を喚起しやすい。そのため，コミュニケーションの楽しさを得ようとする消費者は，満足の高い製品の WOM をよく発信するだろう（コミュニケーションの楽しさの利己目標が導く未経験 WOM 発信）[3]。

知覚された新しさや非経験属性評価もまた，未経験 WOM の発信意図に対して影響を及ぼす。ここで，知覚された新しさとは，既存製品と比較した当該製品の独自性についての消費者の知覚である。また非経験属性評価は，ブランドネームやパッケージといった使用経験なしに理解できる属性に対する評価である。知覚された新しさや非経験属性評価は，製品に対する興味を高めることによって，コミュニケーションの楽しさを得ようとする消費者の WOM 発信を促進する。Berger and Schwartz（2011）は，製品への興味は WOM キャンペーンに参加した直後の WOM 発信を増加させることを示している。また WOM マーケティングの経験則として，消費者の興味を引かない製品は WOM 発信されないことが主張されてきた（Sernovitz 2009）。製品への興味が WOM 発信を促進するのは，興味のある製品についての他者とのコミュニケーションはポジティブ感情を喚起しやすいためである。消費者は，新しいと知覚したり，非経験属性を高く評価する製品に興味を持ちやすい。そのため，コミュニケーションによるポジティブ感情を得ようとする消費者は，製品を新しいと知覚するほど，また，その非経験属性を高く評価するほど，WOM を発信しやすいと考えられる（コミュニケーションの楽しさの利己目標が導く WOM 発信）。また知覚された新しさの高い製品を試用したことを未採用者に知らせることによ

り，自分は冒険的であるという印象を相手に持たせることができる。そのため，冒険的自己呈示目標を持つ消費者は，知覚された新しさの高い製品のWOMを未採用者に向けて発信しやすいだろう（冒険的自己呈示の利己目標が導く未経験WOM発信）。

H2a：満足は未経験WOM発信意図にプラスの影響を及ぼす。
H2b：知覚された新しさは未経験WOM発信意図にプラスの影響を及ぼす。
H2c：非経験属性に対する評価は未経験WOM発信意図にプラスの影響を及ぼす。

前述のように，経験WOMの発信意図に対して，市場反応予測は影響しないはずである。一方，満足，知覚された新しさ，非経験属性評価は，経験WOMの発信意図に影響を及ぼすと考えられる。これまでに議論してきたように，満足，知覚された新しさ，非経験属性評価が高い製品ほど，コミュニケーションによるポジティブ感情を喚起しやすいためである。特に，採用者と製品について会話する場合，未採用者と会話する場合と比べて会話が盛り上がりやすく，したがって，ポジティブ感情がより得られやすい。そのため，満足，知覚された新しさ，非経験属性評価は，未採用者に向けた未経験WOMよりも採用者に向けた経験WOMの発信意図を形成する際に，重要な役割を果たすと考えられる。そこで，

H3a：満足は経験WOM発信意図にプラスの影響を及ぼす。
H3b：知覚された新しさは経験WOM発信意図にプラスの影響を及ぼす。
H3c：非経験属性に対する評価は経験WOM発信意図にプラスの影響を及ぼす。

以上の議論を整理し，どんな製品のWOMを誰に向けて発信すれば，どんな目標が達成されるか，言い換えれば，どんな利得が得られるかを示したもの

が表 9.1 である。市場反応予測が高い製品の未経験 WOM を未採用者に向けて発信すれば，先進的自己呈示の利己目標や利他目標が満たされる。一方，採用者に向けて市場反応予測の高い製品の経験 WOM を発信しても，これらの目標は達成されない。また満足，知覚された新しさ，非経験属性評価の高い製品の WOM を発信すれば，受信者が未採用者であるか採用者であるかを問わず，コミュニケーションが喚起するポジティブ感情が得られる。知覚された新しさの高い製品の未経験 WOM を未採用者に向けて発信したときには，冒険的自己呈示の利己目標も満たされる。先に述べたように，WOM 発信は利己，利他，利ブランド目標の達成のために，製品や他者を手段化しようとする行動である。表 9.1 に示したように，製品や他者の手段としての有用性は，消費者が設定する目標によって大きく異なるのである。

表 9.1 どんな製品の WOM を誰に発信すればどんな目標を満たすか

製品に対する 心的反応	発信相手	
	未採用者	採用者
市場反応予測	先進的自己呈示（利己目標）， 利他目標	—
満足	コミュニケーションの楽しさ （利己目標）	コミュニケーションの楽しさ （利己目標）
知覚された新しさ	コミュニケーションの楽しさ， 冒険的自己呈示（利己目標）	コミュニケーションの楽しさ （利己目標）
非経験属性評価	コミュニケーションの楽しさ （利己目標）	コミュニケーションの楽しさ （利己目標）

市場反応予測の先行要因 何が市場反応予測を生み出すのだろうか。まず，市場反応予測は製品に対する満足によって影響されると考えられる。サンプル試用者が製品に対する市場反応を予測する認知的処理の 1 つとして，社会的投影があげられる。社会的投影とは，自分の行動や意見とよく類似したものとして自分以外の人々の意見や行動についての期待を形成するプロセスである（Krueger 2000; Robbins and Krueger 2005）。社会的投影によって期待を形成するとき，人は自分と同じ意見を持つ人々の数を多く見積もる（Ross, Greene, and House 1977）。したがって，サンプルを試用した消費者が社会的投影によっ

て市場反応を予測するとき，その製品に対して満足した消費者ほど，多くの他の消費者たちがその製品に満足し，したがって，リピート購買しやすいと予測すると考えられる。社会的投影による期待形成の特徴の1つは，自分の意見や行動への記憶内での到達可能性は非常に高いため，小さな認知的努力しか必要としないことである。冒頭で述べたように，多くの場合，消費者は非耐久財のWOM発信意思決定に高く関与しない。そのため，多くの消費者は小さな認知的努力のみを投入して社会的投影を行うことによって，市場反応を予測すると考えられる。ただし，社会的投影の結果を調整して最終的な予測を形成することもある（Epley, Keysar, Van Boven, and Gilovich 2004）。この調整のプロセスのために自らの満足と予測された他の消費者たちの満足は一致するわけではないものの，サンプル試用者が容易に利用可能な調整のための手がかりは限られていることを考慮すると，これらはある程度一貫していると考えられる。

　また市場反応予測は，製品の知覚された新しさによって影響されると考えられる。一般的に，消費者は新しいと知覚した製品に興味を持ちやすく，また非耐久財については，採用にあたって知覚する機能的リスクが小さいために，知覚された新しさの高い製品を採用しやすいと考えられる（cf. Steenkamp and Gielens 2003）。したがって，当該製品を新しいと知覚したサンプル試用者ほど，社会的投影によって他の多くの消費者たちもその製品を新しいと知覚し，その結果，製品に対して興味を持ち，また採用しやすいと予測するだろう。

　市場反応予測は，非経験属性評価によっても影響されると考えられる。満足は製品を使用することによって初めて形成されるのに対して，非経験属性評価は製品の購買以前に形成され，当該製品への興味や採用に影響を及ぼす。そのため，サンプル試用者が社会的投影によって市場反応を予測するとき，非経験属性を高く評価した消費者ほど，他の多くの消費者たちも非経験属性を高く評価し，したがって，その製品に興味を持ちやすく，また採用しやすいと予測するであろう。

H4a：満足は市場反応予測にプラスの影響を及ぼす。

H4b：知覚された新しさは市場反応予測にプラスの影響を及ぼす。
H4c：非経験属性に対する評価は市場反応予測にプラスの影響を及ぼす。

　上記の仮説を含む提案モデルは図 9.4 に示されている。提案モデルは WOM 発信意図の説明変数として，ここで新たに提案した市場反応予測だけでなく，満足，知覚された新しさ，非経験属性評価といった既存の概念も考慮している。この提案モデルを推定することにより，既存概念を一定としたときに，つまり，既存概念によって説明される部分を取り除いたときに，市場反応予測が未経験 WOM の発信意図に対してどのような影響を及ぼすかを検討することができる。また提案モデルでは，満足，知覚された新しさ，非経験属性評価は市場反応予測を通じて未経験 WOM 発信意図に影響を及ぼすとしている。つまり，満足，知覚された新しさ，非経験属性評価が未経験 WOM 発信意図に対して及ぼす影響の一部は，市場反応予測を媒介としたものであると考えている。

図 9.4　概念モデル：未経験・経験 WOM 発信意図はどこから来るか

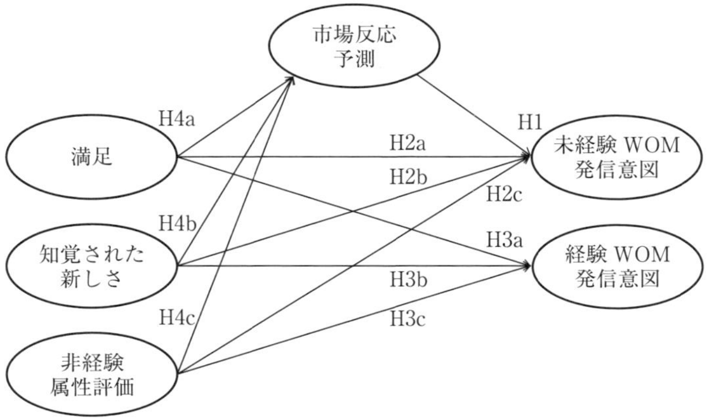

2．データと方法

データ収集　ノンアルコールビールの新製品の市場導入前に，調査対象者に当

該新製品のサンプルを無料で試用してもらい，3回の質問紙調査を行った。この新製品が導入される以前から，市場にはノンアルコールビールの既存製品が存在したことから，この新製品は連続的新製品と言える。第1回調査はサンプル試用の約1ヶ月前に実施され，そこでは，ノンアルコールビールやビールの既存製品の知名，評価，使用経験などが測定された。第1回調査の約1ヶ月後に調査対象者に無料サンプルを送付し，その数日後に第2回調査を行った。第2回調査では，対象新製品についてのWOM発信意図，満足，知覚された新しさ，非経験属性評価などが測定された。この第2回調査の直前，サンプル送付の直後に対象新製品が市場に導入された。市場導入の約1ヶ月後に実施された第3回調査では，対象新製品の購買，WOM発信行動，ブランド・コミットメントなどが測定された。なお，この調査ではWOM発信に対する経済的報酬はない。有効回答者数は581人である。

測度　未経験WOM意図は「まだ飲んでいない人に話したい」，経験WOM意図は「飲んだ人同士で話し合いたい」という単一項目の6件法リッカート尺度によって，それぞれ測定された。未経験WOM意図と経験WOM意図の項目得点の平均はそれぞれ，4.00と3.67であった。

　市場反応予測は4項目，満足，知覚された新しさ，非経験属性評価はいずれも3項目の6件法リッカート尺度を用いて測定された。質問項目は表9.2に示した通りである。なお，本章で用いた満足の尺度は，「この商品に満足している」という全体的満足に関する項目だけでなく，「おいしい」「心地よい後味」といった属性レベルの満足に関する項目も含む[4]。これらの4つの概念を測定する13項目を用いた探索的因子分析の結果，各項目が測定しようと意図した標的概念からの因子負荷量は大きく，測定を意図しない概念，即ち，標的概念以外からの因子負荷量は小さい因子負荷量行列が得られた（標的概念からの負荷量のうち最も小さなものが.51，標的概念以外からの負荷量のうち最も大きなものが.31であった）。

　次に，未経験WOM意図と経験WOM意図を加えた6因子15項目から構成される測定モデルにデータをあてはめた。なお，本章で用いたデータは近似的

にも多変量正規性を満たさないことから，モデルの推定ではブートストラップ法を用いて信頼区間を求めた。確認的因子分析の結果によると，測定モデルは一次元性，収束妥当性，弁別妥当性をよく満たす。第4章で述べたように，一次元性とは，項目群の根底に1つの構成概念が存在していることである。収束妥当性は，同じ構成概念を測定する複数の項目間に高い相関が見られることである。また弁別妥当性は，異なる構成概念を測定する尺度間に高い相関が見られないことである。まず，測定モデルはデータによくフィットしており，一次元的測定をよく達成している（RMSEA = .067, CFI = .973, TLI = .963）。また表9.2に示したように，因子負荷量の推定値はいずれも十分に大きいことから，尺度は収束妥当性をよく満たすことがわかる（Anderson and Gerbing 1988）。

表9.2 測定モデル：因子負荷量

質問項目	推定値	α係数
市場反応予測		.90
「今後売れると思う」	.80	
「人気が出そう」	.95	
「話題になりそう」	.88	
「時代の流れに合っている」	.76	
満足		.94
「この商品に満足している」	.94	
「おいしい」	.92	
「心地よい後味」	.86	
知覚された新しさ		.85
「今までにない感じがする」	.79	
「他の商品との違いが分かる」	.84	
「製法が新しい」	.80	
非経験属性に対する評価		.87
「ネーミングがいい」	.86	
「パッケージデザインがいい」	.80	
「店頭で目立ちそう」	.82	
未経験WOM発信意図		
「まだ飲んでいない人に話したい」[a]	1.00	
経験WOM発信意図		
「飲んだ人同士で話し合いたい」[a]	1.00	

（注）全ての因子負荷量は99%信頼区間に0を含まない。a：1に固定した。

そして，表9.3に示したように，因子間の相関はいずれも95%信頼区間に1を含まない（Anderson and Gerbing 1988）。またどの概念についても AVE は共有分散を上回る（Fornell and Larker 1981）。このことから，尺度は弁別妥当性を満たすと言える。表9.2に示したように，市場反応予測，満足，知覚された新しさ，非経験属性評価のα係数はいずれも大きいことから，これらの尺度の信頼性は十分に高い。

表9.3 測定モデル：因子間の相関，共有分散，AVE

概念	市場反応予測	満足	知覚された新しさ	非経験属性評価	未経験WOM	経験WOM
市場反応予測	.88	.73	.71	.56	.54	.44
満足	.85 [.82, .89]	.96	.63	.38	.55	.49
知覚された新しさ	.84 [.80, .89]	.79 [.74, .84]	.85	.55	.48	.47
非経験属性に対する評価	.75 [.69, .80]	.62 [.55, .69]	.74 [.67, .80]	.87	.30	.32
未経験 WOM 発信意図	.73 [.67, .79]	.74 [.67, .79]	.69 [.62, .75]	.55 [.47, .64]	1.00	.61
経験 WOM 発信意図	.66 [.60, .72]	.70 [.64, .76]	.69 [.62, .74]	.57 [.49, .65]	.78 [.73, .83]	1.00

（注）対角成分は AVE, 下三角成分は因子間の相関（カッコ内は95%信頼区間），上三角成分は共有分散（相関の2乗）である。

3. 結　果

仮説検証 仮説を検証するために，構造方程式モデリングを用いてこのデータを提案モデルにあてはめた。前述のように，データは多変量正規性を満たさないことから，推定ではブートストラップ法を用いた。提案モデル全体の適合度は十分に高い（RMSEA = .067, CFI = .973, TLI = .964）。構造方程式の係数の標準化推定値は表9.4に示した通りである。先に設定した仮説は，構造方程式の係数に基づいて検証される。全ての仮説は係数がプラスであることを期待するものである。したがって，係数の符号がプラスで，かつ有意であれば仮説は支持される。非有意であったり，符号がマイナスであったりすれば，仮説は棄

第3節　研究1：何がWOM発信意図を生み出すか　193

表9.4　提案モデルの推定結果

説明変数	標準化推定値
未経験WOM発信意図	
市場反応予測（H1）	.31***
満足（H2a）	.37***
知覚された新しさ（H2b）	.15*
非経験属性評価（H2c）	-.02
経験WOM発信意図	
満足（H3a）	.42***
知覚された新しさ（H3b）	.27***
非経験属性評価（H3c）	.11
市場反応予測	
満足（H4a）	.48***
知覚された新しさ（H4b）	.29***
非経験属性評価（H4c）	.23***
間接効果	
満足→市場反応予測→未経験WOM	.15***
新しさ→市場反応予測→未経験WOM	.09***
非経験属性→市場反応予測→未経験WOM	.07***

***：99％信頼区間に0を含まない
**：95％信頼区間に0を含まない
*：90％信頼区間に0を含まない

却される。

　未経験WOM意図に対する市場反応予測の影響は有意であり，その符号はプラスであった（$\beta_{市場反応予測→未経験WOM} = .31, p < .01$）。したがって，H1は支持された。また未経験WOM意図に対する満足の影響は1％水準で有意，知覚された新しさの影響は10％水準で有意で，いずれも符号はプラスであった（$\beta_{満足→未経験WOM} = .37, p < .01; \beta_{新しさ→未経験WOM} = .15, p < .10$）。しかし，非経験属性評価の影響は非有意であった（$\beta_{非経験属性→未経験WOM} = -.02, p > .10$）。したがって，H2aとH2bは支持され，H2cは棄却された。標準化推定値の大きさは市場反応予測と満足の推定値がほぼ同程度に大きく，知覚された新しさの推定値を大幅に上回る。このことから，市場反応予測は満足と並んで未経験WOM意図の重要なドライバーであることがわかる。なお，未経験WOM意図モデルの決定係

数は比較的高く，市場反応予測，満足，知覚された新しさによって未経験 WOM の発信意図はよく説明されると言える（$R^2 = .593$）。

経験 WOM 意図に対する満足と知覚された新しさの影響はいずれもプラスで有意であった（$\beta_{満足 \to 経験WOM} = .42, p < .01; \beta_{新しさ \to 経験WOM} = .27, p < .01$）。一方，非経験属性評価の影響は非有意であった（$\beta_{非経験属性 \to 経験WOM} = .11, p > .10$）。このことから，H3a と H3b は支持され，H3c は棄却された。経験 WOM 意図モデルの決定係数は比較的高いことから，満足と知覚された新しさによって経験 WOM の発信意図はよく説明されることがわかる（$R^2 = .542$）。

市場反応予測には，満足，知覚された新しさ，非経験属性評価がいずれもプラスの有意な影響を及ぼしていた（$\beta_{満足 \to 市場反応予測} = .48, p < .01; \beta_{新しさ \to 市場反応予測} = .29, p < .01; \beta_{非経験属性 \to 市場反応予測} = .23, p < .01$）。このことから，H4a, H4b, H4c はいずれも支持された。また決定係数は非常に大きいことから，市場反応予測モデルの説明力は非常に高いことがわかる（$R^2 = .829$）。このような結果は，サンプルを試用した消費者は，自らの満足，知覚された新しさ，非経験属性評価を手がかりとした社会的投影を行うことによって市場反応を予測していることを示唆している。

H1 の導出において議論したように，市場反応予測は経験 WOM 意図に影響しないと考えられる。そこでここでは，提案モデルに市場反応予測→経験 WOM 意図のパスを追加したモデル（以下，比較モデル 1）を推定し，その適合度を提案モデルと比較した。尤度比検定の結果，期待された通り，提案モデルと比較モデル 1 では尤度に有意な差はなく，提案モデルに市場反応予測→経験 WOM 意図のパスを追加しても，フィットは改善されなかった（$LR = .23$, d.f. $= 1, p > .10$）。この結果と H1 が支持されたことは，サンプル試用者は先進的自己呈示の利己目標や利他目標を持つが，採用者に向けて市場反応予測の高い製品の WOM を発信しても，これらの目標は達成されないと考えていることを示唆している。

WOM 発信意図を説明するために市場反応予測は有用か　未経験 WOM の発信意図を説明する上で，満足，知覚された新しさ，非経験属性評価といった既存概

念に加えて，市場反応予測も考慮することは有用なのだろうか。提案モデルは，未経験 WOM の発信意図を説明する要因として，市場反応予測だけでなく，上記の 3 つの既存概念も含んでいる。そのため，未経験 WOM 意図に対する市場反応予測の影響のパラメターは，3 つの既存概念の影響を取り除いたときの，つまり，3 つの既存概念を一定としたときの，市場反応予測の影響を捉えている。前述のように，市場反応予測のパラメターはプラスで有意であったことから，3 つの既存概念によって説明される部分を取り除いてもなお，市場反応予測は未経験 WOM の発信意図にプラスの影響があることがわかる。したがって，3 つの既存概念に加えて市場反応予測も考慮することは，未経験 WOM の発信意図を説明するために役立つと言える。

　市場反応予測の有用性をさらに検討するために，提案モデルにおいて市場反応予測→未経験 WOM 意図を 0 に固定したモデル（比較モデル 2）を推定し，提案モデルと適合度を比較した。その結果，提案モデルと比較モデル 2 では，尤度は有意に異なっており，未経験 WOM の発信意図を説明する要因として市場反応予測も考慮することで，モデルの適合度は有意に改善された（LR ＝ 18.13, d.f. ＝ 1, $p < .01$）。このことは，未経験 WOM 意図の説明要因として市場反応予測を追加することの有用性を示唆している。

媒介テスト　提案モデルに示されているように，ここでは，満足，知覚された新しさ，非経験属性評価は，未経験 WOM の発信意図に対して直接的な影響と，市場反応予測を媒介とした間接的な影響を及ぼすと考えている。では，市場反応予測は満足，知覚された新しさ，非経験属性評価が未経験 WOM の発信意図に及ぼす影響を，どの程度媒介しているのだろうか。ここでは，Iacobucci, Saldanha, and Deng（2007）に従って，市場反応予測の媒介効果をテストした。

　表 9.4 に示したように，満足→市場反応予測→未経験 WOM 意図の間接効果は 1% 水準で有意であった（$\beta_{満足→市場反応予測→未経験WOM} = .15, p < .01$）。先に述べたように，満足→未経験 WOM 意図の直接効果も有意であることを考慮すると，市場反応予測は満足が未経験 WOM 意図に及ぼす影響を部分的に媒介してい

ることがわかる。媒介の割合，即ち，満足が未経験 WOM 意図に及ぼす総合効果のうち市場反応予測を媒介とした間接効果が占める割合は .28 である。

知覚された新しさ→市場反応予測→未経験 WOM 意図の間接効果も有意であった（$\beta_{新しさ→市場反応予測→未経験WOM} = .09, p < .01$）。直接効果も有意であることから，市場反応予測は知覚された新しさ→未経験 WOM 意図を部分的に媒介していると言える。媒介の割合は .37 である。非経験属性評価→市場反応予測→未経験 WOM 意図の間接効果もまた有意であった（$\beta_{非経験属性→市場反応予測→未経験WOM} = .07, p < .01$）。前述のように，その直接効果は非有意であるから，市場反応予測は非経験属性評価→未経験 WOM 意図を完全に媒介している。このように，満足と知覚された新しさの影響の約 1/3 は市場反応予測を媒介とした間接的な影響であり，また非経験属性評価は市場反応予測を通じてのみ未経験 WOM の発信意図に影響を及ぼす。このような媒介テストの結果は，未経験 WOM 意図の形成において，市場反応予測が重要な媒介的役割を担っていることを示している。

このように，仮説検証の結果，非経験属性評価の直接効果（H2c と H3c）を除く全ての仮説が支持された。また満足，知覚された新しさ，非経験属性評価といった既存概念に加えて市場反応予測を考慮することは，未経験 WOM の発信意図を説明するために有用と言える。一方，経験 WOM の発信意図を説明するためには，満足や知覚された新しさといった既存概念で十分であり，市場反応予測概念を説明要因に追加することは有用でない。この結果は，市場反応予測の高い製品の WOM を未採用者に向けて発信することで，先進的自己呈示の利己目標や利他目標が満たされるが，これを採用者に向けて発信しても，これらの目標は達成されないことを示唆している。

4. カテゴリーユーザーと非ユーザーの違い

市場反応を予測する際，高い確信度を持って市場反応を予測する消費者（間違いなく支持される，あるいは，支持されないと予測する消費者）と，自らの市場反応予測に対して低い確信度しか持たない消費者（確信はできないが，きっと支

持されるだろう，あるいは，支持されないだろうと予測する消費者）がいる。対象新製品が含まれるカテゴリーの既存製品を使用した経験のない消費者は低いカテゴリー知識しか持たないため，市場反応予測に対する確信度は低いはずである。非ユーザーが形成する確信度の低い市場反応予測は，彼らのWOM発信意図に影響を及ぼさないことも考えられる。またカテゴリーユーザーと非ユーザーでは，市場反応予測の先行要因が異なることも考えられる。そこでここでは，カテゴリー知識を反映すると考えられるノンアルコールビールの既存製品の使用経験に基づいて，回答者をカテゴリーユーザー（188人）と非ユーザー（393人）に分け，多母集団の同時分析を行った。

測定不変性の検討の結果，弱測定不変モデル（因子負荷量がグループ間で等しいという制約を置いたモデル）が選択された[5]。この因子負荷量に等値制約を置いた多母集団の提案モデルは，データによくフィットした（RMSEA = .070, CFI = .969, TLI = .960）。推定値は表9.5に示した通りである。大まかに言えば，ユーザーグループの推定値は全体の推定値と多少異なっているのに対して，非ユーザーグループの推定値は，全体の推定値とよく似たものであった。

カテゴリーユーザーだけでなく非ユーザーについても，未経験WOM意図に対する市場反応予測の影響はプラスで有意であった（$\beta_{市場反応予測→未経験WOM, ユーザー}$ = .48, $p < .05$; $\beta_{市場反応予測→未経験WOM, 非ユーザー}$ = .25, $p < .05$）。したがって，カテゴリー使用経験の有無にかかわらず，H1は支持された。また満足の影響は，カテゴリーユーザーについては10％水準で有意，非ユーザーについては1％水準で有意であった（$\beta_{満足→未経験WOM, ユーザー}$ = .38, $p < .10$; $\beta_{満足→未経験WOM, 非ユーザー}$ = .37, $p < .01$）。知覚された新しさの影響は非ユーザーについてのみ有意であった（$\beta_{新しさ→未経験WOM, ユーザー}$ = -.12, $p > .10$; $\beta_{新しさ→未経験WOM, 非ユーザー}$ = .23, $p < .05$）。非経験属性評価の影響は両方のグループで非有意であった（$\beta_{非経験属性→未経験WOM, ユーザー}$ = .07, $p > .10$; $\beta_{非経験属性→未経験WOM, 非ユーザー}$ = -.05, $p > .10$）。このことから，H2aは支持され，H2bは非ユーザーについてのみ支持された。またH2cは棄却された。ユーザーについては市場反応予測の方が満足よりも標準化推定値が大きいのに対して，非ユーザーについては満足の標準化推定値の方が大きい。また前述のよう

表 9.5　カテゴリーユーザー vs. 非ユーザー

説明変数	ユーザー	非ユーザー
未経験 WOM 発信意図		
市場反応予測（H1）	.48**	.25**
満足（H2a）	.38*	.37***
知覚された新しさ（H2b）	-.12	.23**
非経験属性評価（H2c）	.07	-.05
経験 WOM 発信意図		
満足（H3a）	.41*	.44***
知覚された新しさ（H3b）	.09	.33***
非経験属性評価（H3c）	.31*	.01
市場反応予測		
満足（H4a）	.53***	.45***
知覚された新しさ（H4b）	.29**	.28***
非経験属性評価（H4c）	.20	.27***
間接効果		
満足→市場反応予測→未経験 WOM	.25**	.11**
新しさ→市場反応予測→未経験 WOM	.14**	.07**
非経験属性→市場反応予測→未経験 WOM	.09	.07**

***：99％信頼区間に 0 を含まない
**：95％信頼区間に 0 を含まない
*：90％信頼区間に 0 を含まない

に，満足の影響は，ユーザーグループでは 10％水準で有意に過ぎないのに対して，非ユーザーグループでは 1％水準で有意である。このことから，カテゴリーユーザーと非ユーザーでは，未経験 WOM 意図のドライバーが異なることがわかる。つまり，ユーザーについては，未経験 WOM の主要なドライバーは市場反応予測であり，市場反応予測に対する確信度が低いと考えられる非ユーザーグループでは，満足が未経験 WOM 意図に最大の影響を及ぼす。

経験 WOM の発信意図は，ユーザーグループでは満足と非経験属性評価によって，非ユーザーグループでは満足と知覚された新しさによって，それぞれ有意なプラスの影響を受ける（$\beta_{満足\to経験WOM, ユーザー} = .41, p < .10$; $\beta_{満足\to経験WOM, 非ユーザー} = .44, p < .01$; $\beta_{新しさ\to経験WOM, ユーザー} = .09, p > .10$; $\beta_{新しさ\to経験WOM, 非ユーザー} = .33, p < .01$; $\beta_{非経験属性\to経験WOM, ユーザー} = .31, p < .10$; $\beta_{非経験属性\to経験WOM, 非ユーザー} = .01, p > .10$）。

したがって，H3a は両方のグループで支持され，H3b は非ユーザーについてのみ，H3c はユーザーについてのみ，それぞれ支持された。このように，未採用者と採用者のどちらに WOM を発信する場合でも，カテゴリーユーザーは知覚された新しさを WOM 発信意図に直接反映しないのに対して，非ユーザーは知覚された新しさを WOM 発信意図に直接反映する。

市場反応予測に対する影響は，ユーザーグループでは満足と知覚された新しさの影響が有意，非ユーザーグループでは満足，知覚された新しさ，非経験属性評価の影響が有意であった。推定値の符号はいずれもプラスであった（$\beta_{満足 \to 市場反応予測, ユーザー}$ ＝ .53, $p < .01$; $\beta_{満足 \to 市場反応予測, 非ユーザー}$ ＝ .45, $p < .01$; $\beta_{新しさ \to 市場反応予測, ユーザー}$ ＝ .29, $p < .05$; $\beta_{新しさ \to 市場反応予測, 非ユーザー}$ ＝ .28, $p < .01$; $\beta_{非経験属性 \to 市場反応予測, ユーザー}$ ＝ .20, $p > .10$; $\beta_{非経験属性 \to 市場反応予測, 非ユーザー}$ ＝ .27, $p < .01$）。このことから，H4a，H4b は両方のグループで支持され，H4c は非ユーザーについてのみ支持された。

市場反応予測→経験 WOM 意図のパスを追加した多母集団の比較モデル 1 と多母集団の提案モデルでは，適合度に有意な差はなかった（LR ＝ 1.56, d.f. ＝ 2, $p > .10$）。このことは，カテゴリーユーザーと非ユーザーのいずれについても，市場反応予測は経験 WOM 意図に影響しないことを示唆している。

市場反応予測を媒介とした未経験 WOM 意図に対する間接効果は全部で 6 通りある（各グループ 3 通り×2 グループ）。このうち，ユーザーグループにおける非経験属性評価→市場反応予測→未経験 WOM 意図は非有意であったが，これ以外の 5 通りの間接効果はいずれも 1％水準で有意であった。

5. ディスカッション

研究 1 では，未経験 WOM の発信意図と経験 WOM の発信意図では，ドライバーが異なることが示された。未経験 WOM 意図の主なドライバーは市場反応予測と満足であり，特に，カテゴリーユーザーについては市場反応予測が最大のドライバーであった。この結果は，サンプル試用者，特に，当該カテゴリーの使用経験のあるサンプル試用者は，市場反応を高く予測し，したがっ

て，先進的自己呈示目標や利他目標の達成に製品が大きく貢献すると認識することで，未経験 WOM の高い発信意図を持つようになることを示唆している。

経験 WOM の発信意図の主要なドライバーは，満足と知覚された新しさである。経験 WOM の発信意図は市場反応予測によって影響されない。市場反応予測の高い製品の WOM をその採用者に向けて発信しても，先進的自己呈示目標や利他目標の達成に貢献しないためである。

カテゴリー使用経験によって多少の違いはあるものの，市場反応予測は，満足，知覚された新しさ，非経験属性評価とプラスの関連性があった。このことはサンプル試用者が社会的投影によって市場反応を予測していることを示唆している。

第 4 節　研究 2：何が WOM 発信行動を生み出すか

1. 仮　　説

研究 2 では，サンプルを試用し，対象新製品を購買した消費者の WOM 発信行動に対するブランド・コミットメントの影響を検討する。市場導入後，当該新製品を購買・使用した消費者は，高いブランド・コミットメントを持つようになることがある。第 3 章で述べたように，既存研究では，ブランド・コミットメントはブランドとの長期的関係の継続を支援するように行動する意図（例えば，Fournier 1998），あるいはブランドへの愛着（例えば，Traylor 1981）として定義されてきた。ここで，愛着は自己とブランドとの結び付きと，これに基づくポジティブな感情を含む（第 4 章参照）。本章では，ブランド・コミットメントを行動意図と愛着の両方を含む概念として規定する。したがって，ここでのブランド・コミットメントは広義のコミットメントと言える。

既存研究では，ブランド・コミットメントはそのブランドの製品についての WOM 発信のドライバーとなることが示されてきた（例えば，井上 2009; Park et al. 2010）。しかし，どんな相手に WOM を発信する場合でもブランド・コミットメントは WOM 発信を促進するのではなく，未採用者と採用者のいず

第4節　研究2：何がWOM発信行動を生み出すか

れに向けて発信するかによって，ブランド・コミットメントがWOM発信に及ぼす影響は異なると考えられる。製品知識の低い未採用者に向けて未経験WOMを発信することは，未採用者による製品の採用を促進することでブランドに利得をもたらす。そのため，ブランド・コミットメントが高いほど，よく未経験WOMを発信すると考えられる。一方，採用者はその製品を理解しており，購買意思決定はWOM情報よりも記憶内の製品知識に大きく依存する。そのため，採用者に向けて経験WOMを発信しても，採用者の購買意思決定に及ぼす影響は小さく，利ブランド目標にほとんど貢献しない。したがって，ブランド・コミットメントは経験WOM発信行動には影響しないと考えられる。つまり，利ブランド目標を持つ消費者は，自分が発信するWOMが大きな影響を及ぼす相手，即ち，自己効力感の高い相手に対してのみ，WOMをよく発信する。

H5：ブランド・コミットメントは未経験WOM発信行動にプラスの影響を及ぼす。

2. データと方法

前述の調査によって収集されたデータのうち，ここでは，サンプルを試用し，かつ市場導入後に対象新製品を購買した147人を用いた。このデータを，未経験WOMと経験WOMの発信行動のそれぞれを目的変数，ブランド・コミットメントとサンプル試用直後のWOM発信意図を説明変数とした2つの2項ロジットモデルにあてはめた。

未経験WOMと経験WOMの発信行動，ブランド・コミットメントはいずれも第3回調査において測定された。未経験WOM発信行動は「飲んでいない人に話した」，経験WOM発信行動は「飲んだ人同士で話し合った」という項目によって，それぞれ測定された（いずれも2値尺度）。未経験WOMを発信した回答者は69人，経験WOMを発信した回答者は24人であった。

ブランド・コミットメントの測定では，「（イメージが）自分に合っているブ

ランドだ」「愛着や親近感のようなものを感じる」「他のブランドより多少高くても買う」の 3 項目から構成される尺度を用いた（6 件法リッカート尺度）。これらの項目は，自己とブランドとの結び付き，自己とブランドとの結び付きに起因するポジティブな感情，長期的関係を支援する行動意図を，それぞれ捉える。1 因子の確認的因子分析の結果によると，上記 3 項目の因子負荷量はそれぞれ，.85, .91, .73 であり，収束妥当性を満たすことがわかる。ブランド・コミットメントは満足と概念領域が比較的近接していると考えられる。そこで，上記のブランド・コミットメント 3 項目と表 9.2 に示した満足 3 項目によって構成される確認的因子分析を行い，弁別妥当性を検討した。その結果，ブランド・コミットメントと満足との相関は .59 であり，99%信頼区間に 1 を含まない（99% C.I. ＝[.44, .71]）。またブランド・コミットメント尺度の AVE は .87 であり，ブランド・コミットメントと満足の共有分散 .34 を上回る。このことから，ブランド・コミットメント尺度は満足尺度と経験的に弁別されることがわかる。α 係数は .86 であり，信頼性も十分に高い。また WOM 発信意図は研究 1 と同じ項目得点を用いた。

3. 結　果

　未経験 WOM 発信行動に対するブランド・コミットメントの影響は有意で，その符号はプラスであった（$\beta_{コミットメント \to 未経験WOM行動}$ ＝ .15, $p < .05$）。このことから，H5 は支持された。一方，期待された通り，経験 WOM 発信行動に対するブランド・コミットメントの影響は非有意であった（$\beta_{コミットメント \to 経験WOM行動}$ ＝ -.12, $p > .10$）[6]。当該製品について低知識の未採用者に WOM を発信することは利ブランド目標の達成に貢献するため，未採用者に向けた未経験 WOM 発信行動にはブランド・コミットメントが有意な影響を及ぼす。これに対して，当該製品を理解している採用者に向けた WOM 発信は利ブランド目標の達成に貢献しないため，ブランド・コミットメントは経験 WOM 発信行動に影響しない。

　未経験 WOM 発信行動に対する未経験 WOM 意図の影響は有意であった（β

未経験WOM意図→未経験WOM行動 $= .47, p < .05$)。同様に，経験 WOM 発信行動に対する経験 WOM 意図の影響も有意であった（$\beta_{経験WOM意図 \to 経験WOM行動} = .84, p < .01$）。このことから，サンプル試用直後の WOM 発信意図と製品購買後の WOM 発信行動は一貫していることがわかる。

4. ディスカッション

ブランド・コミットメント研究では，未経験 WOM と経験 WOM を区別することなく，ブランド・コミットメントは WOM 発信を促進することを示してきた。研究 2 では，ブランド・コミットメントは未経験 WOM 発信行動にはプラスの影響を及ぼすが，経験 WOM 発信行動を促進しないことが示された。この結果は，消費者は未採用者に対して高い自己効力感を持つため，ブランド・コミットメントが高いほど WOM を発信しやすいが，採用者に対しては低い自己効力感しか持たないために，ブランド・コミットメントは WOM 発信を促進しないことを示唆している。

第 5 節　まとめ

企業は WOM を直接的にコントロールできない。一方，WOM は購買・採用意思決定に様々な影響を与える。そのため，いかにして消費者に WOM を発信させることができるかは，実務的に重要な課題である。本章は，これまでの消費者行動研究では注目されてこなかった WOM 発信意思決定，即ち，消費者が WOM を発信する心理的プロセスを検討した。

1. 理論的貢献

本章の WOM 発信研究に対する主な貢献は，未経験 WOM の発信と経験 WOM の発信では，ドライバーが異なることを示したことである。特に，市場反応予測は未経験 WOM の発信意図に大きく影響するが，経験 WOM の発信意図には影響しないという研究 1 の結果は，これまでの WOM 発信研究にな

い新しい知見である。また研究2では，ブランド・コミットメントは未経験WOMの発信行動を促進するが，経験WOMの発信行動には影響を及ぼさないことが示された。この結果もWOM発信研究に，またブランド・コミットメント研究にも新たな知見を付け加えるものである。これらの結果は，消費者は製品に対する自分の心的反応（市場反応予測，満足，知覚された新しさ）と，他者の製品知識の両方を考慮しながら，WOM発信意思決定を行っていることを強く示唆している。低い製品知識のみを持つ未採用者に対して，市場反応を高く予測した製品のWOMを発信すれば，先進的自己を印象付けたり，彼らのよい買い物に貢献することができる。またブランド・コミットメントの高い消費者は，WOM情報の影響を受けやすい未採用者に向けてWOMを発信することで，ブランドの存続・発展に貢献することができる。一方，高い製品知識を持つ採用者にWOMを発信しても，先進的自己を印象付けることも，彼らのよい買い物に貢献することも，また採用者による当該製品の購買を促進することでブランドに貢献することもない。WOM発信は利己，利他，利ブランド目標の達成のために，製品や他者を手段化しようとする行動である。製品に対する自分の心的反応は目標を達成する手段としての製品の有用性を規定し，他者の製品知識は目標達成の手段としての他者の有用性を規定するのである。

　顧客満足研究において示されてきたように，満足はWOM発信意図に大きな直接的影響を及ぼす。未経験WOMと経験WOMを区別し，それぞれの影響要因を検討した本章は，(1)満足は未経験WOMと経験WOMの両方を生み出す，(2)特に，経験WOMの発信では，満足は重要な役割を果たしているという新たな知見を加えた。WOM発信に対する満足の影響の背景には，コミュニケーションの楽しさの利己目標があると考えられる。つまり，自分が満足していない製品よりも，満足した製品のWOMを発信することで，楽しいというポジティブ感情が喚起されやすい。そのために，コミュニケーションの楽しさを得ようとする消費者は，相手が当該新製品の採用者であるか，未採用者であるかにかかわらず，自分が満足した製品のWOMを発信しようと考えるのである。

2. マーケティングへの示唆

　既存研究は，種まき戦略に対して，どんな種をまくか（Berger and Schwartz 2011），誰に種をまくか（Hinz et al. 2011）についての示唆を与えてきた。本章は新たに，どのように種をまくかについての示唆をもたらす。本章の結果によると，企業は種をまくのと同時に，サンプルを試用した消費者の市場反応予測を高めることで，彼らの未経験 WOM 意図を高めることができる。特に，カテゴリーユーザーによる未経験 WOM 意図の最大のドライバーは市場反応予測であることから，カテゴリーユーザーに無料サンプルを配布する際には，市場反応予測を高めることが強く求められる。そして，市場反応予測を高めるためには，製品に対して満足してもらうのはもちろん，製品を新しいと知覚してもらうことや，ブランドネームやパッケージといった非経験属性の評価を高めることもまた重要である。

　製品購買後のサンプル試用者の WOM 発信行動は，サンプル試用直後に形成された WOM 発信意図と一貫している。そのため，市場導入後の WOM 発信行動を生み出すために，市場導入前の種まきの際に高い WOM 発信意図を形成させる必要がある。また市場導入後には，購買者のブランド・コミットメントを高めることで，未経験 WOM 発信を引き出すことができる。ブランド・コミットメントが高くとも採用者には WOM を発信しないという結果が示唆するように，ブランド・コミットメントの高い消費者の WOM 発信は自己効力感に左右される。したがって，購買者による WOM 発信を促進するために，ブランド・コミットメントを高めるのと同時に，自己効力感を高めることも求められる。

［付記］本章は，斉藤嘉一（2014），「WOM 発信意思決定：新しいブランドの WOM 発信に対する市場反応予測とブランドコミットメントの影響」『流通研究』，16（2），119-147 を加筆・変更したものである。

(1) Berger and Schwartz（2011）が実証分析で用いたデータによると，WOM キャンペーンに参加した WOM プロモーション企業のパネルのうち，対象ブランドの WOM を全く発信していない消費者が 43%，1 回だけ WOM を発信した消費者が 24%，5 回以上

WOM を発信したのは全体の 6% に過ぎない。Godes and Mayzlin（2009）が行ったフィールド実験のデータによると，WOM プロモーションの対象となったレストランの顧客と WOM プロモーション企業のパネルが WOM を発信した相手の数の平均は，それぞれ約 3.0 人と約 2.6 人であった。また濱岡（2012）が用いた日本市場において実施された WOM プロモーションのデータでは，WOM キャンペーンに参加したパネルが WOM を発信した相手の数は平均 9.2 人であった。研究によってある程度の違いがあるものの，WOM プロモーションは必ずしも十分な WOM 発信を引き出せていない。

(2) ここでは，WOM 発信を動機付ける要因を検討した既存研究を参照しながら，考えられる利己目標を列挙した。ただし，現在までに知られていない利己目標もありうるため，ここでの議論は全ての利己目標を網羅することを目的としていない。したがって，表 9.1 はどんなブランドの WOM を誰に向けて発信したとき，少なくともどんな目標がよく満たされ，少なくともどんな目標がよく満たされないかを示したものと言える。

(3) Anderson（1998）によると，満足と WOM 発信は U 字型の関係にある，つまり，特定のブランドについて強く満足であればポジティブな WOM を，強く不満足であればネガティブな WOM をそれぞれよく発信し，満足が中程度のとき最も WOM を発信しにくいという。本章が注目する無料サンプル・プロモーションでは，サンプルが無料で消費者に提供される。そのため，対価を支払って入手した場合に比べて，ブランドに対して不満足であってもネガティブな WOM を発信しにくい。そのため，本章の WOM 意図得点はポジティブな WOM の発信意図を測定したものと見なすことができるし，ここでの満足→WOM 意図はプラスの関係にあると期待される。

(4) 「おいしい」「心地よい後味」という項目の内容は，経験属性に対する使用後の評価を捉えているようにも見える。しかし，これらの項目は，経験材の新製品のサンプルに対する満足を測定する項目として，内容的に適切と考えられる。サンプルは購買に関する意思決定を経ずに入手される。したがって，事前期待を持たずにサンプルを使用し，満足が形成される。そのため，経験材のサンプル満足と経験属性評価の概念領域はほぼ重複する。なお，満足を「この商品に満足している」という単一項目によって測定した場合でも，仮説検証の結果はほぼ同じであった。

(5) ここでの興味は，カテゴリーユーザーと非ユーザーの各グループにおいて，市場反応予測，満足，知覚された新しさ，非経験属性評価のそれぞれが，WOM 発信意図にどのような影響を及ぼすかを検討することにある。そのため，これらの概念の測定モデルに含まれるパラメーターの値はグループ間で等しい，即ち，測定不変である方が望ましい。ただし，優先すべきはグループ間での測定不変性よりも，モデルのデータへの適合度であるから，適合度が低下しない範囲でのみ，測定モデルに含まれるパラメーターに等値制約を置くことができる（等値制約を置くことで適合度が低下するのであれば，その制約は置くべきではない）。そこでここでは，(1)配置不変モデル（グループ間での等値制約を置かないモデル），(2)弱測定不変モデル（因子負荷量がグループ間で等しいという制約を置いたモデル），(3)強測定不変モデル（因子負荷量と観測変数の切片がグループ間で等しいという制約を置いたモデル），(4)厳密な測定不変モデル（因子負荷量，観測変数の切片，残差の分散がグループ間で等しいという制約を置いたモデル）を順に推定し，これらの適合度を比較した。尤度比検定の結果，配置不変モデルと弱測定不変モデルでは適合度に有意差はないのに対して（LR = 8.22, Δd.f. = 9, p > .10），弱測定不変モデルと強測定

不変モデルでは，因子負荷量に加えて観測変数の切片にも等値制約を置くことで，適合度は有意に低下した（LR = 33.84, Δd.f. = 9, $p < .01$）。そこで，弱測定不変モデルを選択した。
(6) コミットメントのみを説明変数としたモデルでも，コミットメントの推定値は非有意であった。

第10章　よくフォローされるのはどんな消費者か

　非耐久財市場では連続的新製品が次々に導入されるが，少ない消費者の採用しか獲得できず，導入後まもなく市場から駆逐されてしまう新製品が少なくない（寺本 2012）。したがって，連続的新製品の採用者数を増やすことが非耐久財メーカーにとって重要な実務的課題となっている。この課題に対応するための方法の1つが，第7章で取り上げたオピニオンリーダー，即ち，他者への影響力の大きな消費者に未経験 WOM（word-of-mouth：クチコミ）やシグナルを発信させることで，他の消費者の採用を引き出すことである。オピニオンリーダーはフォロワーが作り出す。つまり，多くのフォロワーを獲得した消費者がオピニオンリーダーになる。

　本章では，フォロワー数，即ち，非耐久財の連続的新製品を先に採用した消費者が何人の消費者によってフォローされるかに注目し，フォローされやすい消費者のプロファイリングを行う。またここでの「フォローする―フォローされる」という関係は，新製品の採用タイミングの後先によって規定される関係であり，後から採用した消費者を先に採用した消費者のフォロワーと呼ぶ。以下ではまず，よくフォローされる消費者がなぜ重要であるか，そして，フォロワー数の定義を述べる。次に，フォロワー数の説明要因についての仮説を提示する。そして，非耐久財の購買履歴データと質問紙調査データを用いた実証分析を行うことによって，この仮説を検証する。

第1節　非耐久財の連続的新製品の採用に関する研究と本章の問題意識

　市場に導入された非耐久財の連続的新製品のいくつかは多くの消費者によって採用されるが，それ以外の新製品は少ない消費者の採用しか獲得できず，まもなく市場から撤退を余儀なくされる。本章の実証分析で用いた918世帯ぶんのビール（ビール，発泡酒，新ジャンルを含む）に関する購買履歴データによると，2006年からの3年半の間に41製品が新たに市場導入された[1]。これらの平均浸透率は10%，またこの期間内にパネル世帯が採用した新製品数の平均は4.1に過ぎない。このように，多くの新製品が十分な採用者を獲得できない状況では，採用者のリピート購買を獲得する以前に，まずは新製品の採用者数を増やすことが重要な課題となっている。

　非耐久財の連続的新製品の採用は価格やプロモーションなどのマーケティング変数によって影響される（例えば，Fader, Hardie, and Zeithammer 2003; Steenkamp and Gielens 2003）。非耐久財の連続的新製品の採用では，消費者は製品を認知しなくてはその製品を採用することはない。小売店頭で行われる特別陳列やチラシは，未採用者に新製品を認知させ，その新製品の採用を促進する。また，一般的に価格が低いほど製品は採用されやすくなる。しかし，マーケティング変数のみによって非耐久財の連続的新製品の採用が十分に説明されるとは限らない。図10.1は先に紹介した購買履歴データの一部を用いて描かれた2つの新製品の累積採用者数の推移を示している。これらは，時期は異なるものの同じ年に市場導入された，同じサブカテゴリーに含まれる製品である。市場導入してから4週間後までは製品AとBの採用者数はほぼ同じであるが，それ以降の採用者数は大きく異なる。これらの製品の価格，特別陳列，チラシといったマーケティング変数はそう大きく変わらないため，採用者数の差はマーケティング変数によって十分に説明されない。ここであげた2つの製品に限らず，非耐久財市場ではこのような現象がしばしば見られる。

図 10.1 異なる浸透パターン

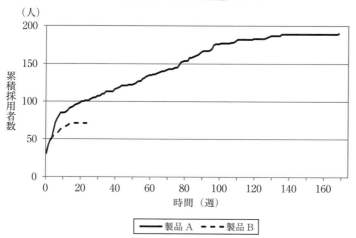

何が新製品間での累積採用者数の伸び方の違いを生み出すのだろうか。考えられる原因の1つは，消費者相互作用である。図10.1の製品Aは，市場導入後すぐにこれを採用した消費者を持っている。この消費者を消費者aと呼ぼう。同様に，製品Bを市場導入直後に採用した消費者もいる。この消費者を消費者bと呼ぼう。消費者aが採用した後，製品Aは多くの消費者が採用するのに対して，製品Bは消費者bが採用した以降，少ない消費者しか採用しない。消費者aとbは導入後まもなく製品AとBをそれぞれ採用するから，両者とも（それぞれの製品の）イノベーターと言える。しかし，この2人の消費者はフォローされる程度について大きく異なる。消費者aは多くの消費者によってフォローされる消費者，したがって，製品Aにとって採用者を大幅に増やす顧客価値の高い消費者であるのに対して，消費者bは他の消費者によってほとんどフォローされない，製品Bにとって価値の低い消費者と見なすことができる（Hogan, Lemon, and Libai 2003）。フォローされやすい消費者が新製品を採用すれば，以降，多くの消費者がその新製品を採用することによって累積採用者数は増加していく。したがって，非耐久財の連続的新製品の採用者数を増やすという実務的課題を達成するためには，イノベーターではなくフォ

ローされやすい消費者を識別し，彼らに向けて種をまいたり，彼らによる採用を引き出すことが求められる。

既存研究では伝統的に，耐久財の製品カテゴリーの採用を消費者相互作用によって説明・予測してきた（例えば，Bass 1969; Sultan, Farley, and Lehmann 1990）。一方，非耐久財の連続的新製品の採用における消費者相互作用の影響はほとんど検討されてこなかった。しかしながら，最近では非耐久財の連続的新製品の採用においても消費者相互作用が影響を及ぼしているという実証分析の結果が報告されている（Du and Kamakura 2011）。また理論的にも，消費者相互作用は非耐久財の連続的新製品の採用に影響を及ぼしていると考えられる。第7章で述べたように，耐久財の画期的新製品と比較して，非耐久財の連続的新製品に関する未経験WOM・シグナルの機能的・心理的影響は小さい。一方，情報的影響や社会的影響の大きさは，非耐久財の連続的新製品と耐久財の画期的新製品との間で，大きく変わらない（表7.1参照）。情報的影響や社会的影響のために，非耐久財の連続的新製品の累積採用者数は，誰が先に採用し，未経験WOMやシグナルを発信したかによって大きく異なると考えられる。

第2節　購買履歴データに基づくフォロワー数の定義

本章で注目する「フォローする―フォローされる」という関係は，新製品の採用タイミングの後先によって規定される関係であり，後から採用した消費者を先に採用した消費者のフォロワーと考える。購買履歴データでは，ある新製品を誰が先に採用し，誰が後から採用したかがわかる。そのため，購買履歴データを用いてフォロワー数を求めることができる。ここでの「フォローする―フォローされる」関係は，「影響した―影響された」という関係でも，「WOMやシグナルを発信した―受信した」という関係でもなく，「先に採用した―後で採用した」という関係であることに注意してほしい。購買履歴データからは影響―被影響関係やWOMやシグナルの発信―受信関係はわからない

が，採用した順序はわかる。そのため，購買履歴データに基づいて，採用タイミングの後先という意味でのフォロワー数を求めることができる。

ある新製品を 1 期目に消費者 1 が，2 期目に消費者 2 が，3 期目に消費者 3 が採用した状況を考えてみよう。このとき，消費者 2 は消費者 1 のフォロワーであり，消費者 3 は消費者 1 と 2 のフォロワーである。ここで，t 期において新たに獲得するフォロワー数は，既に新製品を採用した消費者間で等しいと考える。消費者 3 は消費者 1 と 2 の 2 人のフォロワーであるから，消費者 2 のフォロワー数は .5（= 1/2）である。消費者 1 は第 2 期に 1 人のフォロワー（消費者 2）を，第 3 期に .5 人のフォロワー（消費者 3）を獲得するから，総フォロワー数は 1.5 である。消費者 3 の後に採用した消費者はいないため，消費者 3 のフォロワー数は 0 である。

一般的には，消費者 i が持つ製品 j についてのフォロワー数は，次式によって表される。

$$\text{Followers}_{ij} = \sum_{t > \tau_{ij}} \frac{s_j(t)}{\sum_{t=1}^{t-1} s_j(t)} \tag{10.1}$$

ただし，$s_j(t)$ は期間 t における製品 j の新規採用者数，τ_{ij} は消費者 i が製品 j を採用した期間である。特定の製品 i について見れば，τ_{ij} が小さいほど，つまり，採用タイミングが早いほど，フォロワー数は必ず多い。

図 10.2 に示したように，ある新製品が市場導入された後，1 期目に 5 人，2 期目に 3 人，3 期目に 1 人がそれぞれこの製品を採用し，3 期目の終わりの時点で終売を迎えたとしよう。この場合，2 期目に採用した 3 人は，1 期目に採用した 5 人のフォロワーである。1 期目の採用者が 2 期目に獲得するフォロワーは 1 人当たり .6 人（= 3/5）である。3 期目に採用した 1 人は，2 期目までに採用した 8 人のフォロワーである。したがって，1 期目と 2 期目の採用者が 3 期目に獲得するフォロワーの数は 1 人当たり .125 人（= 1/8）である。この製品は 3 期目の終わりの時点に市場から撤退したため，1 期目から 3 期目の採用者が 4 期目以降に獲得するフォロワー数は 0 である。したがって，1 期目の採用者が持つ総フォロワー数は .725（= .6 + .125），2 期目の採用者が持つ

第2節　購買履歴データに基づくフォロワー数の定義　213

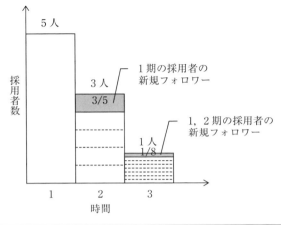

図 10.2　フォロワー数

	時間			合計
	1期	2期	3期	
採用者	5	3	1	（最終的な採用者数） 9
フォロワー				（総フォロワー数）
1期の採用者	—	3/5	1/(5+3)	3/5 + 1/8
2期の採用者	—	—	1/(5+3)	1/8
3期の採用者	—	—	—	0

フォロワー数は .125, 3期目の採用者が持つフォロワー数は 0 である。9 人の採用者の平均フォロワー数は .444（= (.725 × 5 + .125 × 3 + 0 × 1)/9）である。

10.1 式によってフォロワー数を定義することは，当該製品の最終的な採用者数（潜在市場規模）を各採用者が持つフォロワー数に分解していることを意味する。つまり，各採用者のフォロワー数の合計と1期目の採用者数の和は，その製品の最終的な採用者数となる。上記の例では，.725 人のフォロワーを持つ消費者が 5 人（1 期目の採用者），.125 人のフォロワーを持つ消費者が 3 人（2期目の採用者），0 人のフォロワーを持つ消費者が 1 人（3 期目の採用者）いるから，最終的な採用者数は .725 × 5 + .125 × 3 + 0 × 1 + 5 = 9 である。このように，最終的な採用者数は各採用者が持つフォロワー数へと分解されるた

め，各採用者のフォロワー数が予測できれば，この予測値を合計することによって潜在市場規模を予測することができる。また各採用者のフォロワー数の合計と1期目の採用者数の和は，その製品の最終的な採用者数となることから明らかなように，2期目以降の採用者が持つフォロワー数を平均すると必ず1になる。

第3節 仮　　説

　ある消費者がある製品について何人のフォロワーを持つかは，その消費者がその製品を採用した以降の未採用者による採用に依存する。つまり，消費者 i が製品 j を採用した以降，多くの未採用者が製品 j を採用するならば，消費者 i は製品 j について多くのフォロワーを持ち，ほとんどの未採用者が製品 j を採用しないならば，消費者 i が製品 j について持つフォロワー数は少ない。

1．採用者の影響力

　採用者が大きな影響力を持つとき，つまり，多くの未採用者による採用を促進するとき，多くのフォロワーを持つ。採用者が未採用者に対して持つ影響力は，(1)採用者によって発信され，未採用者によって受信される未経験WOM・シグナルの量と，(2)受信されたWOMやシグナルが未採用者の製品採用に影響を及ぼす程度によって決まる。

リピート購買　非耐久財は購買間隔が短く，また非耐久財を販売する店舗への来店間隔が短いため，一般的に購買場面の可視性が高いという特徴を持つ。耐久財のシグナルに関する既存研究では，使用場面の可視性を考えてきた (Bearden and Etzel 1982; Fisher and Price 1992)。例えば，自動車や携帯電話・スマートフォンは他者に使用場面が見えるために可視性が高いが，掃除機や冷蔵庫は通常自宅内で使用され，他者が使用場面を見る機会が少ないために可視性が低い。耐久財は購買間隔が長く，したがって，採用者の購買場面を見る機会は無視できるほど少ないから，使用場面の可視性だけを考えれば十分であ

り，購買場面の可視性に注目する必要はない。これに対して，購買間隔が短い非耐久財については，消費者が店舗内で（レジの列で，陳列棚の前で，また通路で）他者がどの製品を購買しているかを目にする機会が多い。また非耐久財の中でもビールや菓子といった製品カテゴリーについては，他者の使用場面を目にすることも少なくない。

　非耐久財は購買場面の可視性が高く，また製品カテゴリーによっては使用場面の可視性も高いことから，採用者が発信するシグナルの量は，その製品のリピート購買頻度に大きく依存する。採用者の中には，その製品をリピート購買する採用者とリピート購買しない採用者がいる。頻繁にリピート購買する採用者ほど，未採用者に発信するシグナルの量は多い。つまり，ある採用者がよくリピート購買するほど，その採用者がその製品を購買・使用している場面を未採用者が目にする機会は増加する。そして，未採用者は購買場面や使用場面を目にすることによってその製品の存在を知るようになる（リピート購買が生み出すシグナルの情報的影響）。そこで，

H1：採用製品のリピート購買とフォロワー数はプラスの関連性を持つ。

マーケット・メイブンシップ　第7章で述べたように，マーケット・メイブンシップはWOM発信を引き起こす。マーケット・メイブンシップの高い消費者ほど，採用した製品のWOMを積極的に発信し，より多くの未採用者に新製品の存在を知らせることによって，未採用者の新製品採用を促進すると考えられる（マーケット・メイブンシップが生み出すWOMの情報的影響）。第7章で議論したように，一般的に，非耐久財の連続的新製品の採用にあたって未採用者が知覚する機能的リスクは小さい（非耐久財は購買関与が低く，またカテゴライゼーションによる機能的便益の推論が可能である）。そのため，非耐久財の連続的新製品については，マーケット・メイブンが持つ機能的影響は小さい。とは言え，マーケット・メイブンの発信したWOMを偶発的に受信した未採用者が，WOM対象製品の機能的便益を理解し，これを採用するようになることも

あると考えられる（マーケット・メイブンシップが生み出すWOMの小さい機能的影響）。そこで，

H2：マーケット・メイブンシップとフォロワー数はプラスの関連性を持つ。

未採用者にとっての魅力度　このように，ある採用者が未採用者に及ぼす情報的影響の大きさは，シグナルやWOMの発信量によって規定される。これに対して，採用者が持つ社会的影響の大きさは，シグナルやWOMの発信量だけでなく，その採用者が未採用者にとって魅力的であるかにも依存する。

　製品のユーザーイメージは，購買意思決定に大きな影響を及ぼすことが知られている（例えば，Escalas and Bettman 2003; Keller 1998）。ユーザーイメージは採用者が発信するシグナルやWOM，そして，その採用者に関する情報に基づいて形成される（例えば，Keller 1998）。消費者はシグナルやWOMを受信するとき，発信者に関する情報も同時に取得する。例えば，店舗内である見知らぬ他者がある製品を購買している場面を目にした消費者は，その他者がその製品のユーザーであることを知り，そして，外見を手がかりにその他者が自分にとってどの程度魅力的であるかを判断する。また，消費者は友人や家族がある製品を使用している場面を見たり，彼らと製品について会話をすることがある。消費者は友人や家族に関する豊富な知識を保持しているが，使用場面を見たり，WOMを受信することで，その友人や家族がその製品のユーザーであることを新たに知るようになる。シグナルやWOMに含まれる発信者と当該製品との行動的・心理的関わりについての情報と，シグナルやWOMと同時に取得される，あるいは，事前に保持されている発信者に関する情報に基づいて，その製品のユーザーイメージが形成される。

　このように，ユーザーイメージはシグナルやWOMに基づいて形成されるため，シグナルやWOMの発信量が多い採用者の方が，未採用者が持つ製品のユーザーイメージの形成に大きく貢献する。前述のように，シグナルやWOMの発信量はリピート購買やマーケット・メイブンシップと関連するか

ら，リピート購買やマーケット・メイブンシップが高く，かつ，未採用者にとって魅力的な採用者ほど，多くのフォロワーを持つと考えられる（シグナルやWOMの社会的影響）。そこで，

H3a：未採用者にとっての魅力度が高く，かつ，採用製品のリピート購買が多いとき，フォロワー数は多い。
H3b：未採用者にとっての魅力度が高く，かつ，マーケット・メイブンシップが高いとき，フォロワー数は多い。

2. 市場反応予測の精度

　前節で述べたように，ここでのフォローは採用タイミングの後先によって規定される関係である。そのため，フォロワーはその採用者の影響を受けて採用した消費者とは限らない。ある採用者からのシグナルやWOMを受信することなく採用した消費者でも，その採用者よりも後に採用した消費者であれば，この採用者のフォロワーとしてカウントされる。したがって，未採用者の製品採用に大きな影響を与える消費者だけが多くのフォロワーを獲得するわけではない。将来多くの消費者に採用される製品を高い精度で予測し，これをいち早く採用する消費者もまた，多くのフォロワーを獲得する（cf. Eliashberg and Shugan 1997）。

　第9章の結果から示唆されるように，製品を用いて先進的自己を呈示しようとする消費者は，将来，多くの消費者によって支持される製品，即ち，市場反応予測の高い製品を，他の消費者よりも先に採用しようとする。第9章の市場反応予測概念はその精度を問わない概念であるが，予測精度は消費者によって異なるはずである（清水2013）。そして，市場反応予測の精度，特に，他者の購買に関する予測の精度が高い消費者ほど，多くのフォロワーを獲得する。他者の購買に関する予測の精度は，製品カテゴリー内の特定の製品のみを購買・使用してきた消費者よりも，多くの製品の使用経験を持ち，したがって，多様な製品についての知識を持つ消費者の方が高いと考えられる。そこで，

H4：購買経験を持つ製品数が多いほど（購買経験の幅が広いほど），フォロワー数は多い。

第4節　データと方法

1. データ

　これらの仮説を検証するために，首都圏のある小売店舗で収集された918世帯ぶんのビール（ビール，発泡酒，新ジャンルを含む）に関する購買履歴データと，パネル世帯を対象とした質問紙調査によって収集されたデータを用いて実証分析を行った。なお，パネル世帯同士は，店舗内で，また店舗外で多かれ少なかれシグナルやWOMの発信と受信を行ったと考えられるが，ここで用いたデータでは，これらは観測されていない。

　データ期間は2005年4月1日から2011年2月28日までである。このうち，2005年4月1日から2005年12月31日までの8ヶ月間をイニシャライゼーション期間とした。対象とした製品は，2006年1月1日から2009年6月30日までに市場導入された製品のうち，地ビール製品と季節限定製品を除く41製品である（2009年7月1日以降のデータ期間内にも10製品が導入された。これらの製品についてはデータ期間内では累積採用者数が飽和せず，データ期間以降も新規採用者が大幅に増加していくと考えられる。そこでここでは，これらの製品を分析対象から除いた）。分析対象41製品のパネル内浸透率は，最大で31%，最小で1%，平均で10%である。41製品のうち34製品は，2011年1月1日以降のデータ期間内の新規採用者数は0であり，それ以外の7製品についても，データ期間の終わりには新規採用者はほとんど伸びていない。

　スキャナー・パネル・データに含まれる918世帯のうち，新製品を少なくとも1つは採用した世帯は640，そして918世帯×42製品のうち，新製品を採用したケースは延べ3,764である。本章の目的は，対象製品を採用したことを所与として，この消費者が獲得したフォロワー数を説明することにあるため，対象製品を採用しなかった（したがってフォロワー数が0の）34,792ケースは

データから除いた。採用した新製品の数は，最も多いパネルで38,640世帯の平均は6.5製品，また前述のように918世帯の平均は4.1製品である。

ここでは，新製品を採用した3,764ケースについて，パネル内でのフォロワー数を求めた（したがって，ここでのフォロワー数は市場全体でのフォロワー数ではない）。本章で用いた購買履歴データは製品の購買年月日の記録を含むことから，採用タイミングの後先を日別で特定することができる。この日別の採用タイミングに基づいてフォロワー数を求めた。パネル世帯のうち最も遅く対象製品を採用した（したがって，フォロワー数が0の）42ケースは一部の説明変数が定義できないため，データから除いた。したがって，推定に用いたデータは3,722オブザベーションを含む。

1人の消費者が1つの製品について獲得したフォロワー数は，平均が.98,最大で8.45，最少で.004であった。消費者ごとにフォロワー数を合計すると，合計フォロワー数が最大の消費者は，25製品を採用し，合計で62.00人をフォロワーとして獲得していた。したがって，この消費者が1製品について獲得した平均フォロワー数は2.48人である。同様の方法で平均フォロワー数を求めたところ，多くの消費者の平均フォロワー数は1以下であったが，平均フォロワー数が2以上の消費者も何人か存在した。

2. 方　　法

このデータを次のようなガンマ回帰モデルにあてはめた。

$$\text{Followers}_{ij} \sim \text{Gamma}(\lambda_{ij}, \alpha) \tag{10.2}$$

$$\begin{aligned}\lambda_{ij} = \exp[&\beta_0 + \beta_1 \text{Repeat}_{ij} + \beta_2 \text{Market Mavenship}_{ij} \\&+ \beta_3 \text{Repeat}_{ij} \times \text{Attractiveness}_{ij} \\&+ \beta_4 \text{Market Mavenship}_i \times \text{Attractiveness}_{ij} \\&+ \beta_5 \text{Attractiveness}_{ij} + \beta_6 \text{Width}_{ij} + \beta_7 \text{Display}_{ij} + \beta_8 \text{Feature}_{ij} \\&+ \beta_9 \text{Price}_{ij} + \beta_{10} \text{Adoption}_{ij}\end{aligned} \tag{10.3}$$

ただし，Repeat_{ij}は消費者iが製品jを採用した以降，データ期間内に製品jをリピート購買した個数を100で割ったもの，$\text{Market Marvenship}_i$は消費者i

のマーケット・メイブンシップ，$Attractiveness_{ij}$ は消費者 i が製品 j を採用した時点で製品 j をまだ採用していない消費者にとっての消費者 i の魅力度である。10.3 式は仮説として設定していない採用者の魅力度の主効果を含んでいる。採用者の魅力度はシグナルや WOM の量の効果を調整する役割を担っており，採用者の魅力度自体はフォロワー数に影響を及ぼさないと考えられる（魅力的な採用者でも，シグナルや WOM を発信しなければ，多くのフォロワー数を獲得しない）。そこでここでは，採用者の魅力度の効果が 0 と有意に異ならないことを確認するために採用者の魅力度を説明変数に含めた。$Width_i$ はイニシャライゼーション期間において消費者 i が購買した製品の数である（ここでの製品は，イニシャライゼーション期間に市場導入された製品だけでなく，データ期間の以前から市場にあった製品も含む）。

先に述べたように，非耐久財の連続的新製品の採用は，特別陳列やチラシ，また価格といったマーケティング変数によって影響される。したがって，消費者が持つフォロワー数はその消費者が採用した以降の特別陳列，チラシ，価格の水準によって影響されると考えられる。$Display_{ij}$ と $Feature_{ij}$ はそれぞれ，消費者 i が製品 j を採用した期間（τ_{ij} 期）以降の製品 j の特別陳列実施率とチラシ掲載率である。また $Price_{ij}$ は τ_{ij} 以降の製品 j の 1ml 当たり平均価格である。

先に述べたように，1 つの製品について見れば採用タイミングが早いほどフォロワー数は必ず多い。これまでにあげた説明変数は採用タイミングとある程度の関連性を持つと考えられる。そこで，採用タイミング $Adoption_{ij}$ をコントロール変数として説明変数に含めた。これにより，他の説明変数の影響の推定値は採用タイミングによって説明されない消費者特性がフォロワー数に及ぼす影響の大きさを捉える。具体的には，10.3 式に含まれる $Adoption_{ij}$ は，新製品 j の導入日から消費者 i がこれを採用した日までの経過日数を 100 で割ったものである。なお，新製品 j の導入日は最初の採用者がこれを採用した日の 1 日前とした。α はガンマ分布の形状パラメター，$\beta_1 \sim \beta_{10}$ は各説明変数の影響を捉えるパラメターである。

3. 測　　度

マーケット・メイブンシップ　マーケット・メイブンシップと製品 j の未採用者にとっての消費者 i の魅力度はパネルメンバーを対象とする質問紙調査によって測定された。マーケット・メイブンシップの測定では，Feick and Price (1987) のマーケット・メイブン尺度をこの質問紙調査にあわせて変更したものを用いた。この尺度は「新しい商品やブランドを人に紹介するのが好きだ」「様々な商品の情報を提供して，人の手助けをするのが好きだ」「どこで何を買うべきか，人からよく聞かれる」「どこで何を買うべきか，人から聞かれたときに答えられる自信がある」「新商品の情報源として，人から頼りにされている」「いろいろな商品や店の情報を知っていて，そのことを他人と話すのが好きだ」という 6 項目から構成され，各項目について「はい」「いいえ」の 2 件法によって回答を求めるものである。KR-20 係数は .72 であることから，信頼性は受容できる程度に高い。この項目得点の合計をマーケット・メイブンシップ得点とした。

未採用者にとっての魅力度　質問紙調査では，パネルに対していくつかのファッション・ブランドを提示し，それぞれに対する態度を 2 件法で回答するよう求めた。ここでは，ファッション・ブランドに対する態度に基づいて，未採用者にとっての採用者の魅力度を定義した。ファッション・ブランドは可視性が高く，どのブランドを身に着けているかが他者にわかることが多い。例えば，ある消費者がナイキのスニーカーを履いて買い物をしていれば，これを見た他の買い物客は彼がナイキの使用者であることがわかる。Fennis and Pruyn (2007) によると，他者に対する印象を形成する際，ブランドは手がかりとして用いられ，ブランドの使用者に対して持つ印象は，そのブランドのパーソナリティと一貫しているという。このことは，自分にとって好ましいファッション・ブランドを他者が身に付けているとき，消費者はその他者に対して好ましい印象を持つことを示唆している。また他者が身につけているブランドが何かを特定できなくても，ブランドによってそのトーンはおおむね決まっているため（例えば，GAP はカジュアル，Gucci はシックで都会的），他者の服装のトーンが自分の

好みにあっているかはわかる。したがって，未採用者が採用者の購買場面や使用場面を目にするとき，また採用者とブランドについて会話するとき，採用者が身につけているブランド，あるいは服装のトーンを手がかりに，その採用者の魅力度を判断すると考えられる。

そこでここでは，複数のファッション・ブランドに関する2値の態度データを用いて，以下のような方法で未採用者にとっての採用者の魅力度を定義した。まずファッション・ブランドに関する2値の態度データに基づいて，消費者間でのファッション・ブランドに対する態度の類似度行列を求めた。類似度はJaccard類似性によって定義した。Jaccard類似性は2値データに基づいて2つの対象間の類似性を求める方法の1つであり，消費者iとkのJaccardの類似性は次式によって定義される。

$$\text{Similarity}_{ik} = \frac{n_{11}}{n_{11} + n_{01} + n_{10}} \tag{10.4}$$

ただし，n_{11}は消費者iとkの両方が好ましいと回答したファッション・ブランドの数，n_{10}はiのみが，n_{01}はkのみが好ましいと回答したファッション・ブランドの数である。Jaccard類似性は0から1の間の値をとり，1に近いほど対象間の類似度が高いことを表す。

消費者iがビール製品jを他のどの消費者よりも先に採用したとき，消費者i以外の全ての消費者が未採用者として市場に残っている。いったんビール製品jを採用すれば，その消費者は未採用者ではなくなるから，採用者数が増加するにつれて，市場に残っている未採用者は減少していく。ここでは，未採用者にとっての採用者の魅力度を，市場に残っている未採用者とのファッション・ブランドに対する態度の類似度の平均によって定義した。即ち，

$$\text{Attractiveness}_{ij} = \frac{1}{N_{ij}} \sum_{k \in C_{ij}} \text{Similarity}_{ik} \tag{10.5}$$

である。ただし，C_{ij}は消費者iがビール製品jを採用した期（τ_{ij}期）の終わりにおけるビール製品jの未採用者の集まり，N_{ij}はC_{ij}のサイズ，即ち，τ_{ij}期の終わりのビール製品jの未採用者数である。この定式化に従えば，多くの未採

用者によって好まれているファッション・ブランドが好きな消費者ほど魅力度が高い。したがって，ある消費者がビール製品を採用したとき，市場に自分とファッションの好みの似た他者が未採用者として市場に多く残っていれば，その消費者の魅力度は高い。一方，自分とファッションの好みの似た他者の多くがあるビール製品を採用した後で，そのビール製品を採用した場合には，その消費者の未採用者にとっての魅力度は低い。

10.3 式は説明変数として2つの交互項を含むが，$Repeat_{ij} \times Attractiveness_{ij}$ と $Repeat_{ij}$ の相関と，$Market\ Marvenship_i \times Attractiveness_{ij}$ と $Market\ Marvenship_i$ の相関は，いずれも高い（それぞれ，.81，.78）。そこでここでは，リピート購買，マーケット・メイブンシップ，採用者の魅力度については，元の変数の代わりに偏差を用いた。またここでは，全体モデル（10.3 式）だけではなく，比較モデルとして，説明変数としてマーケティング変数と採用タイミングのみを含むモデル（10.3 式において $\beta_1 \sim \beta_6$ を 0 に制約したモデル）も推定した。

第5節 結果：魅力的な発信者がよくフォローされる

推定結果は表 10.1 に示されている。尤度比検定の結果，提案モデルは比較モデルよりも，統計的に有意によくデータにフィットした（LR = 95.0, d.f. = 6, $p < .01$）。このことから，フォロワー数を説明する上で，マーケティング変数と採用タイミングに加えて，本章で注目した消費者特性を考慮することは意味があることがわかる。以下，提案モデルの結果を見ていこう。

リピート購買の影響は，プラスで有意であることから，H1 は支持された（$\beta_{\text{リピート購買}} = .23, p < .01$）。採用者のリピート購買は採用者がその製品のシグナルを発信する量を捉える。リピート購買の影響がプラスで有意であったことは，採用製品のシグナルの発信量が多い消費者ほど，多くの未採用者の製品採用に対して情報的影響を及ぼし，したがって，多くのフォロワーを獲得することを示唆している。

224　第 10 章　よくフォローされるのはどんな消費者か

表 10.1　推定結果

説明変数	提案モデル	比較モデル
切片	.87***	1.01***
消費者特性		
リピート購買（H1）	.23***	
マーケット・メイブンシップ（H2）	.01	
リピート購買 × 魅力度（H3a）	2.99**	
マーケット・メイブンシップ × 魅力度（H3b）	.62**	
魅力度	-.08	
購買経験製品数（H4）	.02***	
マーケティング変数		
陳列	-2.42***	-2.49***
チラシ	.56***	.61***
価格	4.60***	4.70***
採用タイミング	-.28***	-.29***
形状パラメター	2.02***	1.98***
対数尤度	-2,160.4	-2,207.9

***：99%信頼区間に 0 を含まない
**：95%信頼区間に 0 を含まない
*：90%信頼区間に 0 を含まない

　一方，マーケット・メイブンシップの影響は非有意であったことから，H2は棄却された（$\beta_{マーケット・メイブンシップ}= .01, p > .10$）。H2 が棄却されたことは，以下の 2 つのことを示唆している。1 つは，マーケット・メイブンが発信するWOM を受信するタイミングは，小売店頭に陳列されている新製品を見たり，他者の購買・使用場面のシグナルを受信したり，新製品の広告を見たりすることで新製品の存在を知るよりも遅いことである。マーケット・メイブンからのWOM を受信するよりも先に，未採用者が上記のような方法で新製品の存在を知るならば，マーケット・メイブンの発信する WOM は情報的影響を持たないことになる。つまり，消費者が持つ情報的影響の大きさは，その消費者が発信する WOM やシグナルの量だけでなく，発信のタイミングにも依存する。もう 1 つは，非耐久財の連続的新製品については，マーケット・メイブンのWOM が未採用者の採用に及ぼす機能的影響は無視できるほど小さいことである。

採用者の魅力度とリピート購買の交互効果は有意であり，その符号はプラスである（$\beta_{\text{リピート購買×採用者の魅力度}} = 2.99, p < .05$）。このことから，H3a は支持された。この結果は，製品についての多くのシグナルや WOM が未採用者にとって魅力的な採用者によって発信されたとき，その製品を採用することによって好ましい社会的便益を得ることができると考える未採用者が増加し，採用者数が増えることを示している。

またマーケット・メイブンシップと採用者の魅力度の交互効果も有意で，符号はプラスであることから，H3b も支持された（$\beta_{\text{マーケット・メイブンシップ×採用者の魅力度}} = .62, p < .05$）。このことは，非耐久財の連続的新製品に関する WOM は社会的影響を持っており，未採用者にとっての魅力度が高いマーケット・メイブンによって発信された WOM は，未採用者の採用を促進することを示唆している。

また期待された通り，採用者の魅力度の主効果は非有意であった。採用者の魅力度自体はフォロワー数とは関連性がないが，未採用者にとっての魅力度の高い消費者が，採用した製品をよくリピート購買したり，マーケット・メイブンシップが高い場合に，多くのフォロワーを獲得するのである[2]。

イニシャライゼーション期間において購買した製品数の影響は，プラスで有意であった（$\beta_{\text{購買経験製品数}} = .02, p < .01$）。したがって，H4 は支持された。購買経験のある製品数は製品知識の多様性を，したがって，将来の採用者数の予測精度を反映していると考えられる。この結果は，多くの製品について製品知識を持ち，したがって，将来の採用者数の予測精度が高い消費者ほど，多くのフォロワーを持つことを示唆している。また期待された通り，特別陳列，チラシ，価格の影響はいずれも有意で，その符号は特別陳列とチラシがプラス，価格はマイナスであった。

第6節　まとめ

本章では，ビールに関する購買履歴データとパネルメンバーに対する質問紙

調査によって収集された消費者特性データを組み合わせることによって，よくフォローされる消費者のプロファイリングを行った。その結果，(1)採用した製品のリピート購買が多い消費者ほどフォロワー数は多いこと，(2)特に未採用者にとっての魅力度が高い消費者ほど，フォロワー数に対するリピート購買の効果は大きいこと，(3)消費者のマーケット・メイブンシップ自体はフォロワー数に影響しないが，マーケット・メイブンシップが高く，かつ未採用者にとっての魅力度の高い採用者は，多くのフォロワーを獲得すること，そして，(4)多くの製品の購買・使用経験があり，したがって，将来の採用者数の予測精度が高い消費者ほどフォロワー数は多いことが示された。

1. 理論的貢献

既存研究では，耐久財の新製品の採用における消費者相互作用の影響に注目し，非耐久財の連続的新製品の採用における消費者相互作用の影響は，これまでほとんど検討されてこなかった。なぜなら，非耐久財の連続的新製品は知覚された機能的リスクが小さいため，未採用者は耐久財の画期的新製品を採用するときのように機能的便益についてのWOM情報を積極的に探索しないためである。しかしながら，非耐久財の連続的新製品に関するWOMやシグナルを偶発的に受信することは少なくない。

本章では，消費者が持つフォロワー数は，未採用者にとっての採用者の魅力度とWOMやシグナルの発信量の交互効果に依存するという結果を得た。このことは，非耐久財の連続的新製品の採用に対して，採用者が発信するWOMやシグナルは社会的影響を及ぼすことを示唆している。つまり，「このビール製品は自分にとって魅力的な人が飲んでいる」という情報が新製品採用を促進する。このような社会的影響が，フォロワー数の差を生み出す原因の1つになっている。

2. マーケティングへの示唆

連続的新製品が次々に導入される非耐久財市場では，少ない消費者の採用し

第6節 まとめ　227

か獲得できず,導入後まもなく市場から駆逐されてしまう製品も少なくない。非耐久財の連続的新製品については,同じように採用タイミングの早い消費者の中に,よくフォローされる消費者とフォローされない消費者がいる。よくフォローされる消費者がいち早く採用すれば,以降,多くの未採用者が当該製品を採用することによって累積採用者数は増加していく。したがって,非耐久財については,自社製品の採用者数を増やすという実務的課題を達成するためには,よくフォローされやすい消費者を識別し,彼らによる採用を引き出すこと,また,よくフォローされやすい消費者を作り出すことが求められる。

　本章の分析結果は,採用者数を増やすという実務上の課題に対して,いくつかの示唆を与える。1つめに,採用者のリピート購買を増やすことによって,新たな採用者が増えることである。採用製品のリピート購買が増えるとき,未採用者が受信するシグナルの量が増加し,当該製品を認知する未採用者の数が増加する(シグナルの情報的影響)。2つめに,特に,未採用者にとって魅力度の高い採用者をターゲットとして,彼らのリピート購買を増やすことで,より多くの採用者を獲得することができる。未採用者が彼らにとって魅力的な採用者の購買・使用場面を目にしたとき,未採用者は当該製品について好ましい社会的便益を持つようになるためである(シグナルの社会的影響)。同様に,全てのマーケット・メイブンではなく,未採用者にとって魅力度の高いマーケット・メイブンのみをターゲットにすべきである(WOMの社会的影響)。非耐久財の連続的新製品については,WOMの受信者にとって,発信者が何を話すかよりも,発信者が魅力的かが重要なのである。

(1) ビールカテゴリーでは一般的に,同じブランドが付けられた様々なサイズ(例えば,350 ml, 500 ml),様々な本数(例えば,1本,6缶パック,24本ケース)のSKU(あるいは,アイテム)がある。ここでの製品は,同じブランドのSKUを集計したものを指す。購買履歴データの分析では,ブランドごとに集計されたSKUをブランドと呼ぶことも多いが,本章では,消費者の購買対象を製品と呼ぶという本書の一貫した方針にのっとって,これを製品と呼ぶ。
(2) 採用者の魅力度の主効果は非有意であったことは,ここでの採用者の魅力度はターゲティングの効果を捉えていないことを示唆している。本章では,採用者の魅力度を採用者

と未採用者との間でのファッション・ブランドに対する態度の類似性として定義した（10.4 式と 10.5 式）。企業がファッション・ブランドに対する態度が類似した消費者セグメントをターゲットとして設定したとき（あるいは，ターゲット・セグメントを構成する消費者間でファッション・ブランドに対する態度が類似していたとき），そのターゲット・セグメント内のある消費者が採用すれば，消費者相互作用の効果ではなく，ターゲティングの効果によって，そのセグメント内の他の消費者も採用する可能性が高い。このようなターゲティングの効果が起きているならば，採用者の魅力度の主効果はプラスで有意になるはずである。採用者の魅力度の主効果が非有意であり，採用者の魅力度とリピート購買やマーケット・メイブンシップとの交互効果が有意であったことは，採用者の魅力度がターゲティングの効果ではなく，消費者相互作用の効果を捉えていることを示唆している。

終章　本書の貢献と展望

　序章で述べたように，本書の主な目的は，(1)現代的環境における消費者意思決定プロセスを検討すること，そして，(2)これを通じて，現代的環境の下での製品間の競争・共生関係の形成のされ方を明らかにすることであった。本章では，これまでの内容をまとめ，上記の目的をどの程度達成したかを検討する。また，これを受けて，今後の研究の展望を議論する。

第1節　ファインディングス

　製品間の競争・共生関係は，消費者が製品の組み合わせがもたらす便益をどのように捉えているかに大きく依存する。製品の組み合わせの便益には，共通便益，（それぞれの製品の）固有便益，そして，併用便益がある。

　共通便益と固有便益は，製品間のスタティックな競争関係，あるいは，これを規定する概念としての考慮集合と大きく関連している。共通便益はスタティックな競争関係を導く。2つの製品が共通便益を持っており，かつ，この共通便益が消費者の目標を一定以上によく満たすとき，これらの製品はこの消費者の考慮集合に一緒に含まれる。そして，同じ考慮集合に含まれる製品同士は，スタティックな競争関係を形成する。これに対して，固有便益はスタティックな非競争関係を導く。ある製品が固有便益を持ち，かつ，この固有便益によってのみ消費者の目標が達成されるとき，この製品のみが含まれるサイズ1の考慮集合が形成され，スタティックな競争が回避される。

　コモディティ化は，1つの製品カテゴリーに含まれる製品間で，共通の機能的便益が増加し，固有の機能的便益が減少することを意味する。そのため，コ

モディティ化が進むほど、スタティックな競争関係が形成されやすくなる。固有の機能的便益を持ち続けることが難しい現在、スタティックな競争の回避は、自社製品がもたらす固有の社会的便益や心理的便益によって左右される。

1. 知識のネットワークとスタティックな競争の回避

第Ⅱ部（第3,4章）では、ブランドがもたらす心理的便益に注目した。サイズ1の考慮集合が形成され、その結果、スタティックな競争が回避されるという現象を説明する鍵概念が、ブランド・コミットメントである。つまり、消費者がある特定のブランドとの長期的関係を継続しようという意図を持つとき、購買意思決定プロセスにおいてそのブランドの製品のみを含む考慮集合を形成し続ける。

では、ブランド・コミットメントはどのように形成されるのだろうか。第4章では、ブランド・コミットメントに影響を及ぼす心的概念についての実証研究を行った。その結果、自己とブランドとの結び付きはブランド・コミットメントに対してプラスの直接効果を持つこと、そして、ノスタルジックな結び付きはブランド・コミットメントに対して直接効果を持たないが、自己とブランドとの結び付きを媒介として間接的にブランド・コミットメントを高めることが示された。一方、ブランド・ラブは小さな直接効果のみを持つか、あるいは直接効果を持たない。つまり、自己概念がブランド知識と強固に結び付くことで、スタティックな競争が回避されるのである。

2. 知識のネットワークと製品間のダイナミックな関係

第Ⅲ部（第5,6章）では、複数の購買機会にまたがったダイナミックな関係に注目し、共通の機能的便益を持つIT製品間のダイナミックな関係を検討した。前述のように、製品の機能的便益の同質化は1つのカテゴリー内だけでなく、複数のカテゴリー間にまたがって起こっており、近年は画期的新製品よりも漸進的新製品が市場導入されることが多い。IT製品はその典型と言える。

共通便益と固有便益は、製品間のダイナミックな関係にも大きく関連する。

耐久財について言えば，共通の機能的便益を持つ他の製品を先に採用することは，当該製品の採用に対してプラスの作用とマイナスの作用の両方を持っている。マイナスの作用は，共通便益が獲得済みになってしまい，当該製品を採用しても共通便益を追加的に獲得できなくなることである。プラスの作用は，メンタル・シミュレーションや類推といった情報処理によって当該製品の固有便益を容易に推論できるようになることである。

では，共通の機能的便益はダイナミックな競争関係と共生関係のどちらを生み出しているのだろうか。第6章では，IT製品の採用履歴を観測したパネルデータを用いた実証分析を行った。その結果，PCネットと携帯ネット，デジタルカメラとカメラ付き携帯電話，プラズマTVと液晶TVといった共通の機能的便益を持つIT製品は，いずれもダイナミックな共生関係にあることが示された。共通の機能的便益はスタティックな競争関係を導くと同時に，ダイナミックな共生関係も導くのである。

3. 消費者間の相互作用のネットワーク

第Ⅳ部（第7～10章）では，WOM（word-of-mouth：クチコミ）やシグナルを通じた消費者相互作用のネットワークに注目した。先に述べたように，現代の競争関係のマネジメントの鍵を握るのは，1つは第Ⅱ部で検討した心理的便益であり，もう1つは社会的便益である。第8章では，WOMがもたらす社会的便益に注目し，重要他者からの非耐久財についての経験WOMがスタティックな競争関係に及ぼす影響を検討した。実証分析の結果，重要他者からの経験WOMは，WOM対象製品の考慮を促進し，同時に他の製品が考慮集合に入ることをブロックすることで，WOM対象製品をスタティックな競争から回避させることが示された。重要他者に関する知識と自己知識は，経験WOMを受信する以前から，長期記憶内で強く結び付いている。重要他者が発信した特定の製品に関する経験WOMは，この重要他者と製品との行動的・心理的関わりについての情報を受信者にもたらす。重要他者に受容されるという所属欲求充足の目標を持つとき，WOM対象製品を購買することはこの目標の達成に貢

献し，それ以外の製品の購買は目標達成を妨げる。そのために，重要他者からの経験WOMはスタティックな競争を回避させるのである。

　企業はWOMやシグナルを直接コントロールできない。そのため，消費者がWOM・シグナルを発信しなければ，製品は社会的便益を持つようにならない。第9章では，これまでの消費者行動研究ではほとんど注目されてこなかったWOM発信意思決定を検討した。その結果，未経験WOMの発信と経験WOMの発信では，ドライバーが異なることが示された。つまり，未経験WOMの主要なドライバーは市場反応予測，満足，そして，ブランド・コミットメントである。これに対して，経験WOMの主要なドライバーは満足と知覚された新しさであり，市場反応予測やブランド・コミットメントは経験WOM発信には影響しない。

　オピニオンリーダーはフォロワーによって作られる。つまり，多くのフォロワーを獲得した消費者がオピニオンリーダーになるのである。では，どんな消費者が多くのフォロワーを獲得するのだろうか。第10章では，非耐久財の連続的新製品について，フォローされやすい消費者のプロファイリングを行った。その結果，未採用者にとって魅力的なリピート購買者やマーケット・メイブンは，より多くの消費者にフォローされることが示された。このことから，非耐久財の連続的新製品の採用に対して，シグナルやWOMは社会的影響を持つことが示唆された。

　このように，本書は製品の機能的便益の同質化とソーシャルメディアの浸透という特徴を持つ現代的環境における消費者の意思決定プロセスを明らかにすることに，ある程度成功していると言えるだろう。消費者が現代的環境に自らの購買意思決定プロセスを適応させた結果，製品間の競争・共生関係の形成のされ方も確実に変化している。競争・共生関係の形成について本書が明らかにしたことをまとめると，以下の3点である。(1)自己知識がブランド知識と強く結び付くことで，ブランド・コミットメントが高まり，スタティックな競争が回避されること，(2)重要他者が発信する経験WOMもまた，スタティックな競争の回避を導くこと，(3)共通の機能的便益はスタティックな競争関係を

導くが，同時にダイナミックな共生関係も導くことである．

第2節　消費者行動研究とマーケティングへの貢献

1. 消費者行動研究への貢献

消費者が設定する目標　これまでの消費者行動研究のメインストリームは，利己目標志向の問題解決としての購買意思決定や採用意思決定を検討するものであったと言ってよいだろう．つまり，消費者は利己目標のみを追求する存在であることを仮定し，この仮定の下で，消費者の行動を引き起こす心理的プロセスを解明しようとしてきたのである．

本書は，消費者の意思決定は利己目標志向とは限らないことを示唆するものである．第Ⅱ部では，自己とブランドが結び付くとき，消費者は購買意思決定プロセスにおいて利ブランド目標を設定することを示した．ブランドとの長期的関係を継続しようという意図であるブランド・コミットメントは，ブランドに対して存続・発展という利得を与えようという利ブランド目標を含んでいる．関係継続は消費者の側からだけでなく，ブランドの側からも関係を打ち切らないことによって実現されるから，関係継続のためには，自らが犠牲を払ってでもブランドを存続・発展させることが求められるためである．また，消費者の意思決定は購買に関する意思決定だけではない．WOM発信意思決定は，消費者が行うもう1つの意思決定である．第9章の実証分析の結果は，未経験WOMの発信意図は利他目標によって，また未経験WOMの発信行動は利ブランド目標によっても導かれることを示唆している．

このように，購買意思決定やWOM発信意思決定において，消費者は利ブランド目標や利他目標を設定しうることを示したのは，本書の消費者行動研究への貢献の1つであろう．もちろん，本書は消費者が意思決定において利己目標を設定することを否定するものではない．製品の機能的便益の同質化を受けてブランドを用いた差異化を試みる企業が増加し，またソーシャルメディアが浸透した現在の消費者意思決定は，利己目標だけで説明がつかないことも多い

ことを主張するものである。

生活者としての消費者　これまでの消費者行動研究の主な焦点は，代替的行動間での選択としての購買・採用意思決定プロセスの解明にあった。もちろん，消費者行動研究者は購買・採用意思決定プロセスとそれ以外の消費者の日常が独立しているわけではなく，これらは何らかの関連性を持つことを想定してきた。このことは，「消費者は生活者の一部である」という主張にも見てとれる。しかしながら，消費者意思決定プロセスが日常によってどのような影響を受けるのかは，必ずしも具体的に検討されてこなかった。

　本書は，代替的行動間での選択としての意思決定プロセスの背景にある消費者の日常が，購買・採用意思決定をどのように変化させるかに積極的に光をあてたようと試みたものと言える。第Ⅱ部で検討したブランド・コミットメントは，代替的行動間での選択としての購買意思決定プロセス（目標設定から購買まで）において形成されるのではない。日常生活においてブランド化された製品を使用する中で，自己概念とブランド知識が結び付くようになることで，ブランド・コミットメントが形成されていく。そして，強いブランド・コミットメントを形成した消費者は，購買意思決定プロセスにおいて利ブランド目標を設定するようになる。第Ⅲ部の製品間のダイナミックな共生関係もまた，ある製品カテゴリー，ないしは狭義の製品の採用意思決定プロセスの背後にある，他の製品カテゴリーに含まれる製品の使用なくして説明することができない。共通の機能的便益を持つ製品の組み合わせの一方を採用し，これを日常において使用することで，その製品に関する知識を獲得する。この製品知識が，メンタル・シミュレーションや類推によって他方の製品の固有便益を推論することを可能にする。第Ⅳ部のテーマであった消費者相互作用もまた，消費者の日常生活において蓄積された知識の影響を色濃く受ける。第8章で注目した経験WOMは，重要他者が発信したWOMだからこそ，購買意思決定に影響を及ぼす。家族や友人といった重要他者との日常的な交流を通じて形成された自己知識と他者知識の結び付きに，経験WOM，即ち，製品と他者との関わりについての情報が加わることで，経験WOMの対象製品だけを考慮するようにな

る。このように，日常生活において蓄積された製品知識，自己知識，他者知識，そしてこれらの結び付きは，購買意思決定プロセスに重大な影響を及ぼしているのである。

2．マーケティングへの貢献

スタティックな競争関係のマネジメントへの貢献　製品の機能的便益の同質化とソーシャルメディアの浸透という変化が同時に起こっている現代的環境下において，スタティックな競争関係をマネジメントするために，企業はどのようなマーケティングを行うべきであろうか。本書は「差別化→競争回避，同質化→競争参加」という既存研究が提唱してきた図式に，いくつかの新たな知見を付け加える。

　差別化は，単に自社製品に固有の便益を持たせることではない。第2章で述べたように，差別化は自社製品への特殊的・排他的欲望を形成することを目的として，これが依拠する製品差異を創造する試みである。消費者行動の観点から言えば，消費者の目標が自社製品の固有便益によってのみ達成される状態を作り出そうとすることが，差別化と言える。ここで重要なのは，自社製品に固有の便益を持たせても，この固有便益が消費者の持つ目標を達成しない限り，スタティックな競争は回避されないということである。したがって，企業が差別化を行う際には，消費者が購買意思決定プロセスにおいて設定する目標を何らかの方法で間接的にコントロールすることが決定的に重要となる。

　現代の企業がスタティックな競争を回避する，つまり，消費者に自社製品のみを含む考慮集合を形成させるには，消費者の日常生活に働きかける，あるいは，日常生活において蓄積された知識を利用することが求められる。消費者がどのような目標を設定するかは，日常生活において蓄積された知識に大きく依存するためである。自己概念とブランド知識が強く結び付いたとき，消費者は購買意思決定プロセスにおいて利ブランド目標を設定するようになる。また自己知識と他者知識が強く結び付いているために，消費者は購買意思決定プロセスにおいて重要他者に受容されようという目標を持つようになる。

このことは，購買意思決定プロセスに入る以前に，自社製品がスタティックな競争を回避できるかがおおむね決まってしまうことを意味する。店舗内プロモーションを行ったり，低価格を設定したりといった購買意思決定時点への働きかけは，他の製品との競争関係が形成されていることを所与として競争関係の中で消費者選択を獲得するためには，言い換えれば，"レッド・オーシャン"で競争に勝つためには，効果的であろう。しかし，競争を回避するためには，即ち，"ブルー・オーシャン"を創造するためには，購買意思決定時点に働きかけることは効果的でない。競争回避を志向する企業が働きかけるべきは，購買意思決定時点以前の消費者，つまり，日常の中の消費者である。

具体的には，スタティックな競争の回避を実現する1つのドライバーは自己とブランドとの結び付きである。第4章の実証研究から示唆されたように，現在の消費者にブランド化された製品の使用経験を蓄積させることで，ブランドと自伝的記憶や自己概念との結び付きを強め，それによって将来の自己とブランドとの結び付きを高めることができる。強い自己とブランドとの結び付きは，そのブランドに対するコミットメントを高め，消費者はそのブランドとの長期的な関係継続を志向するようになる。結果として，そのブランドの製品はスタティックな競争を回避する。

競争回避のもう1つのドライバーは，重要他者が発信する経験WOMである。消費者は重要他者に受容されているという信念を形成することで，人の基本的欲求である所属欲求を充足しようとする。重要他者が発信する経験WOMは，所属欲求を充足するためにどの製品が役立つかを知らせる社会的手がかりとして機能し，WOM対象製品をスタティックな競争から回避させる。したがって，スタティックな競争を回避するためには，多くの消費者が購買・使用経験を持つ製品であっても，消費者間で自社製品に関するWOMを発生させることが求められる。

このように，自己とブランドとの結び付き（心理的便益）や重要他者からの経験WOM（社会的便益）は，消費者の目標が特定の製品の固有便益によってのみ達成される状態を作り出す。機能的便益上の差別化が困難な現代的環境に

おいては，自己とブランドとの結び付きや重要他者からの経験 WOM を用いた心理的・社会的便益上の差別化が特に重要になってくるはずである。

ダイナミックな関係のマネジメントへの貢献　製品の機能的便益の同質化はスタティックな競争関係を導く。そのために企業は製品の機能的便益の同質化を重大な問題として捉えてきた。しかしながら，ダイナミックな視点で見れば，製品の機能的便益の同質化はメンタル・シミュレーションや類推を容易にすることで共生関係を生み出す。現在，多くの企業が漸進的新製品を頻繁に市場導入している。漸進的新製品の市場導入は，既存製品とのダイナミックな共生関係を形成しやすいという点で理にかなっていると言える。

新製品を導入する個々の企業の観点に立てば，どの既存製品と機能的便益を重複させるかが問題となる。ここで注意すべきは，新製品の新しさは消費者によって異なることである。つまり，既存製品と共通の機能的便益を持つ新製品は，既存製品の採用者にとっては漸進的新製品であるが，既存製品の未採用者にとっては画期的新製品と変わらない。したがって，多くの消費者にダイナミックな共生関係を形成させるためには，企業は採用者の少ない既存製品よりも，多くの消費者が採用している既存製品と機能的便益が重複した新製品を導入すべきである。

WOM マーケティングへの貢献　第Ⅳ部は，非耐久財の製品について，WOM 発信意思決定（第9章）と，受信された WOM の購買意思決定への影響（第8章，第10章）の両方をカバーしたセクションである。両方のファインディングスを統合することで，非耐久財の連続的新製品の WOM マーケティングに対する新たな示唆が得られる。ここでの示唆のユニークな点は，製品採用を増加させたい場合と，リピート購買を増加させたい場合では，適当なマーケティングが異なるということである。

製品採用の増加を目的とした場合には，他の消費者よりも先に製品を採用する消費者に，高い市場反応予測や高いブランド・コミットメントを持たせることが重要となる。採用者がその製品に対する市場反応を高く予測したり，また高いブランド・コミットメントを持つとき，未採用者に向けて WOM が発信

される（第9章）。このWOMを受信した未採用者は，機能的・社会的・心理的便益を理解するようになることで，その製品は考慮集合に入りやすくなり，未採用者による製品採用が促進される（第8章）。また，採用者にリピート購買させることができれば，シグナルの量が増加し，未採用者に製品の存在を知らせることができる。そして，WOMやシグナルが採用に及ぼす社会的影響は，未採用者にとっての発信者の魅力度に依存する（第10章）。したがって，製品採用の増加を目的としたとき，企業は未採用者にとって魅力的な消費者をターゲットとし，彼らに採用してもらうだけでなく，彼らの市場反応予測，ブランド・コミットメント，リピート購買を高めることにマーケティング努力を投入すべきである。

　リピート購買の増加を目的とした場合には，先に製品を採用する消費者に，その製品に満足したり，その製品を新しい知覚させることが重要となる。採用者が新製品に満足したとき，また新しさを知覚したとき，経験WOMが発信される（第9章）。そして，WOM発信者と強い紐帯で結び付いた消費者がこれを受信したとき，WOM対象製品を考慮し，また他の製品を考慮しにくくなる。結果として，WOM対象製品はリピート購買されやすくなる（第8章）。

第3節　展　　望

　「製品間の競争・共生関係がどのように形成されるか」という問いかけに対して，本書は消費者行動の観点から，「自己とブランドとの結び付き，また重要他者からの経験WOMがスタティックな競争の回避を生み出す」という答えを提示した。このことは，今後取り組むべき研究領域を指し示している。

　本書の延長線上にある研究課題の1つは，自己とブランドとの結び付きがいかにして形成されていくかである。これを解明するために有望なのは，自伝的記憶である。第4章の実証研究では，自己とブランドとの結び付きは，ノスタルジックな結び付きによって大きく影響されることが示された。このノスタルジックな結び付きは，主にブランドと自伝的記憶との結び付きである。つま

り，スタティックな競争を回避させる根本的な原因は，ブランドが自伝的記憶にどれだけ深く埋め込まれているかにある。自伝的記憶の中でも特に，自己定義記憶，即ち，自己を定義付ける自伝的記憶にブランドがどの程度深く関わっているかによって，自己とブランドとの結び付きが規定されると考えられる。ブランドと自伝的記憶や自己定義記憶との関わりについての今後の研究の進展が期待される。

　本書が直接的に指し示すもう1つの有望な研究課題は，WOMの発信と受信である。WOM受信者としての消費者（第8章）と発信者としての消費者（第9章）の両者を取り上げたことが，本書のユニークな点の1つである。しかしながら，WOM発信と受信を切り離して個別に検討していることは，本書の限界と言える。フェイス・トゥ・フェイスやSNS上のWOMコミュニケーションにおいて，WOM発信者は自分が誰に対して話しているかを意識しており，相手によってWOMの内容を変えている。本書はこのことを念頭に置いて，WOM発信の相手が未採用者であるか，採用者であるかを区別し，未採用者へのWOM（未経験WOM）と採用者へのWOM（経験WOM）とでは，WOM発信のドライバーが異なることを示した。しかし，現実の消費者は，WOM発信の相手を購買・使用経験の有無だけで区別しているわけではない。より細かく相手を見て，相手にあわせてWOMの内容を変えているはずである。

　WOM受信者もまた，そのWOMを発信した相手を見ながら，WOM情報を解釈している。本書では，重要他者からのWOMと，重要でない他者（例えば，クチコミサイト上の見知らぬ他者）からのWOMでは，WOM情報の解釈が大きく異なると考え，第8章では重要他者からのWOMに焦点をあてた。しかし，人は複数の重要他者を持っており，個々の重要他者との関係は異なるはずである（例えば，同じ友人でも，幼馴染みもいれば大人になってから付き合いが始まった友人もいる）。そのため，どの友人が，またどの家族のメンバーが発信したWOMであるかによって，購買・採用意思決定に及ぼす影響は異なるはずである。

　本書では，WOM発信者と受信者を個別に検討したが，今後の研究では，消

費者の組み合わせを分析単位とした研究が求められる。これにより，WOM発信，また受信したWOMの購買・採用意思決定への影響に対して，本書が取り上げた購買経験の有無や重要他者か否かだけでなく，より詳細な消費者間の関係がどのような影響を及ぼすかが明らかにされるだろう。

より一般的に言えば，競争・共生関係形成の解明のために消費者行動研究に求められるのは，消費者の目標設定に，そして，目標を生み出す消費者の日常に焦点をあてることだろう。先に述べたように，差別化は何らかの方法で消費者の目標を間接的にコントロールすることを含んでいる。そのため，スタティックな競争関係のマネジメントに対する有用な示唆は，消費者の目標がどのように設定されるのかを明らかにすることによってもたらされる。そして，消費者が設定する目標は，本書が示したように，日常生活において蓄積される製品知識，自己知識，他者知識，そしてこれらの結び付きに大きく依存する。自己とブランドとの結び付き，またWOMの発信と受信とその背後にある消費者間の関係以外にも，日常において蓄積され，目標設定を左右していく消費者知識が何かを探ることは，競争・共生関係の解明に大きく貢献するだろう。

参考文献

Aaker, Jennifer, Susan Fournier, and S. Adam Brasel (2004), "When Good Brands Do Bad," *Journal of Consumer Research*, 31 (June), 1-16.

Alba, Joseph W. and Amitava Chattopadhyay (1986), "Salience Effects in Brand Recall," *Journal of Marketing Research*, 23 (November), 363-369.

Allison, Paul D. (1995), *Survival Analysis Using SAS: A Practical Guide*, Cary: SAS Institute Inc.

Andersen, Susan M. and Serena Chen (2002), "The Relational Self: An Interpersonal Social-Cognitive Theory," *Psychological Review*, 109 (October), 619-645.

Andersen, Susan M. and Steve W. Cole (1990), "'Do I Know You?' The Role of Significant Others in General Social Perception," *Journal of Personality and Social Psychology*, 59 (September), 384-399.

Anderson, Eugene W. (1998), "Customer Satisfaction and Word of Mouth," *Journal of Service Research*, 1 (August), 5-17.

Anderson, James C. and David W. Gerbing (1988), "Structural Equation Modeling in Practice: A Review and Recommended Two-Step Approach," *Psychological Bulletin*, 103 (May), 411-423.

Anderson, James C., David W. Gerbing, and John E. Hunter (1987), "On the Assessment of Unidimensional Measurement: Internal and External Consistency, and Overall Consistency Criteria," *Journal of Marketing Research*, 24 (November), 432-437.

Barclay, Craig R. (1996), "Autobiographical Remembering: Narrative Constraints on Objectified Selves," in *Remembering Our Past: Studies in Autobiographical Memory*, D. C. Rubin, ed. New York: Cambridge University Press, 94-125.

Bass, Frank M. (1969), "A New Product Growth Model for Consumer Durables," *Management Science*, 15 (January), 215-27.

Batra, Rajeev, Aaron Ahuvia, and Richard P. Bagozzi (2012), "Brand Love," *Journal of Marketing*, 76 (March), 1-16.

Baumeister, Roy F. and Mark R. Leary (1995), "The Need to Belong: Desire for Interpersonal Attachments as a Fundamental Human Motivation," *Psychological Bulletin*, 117 (May), 497-529.

Baumgartner, Hans (1992), "Remembrance of Things Past: Music, Autobiographical Memory, and Emotion," in *Advances in Consumer Research*, 19, John F. Sherry, Jr. and Brian Sternthal, eds. Provo: Association for Consumer Research, 613-620.

Baumgartner, Hans, Mita Sujan, and James R. Bettman (1992), "Autobiographical Memories, Affect and Consumer Information Processing," *Journal of Consumer Psychology*, 1 (1), 53-82.

Bearden, William O. and Michael J. Etzel (1982), "Reference Group Influence on Product

and Brand Purchase Decisions," *Journal of Consumer Research*, 9 (September), 183–94.
Bearden, William O., Richard G. Netemeyer, and Jesse E. Teel (1989), "Measurement of Consumer Susceptibility to Interpersonal Influence," *Journal of Consumer Research*, 15 (March), 473–481.
Beatty, Sharon E., Lynn K. Kahle, and Pamela Homer (1988), "The Involvement-Commitment Model: Theory and Implications," *Journal of Business Research*, 16 (March), 149–167.
Belk, Russell W. (1988), "Possessions and the Extended Self," *Journal of Consumer Research*, 15 (September), 139–168.
Berger, Jonah and Eric M. Schwartz (2011), "What Drives Immediate and Ongoing Word of Mouth?" *Journal of Marketing Research*, 48 (October), 869–880.
Blackhart, Ginette C., Megan L. Knowles, Brian C. Nelson, and Roy F. Baumeister (2009), "Rejection Elicits Emotional Reactions but Neither Causes Immediate Distress nor Lowers Self-Esteem: A Meta-Analytic Review of 192 Studies on Social Exclusion," *Personality and Social Psychological Review*, 13 (November), 269–309.
Bluck, Susan (2003), "Autobiographical Memory: Exploring Its Functions in Everyday Life," *Memory*, 11 (2), 113–123.
Bollen, Kenneth A. (1989), *Structural Equations with Latent Variables*, New York: Wiley.
Bowlby, John (1982), *Attachment and Loss: Vol. 3. Loss*, New York: Basic Books.
Brakus, J. Jo Sko, Bernd H. Schmitt, and Lia Zarantonello (2009), "Brand Experience: What Is It? How Is It Measured? Does It Affect Loyalty?" *Journal of Marketing*, 73 (May), 52–68.
Brewer, Marilynn B. and Wendi Gardner (1996), "Who is This 'We'? Levels of Collective Identity and Self Representations," *Journal of Personality and Social Psychology*, 71 (July), 83–93
Brown, Jacqueline J. and Peter H. Reingen (1987), "Social Ties and Word-of-Mouth Referral Behavior," *Journal of Consumer Research*, 14 (December), 350–62.
Carroll, Barbara A. and Aaron C. Ahuvia (2006), "Some Antecedents and Outcomes of Brand Love," *Marketing Letters*, 17 (2), 79–89.
Chaudhuri, Arjun and Morris B. Holbrook (2001), "The Chain of Effects from Brand Trust and Brand Affect to Brand Performance: The Role of Brand Loyalty," *Journal of Marketing*, 65 (April), 81–93.
Chen, Serena and Helen C. Boucher, and Molly Parker Tapias (2006), "The Relational Self Revealed: Integrative Conceptualization and Implications for Interpersonal Life," *Psychological Bulletin*, 132 (March), 151–179.
Chevalier, Judith A. and Dina Mayzlin (2006), "The Effect of Word of Mouth on Sales: Online Book Reviews," *Journal of Marketing Research*, 43 (August), 345–354.
Chung, Cindy M. Y. and Peter R. Darke (2006), "The Consumer as Advocate: Self-Relevance, Culture, and Word-of-Mouth," *Marketing Letters*, 17 (December), 269–279.
Conway, Martin A. (2005), "Memory and the Self," *Journal of Memory and Language*, 53

(October), 594-628.

Dahl, Darren W. and Steve Hoeffler (2004), "Visualizing the Self: Exploring the Potential Benefits and Drawbacks for New Product Evaluation," *Journal of Product Innovation Management*, 21 (July), 259-67.

Day, George S., Allan D. Shocker, and R. K. Srivastava (1979), "Consumer-Oriented Approaches to Identifying Product Markets," *Journal of Marketing*, 43 (Fall), 8-19.

De Angelis, Matteo, Andrea Bonezzi, Alessandro M. Peluso, Derek D. Rucker, and Michele Costabile (2012), "On Braggarts and Gossips: A Self-Enhancement Account of Word-of-Mouth Generation and Transmission," *Journal of Marketing Research*, 49 (August), 551-563.

Demo, David H. (1992), "The Self-Concept Over Time: Research Issues and Directions," *Annual Review of Sociology*, 18, 303-326.

Desai, Kalpesh Kaushik and Sekar Raju (2007), "Adverse Influence of Brand Commitment on Consideration of and Preference for Competing Brands," *Psychology & Marketing*, 24 (July), 595-614.

Dichter, Ernest (1966), "How Word-of-Mouth Advertising Works," *Harvard Business Review*, 44 (November/December), 147-166.

Dickson, Peter R. and James L. Ginter (1987), "Market Segmentation, Product Differentiation, and Marketing Strategy," *Journal of Marketing*, 51 (April), 1-10.

Du, Rex Yuxing and Wagner A. Kamakura (2011), "Measuring Contagion in the Diffusion of Consumer Packaged Goods," *Journal of Marketing Research*, 48 (February), 28-47.

Duan, Wenjing, Bin Gu, and Andrew B. Whinston (2008), "The Dynamics of Online Word-of-Mouth and Product Sales: An Empirical Investigation of the Movie Industry," *Journal of Retailing*, 84 (June) 233-242.

Economides, Nicholas (1996), "The Economics of Networks," *International Journal of Industrial Organization*, 14 (6), 673-99.

Eliashberg, Jehoshua and Steven M. Shugan (1997), "Film Critics: Influencers or Predictors?" *Journal of Marketing*, 61 (April), 68-78.

Epley, Nicholas, Boaz Keysar, Leaf Van Boven, and Thomas Gilovich (2004), "Perspective Taking As Egocentric Anchoring and Adjustment," *Journal of Personality and Social Psychology*, 87 (3), 327-339.

Escalas, Jennifer Edson (2004a), "Narrative Processing: Building Consumer Connections to Brands," *Journal of Consumer Psychology*, 14 (1&2), 168-180.

Escalas, Jennifer Edson (2004b), "Imagine Yourself in the Product: Mental Simulation, Narrative Transportation, and Persuasion," *Journal of Advertising*, 33 (2), 37-48.

Escalas, Jennifer Edson and James R. Bettman (2003), "You Are What They Eat: The Influence of Reference Groups on Consumer Connections to Brands," *Journal of Consumer Psychology*, 13 (3), 339-348.

Escalas, Jennifer Edson and James R. Bettman (2005), "Self-Construal, Reference Groups, and Brand Meaning," *Journal of Consumer Research*, 32 (December), 378-389.

Escalas, Jennifer Edson and Mary Frances Luce (2004), "Understanding the Effects of

Process-Focused versus Outcome-Focused Thought in Response to Advertising," *Journal of Consumer Research*, 31 (September), 274–285.

Fader, Peter S., Bruce G. S. Hardie, and Robert Zeithammer (2003), "Forecasting New Product Trial in a Controlled Test Market Environment," *Journal of Forecasting*, 22 (5), 391–410.

Feick, Lawrence F. and Linda L. Price (1987), "The Market Maven: A Diffuser of Marketplace Information," *Journal of Marketing*, 51 (January), 83–97.

Feiereisen, Stephanie, Veronica Wong, and Amanda J. Broderick (2008), "Analogies and Mental Simulations in Learning for Really New Products: The Role of Visual Attention," *Journal of Product Innovation Management*, 25 (6), 593–607.

Fennis, Bob M. and Ad Th. H. Pruyn (2007), "You Are What You Wear: Brand Personality Influences on Consumer Impression Formation," *Journal of Business Research*, 60 (6), 634–639.

Fishbein, Martin and Icek Ajzen (1975), *Belief, Attitude, Intention, and Behavior: An Introduction to Theory and Research*, Reading: Addison-Wesley.

Fisher Robert J. and Linda L. Price (1992), "An Investigation into the Social Context of Early Adoption Behavior," *Journal of Consumer Research*, 19 (3), 477–486.

Flynn, Leisa Reinecke, Ronald E. Goldsmith, and Jacqueline K. Eastman (1996), "Opinion Leaders and Opinion Seekers: Two New Measurement Scales," *Journal of the Academy of Marketing Science*, 24 (2), 137–48.

Fornell, Claes and David F. Larcker (1981), "Evaluating Structural Equation Models with Unobservable Variables and Measure," *Journal of Marketing Research*, 18 (February), 39–50.

Fournier, Susan (1994), "A Person-Brand Relationship Framework for Strategic Brand Management," unpublished dissertation, Graduate School, University of Florida.

Fournier, Susan (1998), "Consumers and Their Brands: Developing Relationship Theory in Consumer Research," *Journal of Consumer Research*, 24 (March), 343–373.

Gatignon, Hubert and Thomas S. Robertson (1985), "A Propositional Inventory for New Diffusion Research," *Journal of Consumer Research*, 11 (March), 849–67.

Gardner, Wendi L., Cynthia L. Pickett, and Megan L. Knowles (2005), "Social Snacking and Shielding: Using Social Symbols, Selves, and Surrogates in the Service of Belongingness Needs," in *The Social Outcast: Ostracism, Social exclusion, Rejection, and Bullying*, Kipling D. Williams, Joseph. P. Forgas, and William. von Hippel, eds. New York: Psychology Press, 227–241.

Gentner, Dedre (1983), "Structure-Mapping: A Theoretical Framework for Analogy," *Cognitive Science*, 7, 155–170.

Gentner, Dedre and Arthur B. Markman (1997), "Structure Mapping in Analogy and Similarity," *American Psychologist*, 52 (January), 45–56.

Gerbing, David W. and James C. Anderson (1988), "An Updated Paradigm for Scale Development Incorporating Unidimensionality and Its Assessment," *Journal of Marketing Research*, 25 (May), 186–192.

Godes, David and Dina Mayzlin (2009), "Firm-Created Word-of-Mouth Communication: Evidence from a Field Test," *Marketing Science*, 28 (4), 721–739.

Goldenberg, Jacob, Barak Libai, and Eitan Muller (2002), "Riding the Saddle: How Cross-Market Communications Can Create a Major Slump in Sales," *Journal of Marketing*, 66 (April), 1–16.

Goldenberg, Jacob, Sangman Han, Donald R. Lehmann, and Jae Weon Hong (2009), "The Role of Hubs in the Adoption Process," *Journal of Marketing*, 73 (March), 1–13.

Granovetter, Mark S. (1973), "The Strength of Weak Ties," *American Journal of Sociology*, 78 (6), 1360–1380.

Gregan-Paxton, Jennifer and Deborah Roedder John (1997), "Consumer Learning by Analogy: A Model of Internal Knowledge Transfer," *Journal of Consumer Research*, 24 (December), 266–284.

Gregan-Paxton, Jennifer and Page Moreau (2003), "How Do Consumers Transfer Existing Knowledge? A Comparison of Analogy and Categorization Effects," *Journal of Consumer Psychology*, 13 (4), 422–30.

Grewal, Rajdeep, Joseph A. Cote, and Hans Baumgartner (2004), "Multicollinearity and Measurement Error in Structural Equation Models: Implications for Theory Testing," *Marketing Science*, 23 (Fall), 519–529.

Gutman, Jonathan (1982), "A Means-End Chain Model Based on Consumer Categorization Processes," *Journal of Marketing*, 46 (Spring), 60–72.

Hardesty, David M. and William O. Bearden (2004), "The Use of Expert Judges in Scale Development: Implications for Improving Face Validity of Measures of Unobservable Constructs," *Journal of Business Research*, 57 (February), 98–107.

Hauser, John R. and Birger Wernerfelt (1990), "Evaluation Cost Model of Consideration Sets," *Journal of Consumer Research*, 16 (March), 393–408.

Hennig-Thurau, Thorsten, Kevin P. Gwinner, Gianfranco Walsh, and Dwayne D. Gremler (2004), "Electronic Word-Of-Mouth Via Consumer-Opinion Platforms: What Motivates Consumers to Articulate Themselves on the Internet?" *Journal of Interactive Marketing*, 18 (1), 38–52.

Hinz, Oliver, Bernd Skiera, Christian Barrot, and Jan U. Becker (2011), "Seeding Strategies for Viral Marketing: An Empirical Comparison," *Journal of Marketing*, 75 (November), 55–71.

Hirschman, Elizabeth C. (1980), "Innovativeness, Novelty Seeking, and Consumer Creativity," *Journal of Consumer Research*, 7 (December), 283–95.

Hoeffler, Steve (2003), "Measuring Preferences for Really New Products," *Journal of Marketing Research*, 40 (November), 406–20.

Hogan, John E., Katherine N. Lemon, and Barak Libai (2003), "What Is the True Value of a Lost Customer?" *Journal of Service Research*, 5 (February), 196–208.

Holbrook, Morris B. and Robert M. Schindler (2003), "Nostalgic Bonding: Exploring the Role of Nostalgia in the Consumption Experience," *Journal of Consumer Behaviour*, 3 (December), 107–127.

Holland, Alisha C. and Elizabeth A. Kensinger (2010), "Emotion and Autobiographical Memory," *Physics of Life Reviews*, 7 (March), 88-131.

Holyoak, Keith J. and Paul Thagard (1995), *Mental Leaps: Analogy in Creative Thought*, Boston: The MIT Press.（邦訳：『アナロジーの力：認知科学の新しい探究』新曜社）

Huffman, Cynthia and Michael J. Houston (1993), "Goal-oriented Experiences and the Development of Knowledge," *Journal of Consumer Research*, 20 (September), 190-207.

Iacobucci, Dawn, Neela Saldanha, and Xiaoyan Deng (2007), "A Meditation on Mediation: Evidence That Structural Equations Models Perform Better Than Regressions," *Journal of Consumer Psychology*, 17 (April), 139-153.

Im, Subin, Barry L. Bayus, and Charlotte H. Mason (2003), "An Empirical Study of Innate Consumer Innovativeness, Personal Characteristics, and New-Product Adoption Behavior," *Journal of the Academy of Marketing Science*, 31 (January), 61-73.

Katona, Zsolt, Peter Pal Zubcsek, and Miklos Sarvary (2011), "Network Effects and Personal Influences: The Diffusion of an Online Social Network," *Journal of Marketing Research*, 48 (June), 425-443.

Katz, Elihu and Paul Felix Lazarsfeld (1955), *Personal Influence: The Part Played by People in the Flow of Mass Communication*, Glencoe, IL: The Free Press.

Katz, Michael L. and Carl Shapiro (1985), "Network Externalities, Competition, and Compatibility," *The American Economic Review*, 75 (June), 424-440.

Katz, L. Michael and Carl Shapiro (1986), "Technology Adoption in the Presence of Network Externalities," *Journal of Political Economy*, 94 (4), 822-41.

Keller, Kevin Lane (1998), *Strategic Brand Management: Building, Measuring, and Managing Brand Equity*, Upper Saddle River: Prentice-Hall.

Kim, Namwoon, Dae Ryun Chang, and Allan D. Shocker (2000), "Modeling Intercategory and Generational Dynamics for a Growing Information Technology Industry," *Management Science*, 46 (4), 496-512.

Kim, W. Chen and Renee Mauborgne (2005), *Blue Ocean Strategy*, Boston: Harvard Business School Publishing.（邦訳：『ブルー・オーシャン戦略』ランダムハウス講談社）

King, Charles W. and John O. Summers (1970), "Overlap of Opinion Leadership across Consumer Product Categories," *Journal of Marketing Research*, 7 (February), 43-50.

Kotler, Phillip and Gary Armstrong (2004), *Principles of Marketing*, 10th ed., Upper Saddle River: Prentice-Hall.

Kratzer, Jan and Christopher Lettl (2009), "Distinctive Roles of Lead Users and Opinion Leaders in the Social Networks of Schoolchildren," *Journal of Consumer Research*, 36 (December), 646-659.

Krueger, Joachim I. (2000), "The Projective Perception of the Social World: A Building Block of Social Comparison Processes," in *Handbook of social comparison: Theory and research*, Jerry Suls and Ladd Wheeler, eds. New York: Plenum/Kluwer, 323-351.

Lapersonne, Eric, Gilles Laurent, and Jean-Jacques Le Goff (1995), "Consideration Sets of Size One: An Empirical Investigation of Automobile Purchases," *International Journal of Research in Marketing*, 12 (May), 55-66.

Lastovicka, John L. and David M. Gardner (1977), "Components of Involvement," in *Attitude Research Plays for High Stakes*, John L. Maloney and Bernard Silverman, eds. Chicago: American Marketing Association, 53-73.

Leary, Mark R. and Roy F. Baumeister (2000), "The Nature and Function of Self-Esteem: Sociometer Theory," in *Advances in Experimental Social Psychology*, 32, Mark P. Zanna, ed. San Diego: Academic Press, 1-62.

Leary, Mark R., Ellen S. Tambor, Sonja K. Terdal, and Deborah L. Downs (1995), "Self-Esteem as an Interpersonal Monitor: The Sociometer Hypothesis," *Journal of Personality and Social Psychology*, 68 (3), 518-30.

Lee, Seung Hwan (Mark), June Cotte, and Theodore J. Noseworthy (2010), "The Role of Network Centrality in The Flow of Consumer Influence," *Journal of Consumer Psychology*, 20 (1), 66-77.

Lehmann, Donald R., Jennifer Ames Stuart, Gita Venkataramani Johar, and Anil Thozhur (2007), "Spontaneous Visualization and Concept Evaluation," *Journal of the Academy of Marketing Science*, 35 (3), 309-16.

Liljander, Veronica, Filippa Gillberg, Johanna Gummerus, and Allard van Riel (2006), "Technology Readiness and the Evaluation and Adoption of Self-Service Technologies," *Journal of Retailing and Consumer Services*, 13 (3), 177-91.

Lin, Chien-Hsin, Hsin-Yu Shih, and Peter J. Sher (2007), "Integrating Technology Readiness into Technology Acceptance: The TRAM Model," *Psychology & Marketing*, 24 (7), 641-57.

Liu, Yong (2006), "Word of Mouth for Movies: Its Dynamics and Impact on Box Office Revenue," *Journal of Marketing*, 70 (July), 74-89.

Loveland, Katherine E., Dirk Smeesters, and Naomi Mandel (2010), "Still Preoccupied with 1995: The Need to Belong and Preference for Nostalgic Products," *Journal of Consumer Research*, 37 (October), 393-408.

MacInnis, Deborah J. and Linda L. Price (1987), "The Role of Imagery in Information Processing: Review and Extension," *Journal of Consumer Research*, 13 (4), 473-91.

Mandel, Naomi, Petia K. Petrova, and Robert B. Cialdini (2006), "Images of Success and the Preference for Luxury Brands," *Journal of Consumer Psychology*, 16 (1), 57-69.

Manning, Kenneth C., William O. Bearden, and Thomas J. Madden (1995), "Consumer Innovativeness and the Adoption Process," *Journal of Consumer Psychology*, 4 (4), 329-45.

Markus, Hazel and Ziva Kunda (1986), "Stability and Malleability of the Self-Concept," *Journal of Personality and Social Psychology*, 51 (October) 858-866.

Matos, Celso Augusto de and Carlos Alberto Vargas Rossi (2008), "Word-of-Mouth Communications in Marketing: A Meta-Analytic Review of the Antecedents and Moderators," *Journal of Academy of Marketing Science*, 36 (December), 578-596.

Mead, Nicole L., Roy F. Baumeister, Tyler F. Stillman, Catherine D. Rawn, and Kathleen D. Vohs (2011), "Social Exclusion Causes People to Spend and Consume Strategically in the Service of Affiliation," *Journal of Consumer Research*, 37 (February), 902-19.

Messick, Samuel (1989), "Validity," in *Educational Measurement* 3rd ed., Robert L. Linn, ed. New York: Macmillan, 13-103. (邦訳:『教育測定学上巻』C.S.L. 学習評価研究所)

Meyer, Bruce. D. (1990), "Unemployment Insurance and Unemployment Spells," *Econometrica*, 58 (4), 757-82.

Meyers-Levy, Joan and Alice M. Tybout (1989), "Schema Congruity as a Basis for Product Evaluation," *Journal of Consumer Research*, 16 (June), 39-54.

Midgley, David F. and Grahame R. Dowling (1978), "Innovativeness: The Concept and Its Measurement," *Journal of Consumer Research*, 4 (March), 229-42.

Min, Sungwook, Manohar U. Kalwani, and William T. Robinson (2006), "Market Pioneer and Early Follower Survival Risks: A Contingency Analysis of Really New Versus Incrementally New Product-Markets," *Journal of Marketing*, 70 (January), 15-33.

Moreau, C. Page, Arthur B. Markman, and Donald R. Lehmann (2001), "'What Is It?' Categorization Flexibility and Consumers' Responses to Really New Products," *Journal of Consumer Research*, 27 (March), 489-498.

Moreau, C. Page, Donald R. Lehmann, and Arthur B. Markman (2001), "Entrenched Knowledge Structure and Consumer Response to New Products," *Journal of Marketing Research*, 38 (1), 14-29.

Nedungadi, Prakash (1990), "Recall and Consumer Consideration Sets: Influencing Choice without Altering Brand Evaluations," *Journal of Consumer Research*, 17 (December), 263-276.

Nedungadi, Prakash, Andrew A. Mitchell, and Ida E. Berger (1993), "A Framework for Understanding the Effects of Advertising Exposure on Choice," in *Advertising Exposure, Memory, and Choice*, Andrew A. Mitchell, ed. Hillsdale: Lawrence Erlbaum, 89-116.

Netemeyer, Richard G., William O. Bearden, and Subhash Sharma (2003), *Scaling Procedures: Issues and Applications*, Thousand Oaks: Sage Publications.

Olshavsky, Richard W. and Richard A. Spreng (1996), "Exploratory Study of the Innovation Evaluation Process," *Journal of Product Innovation Management*, 13 (November), 512-529.

Parasuraman, A. (2000), "Technology Readiness Index (TRI): A Multiple-Item Scale to Measure Readiness to Embrace New Technologies," *Journal of Service Research*, 2 (4), 307-20.

Park, C. Whan and V. Parker Lessig (1977), "Students and Housewives: Differences in Susceptibility to Reference Group Influence," *Journal of Consumer Research*, 4 (September), 102-10.

Park, C. Whan, Deborah J. MacInnis, and Joseph Priester (2006), "Brand Attachment: Constructs, Consequences, and Causes," *Foundations and Trends in Marketing*, 1 (3), 191-230.

Park, C. Whan, Deborah J. MacInnis, Joseph Priester, Andreas B. Eisingerich, and Dawn Iacobucci (2010), "Brand Attachment and Brand Attitude Strength: Conceptual and Empirical Differentiation of Two Critical Brand Equity Drivers," *Journal of Marketing*,

74 (November), 1-17.
Peres, Renana, Eitan Muller, and Vijay Mahajan (2010), "Innovation Diffusion and New Product Growth Models: A Critical Review and Research Directions," *International Journal of Research in Marketing*, 27 (June), 91-106.
Peter, J. Paul and Jerry C. Olson (1999), *Consumer Behavior and Marketing Strategy* 5th ed., New York: McGraw-Hill.
Phillips, Diane M. (1996), "Anticipating the Future: The Role of Consumption Visions in Consumer Behavior," in *Advances in Consumer Research*, 24, Merrie Brucks and Deborah J. MacInnis, eds. Provo: Association for Consumer Research, 70-75.
Phillips, Diane M., Olson, Jerry C. and Baumgartner, Hans (1995), "Consumption Visions in Consumer Decision-Making," in: *Advances in Consumer Research*, 25, Frank Kardes and Mita Sujan, eds. Provo: Association for Consumer Research, 280-84.
Pickett, Cynthia L., Wendi L. Gardner, and Megan L. Knowles (2004), "Getting a Cue: The Need to Belong and Enhanced Sensitivity to Social Cues," *Personality and Social Psychology Bulletin*, 30 (9), 1095-1107.
Porter, Michael E. (1980), *Competitive Strategy*, New York: The Free Press.
Price, Linda L., Lawrence F. Feick, and Audrey Guskey (1995), "Everyday Market Helping Behavior," *Journal of Public Policy & Marketing*, 14 (2), 255-266.
Ratneshwar, S. and Allan D. Shocker (1991), "Substitution in Use and the Role of Usage Context in Product Category Structures," *Journal of Marketing Research*, 28 (August), 281-295.
Ratneshwar, S., Cornelia Pechmann, and Allan D. Shocker (1996), "Goal-Derived Categories and the Antecedents of Across-Category Consideration," *Journal of Consumer Research*, 23 (December), 240-250.
Reingen, Peter H., Brian L. Foster, Jacqueline Johnson Brown, and Stephen B. Seidman (1984), "Brand Congruence in Interpersonal Relations: A Social Network Analysis," *Journal of Consumer Research*, 11 (December), 771-783.
Robbins, Jordan M. and Joachim I. Krueger (2005), "Social Projection to Ingroups and Outgroups: A Review and Meta-Analysis," *Personality and Social Psychology Review*, 9 (1), 32-47.
Roberts, John H. and James M. Lattin (1991), "Development and Testing of Model of Consideration Set Composition," *Journal of Marketing Research*, 28 (November), 429-440.
Roehrich, Gilles (2004), "Consumer Innovativeness: Concepts and measurements," *Journal of Business Research*, 57 (6), 671-77.
Roese, Neal J. (1997), "Counterfactual Thinking," *Psychological Bulletin*, 121 (1), 133-48.
Rogers, Everett M. (2003), *Diffusion of Innovation*, 5th ed., New York: Free Press.（邦訳：『イノベーションの普及』翔泳社）
Ross, Lee, David Greene, and Pamela House (1977), "The False Consensus Effect: An Egocentric Bias in Social Perception and Attribution Processes," *Journal of Experimental Social Psychology*, 13 (May), 279-301.

Ryu, Gangseog and Lawrence Feick (2007), "A Penny for Your Thoughts: Referral Reward Programs and Referral Likelihood," *Journal of Marketing*, 71 (January), 84–94.

Seetharaman, P. B. and Pradeep K. Chintagunta (2003), "The Proportional Hazard Model for Purchase Timing: A Comparison of Alternative Specifications," *Journal of Business and Economic Statistics*, 21 (3), 368–82.

Sernovitz, Andy (2006), *Word of Mouth Marketing: How Smart Companies Get People Talking*, Chicago: Kaplan Publishing. (邦訳:『WOMマーケティング入門』海と月社)

Shapiro, Stewart, Deborah J. Macinnis, and Susan E. Heckler (1997), "The Effects of Incidental Ad Exposure on the Formation of Consideration Sets," *Journal of Consumer Research*, 24 (June), 94–104.

Shiv, Baba and Alexander Fedorikhin (1999) "Heart and Mind in Conflict: The Interplay of Affect and Cognition in Consumer Decision Making," *Journal of Consumer Research*, 26 (December), 278–292.

Shocker, Allan D., Moshe Ben-Akiva, Bruno Boccara, and Prakash Nedungadi (1991), "Consideration Set Influences on Consumer Decision-Making and Choice: Issues, Models, and Suggestions," *Marketing Letters*, 2 (3), 181–197.

Shocker Allan D., Barry L. Bayus, and Namwoon Kim (2004), "Product Complements and Substitutes in the Real World: The Relevance of Other Products," *Journal of Marketing*, 68 (January), 28–40.

Singer, Judith D. and John B. Willett (1993), "It's about Time: Using Discrete-Time Survival Analysis to Study Duration and the Timing of Events," *Journal of Educational Statistics*, 18 (2), 155–95.

Sinha, Indrajit (1994), "A Conceptual Model of the Role of Situational Type on Consumer Choice Behavior and Consideration Sets," in *Advances in Consumer Research*, 21, Cris T. Allen and Deborah Roedder John, eds. Provo: Association for Consumer Research, 477–482.

Smith, Wendell R. (1956), "Product Differentiation and Market Segmentation as Alternative Marketing Strategy," *Journal of Marketing*, 21 (July), 3–8.

Stayman, Douglas M., Dana L. Alden, and Karen H. Smith (1992), "Some Effects of Schematic Processing on Consumer Expectation Formations and Disconfirmation Judgments," *Journal of Consumer Research*, 19 (September), 240–255.

Steenkamp, Jan-Benedict E. M. and Hans C. M. van Trijp (1991), "The Use of LISREL in Validating Marketing Constructs," *International Journal of Research in Marketing*, 8 (November), 283–299.

Steenkamp, Jan-Benedict E. M. and Katrijn Gielens (2003), "Consumer and Market Drivers of the Trial Probability of New Consumer Packaged Goods," *Journal of Consumer Research*, 30 (December), 368–84.

Sujan, Mita (1985), "Consumer Knowledge: Effects on Evaluation Strategies Mediating Consumer Judgments," *Journal of Consumer Research*, 12 (June), 31–46.

Sujan, Mita, James R. Bettman, and Hans Baumgartner (1993), "Influencing Consumer Judgments Using Autobiographical Memories: A Self-referencing Perspective," *Journal *of Marketing Research*, 30 (November), 422-436.

Sultan, Fareena, John U. Farley, and Donald R. Lehmann (1990), "A Meta-Analysis of Applications of Diffusion Models," *Journal of Marketing Research*, 27 (February), 70-77.

Sun, Monic (2012), "How Does the Variance of Product Ratings Matter?" *Management Science*, 58 (4), 696-707.

Sundaram, D. S., Kaushik Mitra, and Cynthia Webster (1998), "Word-of-Mouth Communications: a Motivational Analysis," in *Advances in Consumer Research*, 25, Joseph W. Alba and J. Wesley Hutchinson, eds. Provo: Association for Consumer Research, 527-531.

Swaminathan, Vanitha, Karen L. Page, and Zeynep Gurhan-Canli (2007), "'My' Brand or 'Our' Brand: The Effects of Brand Relationship Dimensions and Self-Construal on Brand Evaluations," *Journal of Consumer Research*, 34 (August), 248-259.

Taylor, Shelley E. and Sherry K. Schneider (1989), "Coping and the Simulation of Events," *Social Cognition*, 7 (2), 174-94.

Taylor, Shelley E., Lien B. Pham, Inna D. Rivkin, and David A. Armor (1998), "Harnessing the Imagination: Mental Simulation, Self-regulation, and Coping," *American Psychologist*, 53 (4), 429-39.

Thompson, Debora Viana, Rebecca W. Hamilton, and Ronald T. Rust (2005), "Feature Fatigue: When Product Capabilities Become Too Much of a Good Thing," *Journal of Marketing Research*, 42 (November), 431-442.

Thomson, Matthew, Deborah J. MacInnis, and C. Whan Park (2005), "The Ties That Bind: Measuring the Strength of Consumers' Emotional Attachments to Brands," *Journal of Consumer Psychology*, 15 (1), 77-91.

Tian, Kelly Tepper, William O. Bearden, and Gary L. Hunter (2001), "Consumers' Need for Uniqueness: Scale Development and Validation," *Journal of Consumer Research*, 28 (June), 50-66.

Traylor, Mark B. (1981), "Product Involvement and Brand Commitment," *Journal of Advertising Research*, 21 (December), 51-56.

Von Hippel, Eric (1986), "Lead Users: A Source of Novel Product Concepts," *Management Science*, 32 (7), 791-805.

Walker, Beth and Jerry C. Olson (1997), "The Activated Self in Consumer Behavior: A Cognitive Structure Perspective," *Research in Consumer Behavior*, 8 (2), 135-71.

Wedel, Michel and Wagner A. Kamakura (2000), *Market Segmentation: Conceptual and Methodological Foundations*, Boston: Kluwer Academic Publishers.

Weimann, Gabriel (1991), "The Influentials: Back to the Concept of Opinion Leaders?" *Public Opinion Quarterly*, 55 (Summer), 267-79.

White, Katherine and Darren W. Dahl (2007), "Are All Out - Groups Created Equal? Consumer Identity and Dissociative Influence," *Journal of Consumer Research*, 34 (December), 525-536.

Wildschut, Tim, Constantine Sedikides, Clay Routledge, Jamie Arndt, and Filippo Cordaro

(2010), "Nostalgia as Repository of Social Connectedness: The Role of Attachment-Related Avoidance," *Journal of Personality and Social Psychology*, 98 (4), 573-586.

Zhu, Feng and Xiaoquan (Michael) Zhang (2010), "Impact of Online Consumer Reviews on Sales: The Moderating Role of Product and Consumer Characteristics," *Journal of Marketing*, 74 (March), 133-148.

青木幸弘 (2004), 「製品関与とブランド・コミットメント：構成概念の再検討と課題整理」『マーケティングジャーナル』92, 25-51。

青木幸弘 (2009), 「価値創造のマーケティング」青木幸弘・上田隆穂編『マーケティングを学ぶ 下巻：売れ続ける仕組み』中央経済社, 1-27。

秋山昌士 (2012), 『イノベーションの消費者行動』成文堂。

池尾恭一 (1999), 『日本型マーケティングの革新』有斐閣。

石原武政 (1971), 「競争手段としての製品差別化と市場細分化」『経営研究』115, 29-65。

石原武政 (1982), 『マーケティング競争の構造』千倉書房。

井上哲浩 (1998), 「競争市場構造分析研究の類型化と今後の展開」, 『マーケティング・サイエンス』, 7 (1・2), 62-83。

井上淳子 (2003), 「リレーションシップ・マーケティングにおけるコミットメント概念の検討：多次元性の解明と測定尺度開発にむけて」『商学研究科紀要』(早稲田大学大学院) 57, 81-96。

井上淳子 (2009), 「ブランド・コミットメントと購買行動の関係」『流通研究』12 (2), 3-21。

上原征彦 (1999), 『マーケティング戦略論』, 有斐閣。

遠藤由美 (2010), 「関係性と適応」村田光二編『社会と感情』北大路書房, 221-247。

恩蔵直人 (2007), 『コモディティ化市場のマーケティング論理』有斐閣。

久保田進彦 (2012), 「ブランド・リレーションシップの形成と持続」『消費者行動研究』18 (1・2), 1-30。

斉藤嘉一・高田博和・上田隆穂 (2006), 「複数製品の併用とスイッチを組み込んだ普及モデル」『マーケティング・サイエンス』14 (2), 1-20。

榊 美知子 (2010), 「自己知識とその働き」村田光二編『社会と感情』北大路書房, 49-73。

佐藤浩一 (2008), 「自伝的記憶の機能」佐藤浩一・越智啓太・下島裕美編著『自伝的記憶の心理学』北大路書房, 60-75。

柴田典子 (2004), 「消費者行動における自己表現と自己概念」『マーケティングジャーナル』92, 99-115。

澁谷 覚 (2013), 『類似性の構造と判断：他者との比較が消費者行動を変える』有斐閣。

嶋口充輝 (1984), 『戦略的マーケティングの論理：需要調整・社会対応・競争対応の科学』誠文堂新光社。

清水 聰 (2013), 『日本発のマーケティング』千倉書房。

鈴木宏昭 (1996), 『類似と思考』共立出版。

田嶋規雄 (2004), 「新製品の導入と消費者行動」和田充夫・新倉貴士編著『マーケティング・リボリューション：理論と実践のフロンティア』有斐閣, 126-39。

寺本 高 (2012), 『小売視点のブランド・コミュニケーション』千倉書房。

新倉貴士 (1998), 「選択状況におけるカテゴリー化：消費者の選択行動におけるカテゴリー

化概念」『マーケティングジャーナル』71, 27-37。
新倉貴士 (2005), 『消費者の認知世界：ブランドマーケティング・パースペクティブ』千倉書房。
濱岡 豊 (2012),「WOM・プロモーション効果の規定要因」『マーケティングジャーナル』125, 58-74。
濱岡 豊・里村卓也 (2009), 『消費者間の相互作用についての基礎研究：口コミ，e 口コミを中心に』慶應義塾大学出版会。
堀内 孝 (2008),「記憶システムの中の自伝的記憶」佐藤浩一・越智啓太・下島裕美編著『自伝的記憶の心理学』北大路出版, 90-102。
山本 晶・西田悟史・森岡慎司・山川茂孝 (2010),「知覚認知率が WOM 受信意向と購買に与える影響」『マーケティング・サイエンス』19 (1), 73-89。

あとがき

　他社製品との競争のない世界。他社製品と共生する世界。企業にとってみれば夢のような世界である。マーケティング研究者の1人としての自負を込めて言えば，このような世界を創造することはマーケティングの役割である。

　現在，製品の機能面での同質化とソーシャルメディアの浸透が進んでいる。製品が機能面で同質化した現在，消費者にとって製品がもたらす物理的便益はもはや選択の決め手にはならない。またソーシャルメディア，特にSNSの浸透によって，消費者たちは製品についてのたわいない会話を頻繁にするようになった。このような現代だからこそ，企業が競争のない世界，共生する世界を創造するために，消費者行動研究は決定的に重要な貢献をもたらすはずである。このような考え方の下，本書は，消費者行動の観点から，製品間の競争・共生関係がいかに形成されるかを明らかにすることを目指したものである。

　筆者が製品間の関係に興味を持つようになったのは，大学院時代にさかのぼる。それから本書を執筆するまでに，多くの先生方に大変お世話になった。

　大学院の恩師である学習院大学の上田隆穂先生には，研究の内容はもちろん，研究に対する姿勢もご指導いただき，研究者としての基礎を築いていただいた。学位論文の執筆では，上田隆穂先生をはじめ，学習院大学の杉田善弘先生，青木幸弘先生に，きめ細かなご指導を賜った。考慮集合がスタティックな競争関係を規定するという本書のアイデアは，先生方のご指導の下で執筆した学位論文を色濃く反映している。また先生方から宿題として頂戴したコメントは，本書を執筆する原動力になった。ここに深く感謝申し上げる。

　学部の恩師である慶應義塾大学の清水　聰先生には，当時の筆者に消費者行動研究の圧倒的な面白さを教えていただいた。また本書の執筆にあたっても，構想段階からご指導を賜った。消費者行動研究者の視点で競争・共生関係の本を書きたいと思いながらも，論文中心に研究を進めてきた筆者が本書を上梓で

きたのは，清水 聰先生のご指導のおかげである。心より御礼を申し上げる。

　本書に収めた個々の実証研究でも，多くの先生方にお世話になった。スタティックな競争回避を導くブランド・コミットメントの形成を検討した第Ⅱ部は，中央大学の松下光司先生と，当時の学習院大学大学院の院生の方々との共同研究に基づいている。ダイナミックな製品間の関係を扱った第Ⅲ部は，ニューヨーク市立大学の高田博和先生とのIT製品の普及に関する共同研究から発想を得ている。ダイナミックな製品間の関係にも目を向けることで，問題意識が一気に広がった。消費者相互作用に注目した第Ⅳ部は，公益財団法人吉田秀雄記念事業財団の委託研究において，清水 聰先生，明星大学の寺本 高先生，成蹊大学の井上淳子先生と共同研究を進めて行く中で，執筆されたものである。2011年以降，3人の先生方と頻繁に研究会を重ね，たくさんの有益なコメントと，大きな刺激をいただいた。このように，多くの先生方との幸せな相互作用がなければ，本書をまとめることができなかったのは間違いない。お世話になった先生方に，心から御礼を申し上げたい。

　大学院時代，あるいは学部時代からの研究仲間である松下光司先生，青山学院大学の土橋治子先生，拓殖大学の田嶋規雄先生，専修大学の奥瀬善之先生には，一緒に研究したり，各々の研究について議論したり，絶えず刺激を受け続けてきた。またお名前を書き切れなかったが，共同研究や学会活動でご一緒させていただいた先生方，本務校の明治学院大学の先生方にも，様々な面でお世話になっている。あわせてここに感謝の意を表したい。

　出版に際しては，千倉書房編集部長の関口 聡氏に大変お世話になった。初めて本を書く筆者を励まし，数多くの的確なアドバイスを頂戴した。深く感謝申し上げる。本書は吉田秀雄記念事業財団の出版助成を受けて出版されたものである。同財団の皆様，とりわけ事務局長の佐藤剛介氏に御礼を申し上げたい。

　最後に，いつも温かく応援してくれる妻の陽子，元気を分けてくれる娘の那緒，筆者の意志を尊重し見守ってくれた両親に心から感謝したい。

2014年9月24日　白金台の研究室にて

斉藤　嘉一

索　引

あ

意思決定　18
　WOM発信　　　175-182, 203-204, 233
　購買　　　1, 18-20, 43, 61-62, 64-67, 233-236
　採用　　　1-2, 24-25, 104, 106, 117, 233-234
一次元性　84-86, 191
イノベーター（イノベーティブネス）　138-140, 210
オピニオンリーダー　140-141, 146-147, 156

か

可視性　37, 152, 155, 214-215
カテゴライゼーション　109-111, 151-152
技術レディネス　128
狭義の製品　14-17, 24, 27-30, 104, 117
共生関係　7-8, 42
　スタティックな　　　42, 50-51
　ダイナミックな　　　42-43, 51-52, 103-104, 107, 116, 129, 234, 237
競争関係　7-8, 41
　スタティックな　　　42-49, 129, 157, 229-231
　ダイナミックな　　　42-43, 51-52, 103-104, 107, 116
競争の回避　45-49, 64-65, 96-98, 173-174, 229-233, 235-236, 238-239
クラスタリング係数　144-145
クリーク　143
結果　19-20, 27-30, 104
購買関与　21, 61, 151-152, 158
考慮集合　43-49, 57-62, 235
　サイズ1の　　　44-46, 64-66, 157, 229-230

コモディティ化　2, 8-9, 48-49, 96-97, 229-230

さ

サドル現象　129-130
シグナル　34, 36-37, 148-155, 214-215
自己
　　　概念　31-33, 71-72, 76-77, 96, 234-236
　　　効力感　181-182, 184-185, 201, 203
　　　呈示　178-179, 187, 200
　　　とブランドとの結び付き　68-72, 74-81, 84-85, 96-98, 181-182, 236-239
　関係的　　　31-33, 162
　個人的　　　31-32
　集団的　　　31-32
市場反応予測　183-184, 187-191, 199-200, 205
次数中心性　144-148
自尊感情　162, 164, 173
自伝的記憶　72-74, 77, 79, 238-239
社会的間食　163
社会的拒絶　162, 164-165, 173
社会的投影　187-188
重要他者　31-33, 159-165, 172-173, 231-232, 234, 236
手段目的連鎖　27-30, 49-50, 104, 149
受容感　161, 163
準拠集団　159-161, 173
消費ビジョン　112-114
所属欲求　160-165, 172-174, 236
新製品
　画期的　　　3, 17, 117, 129, 150-154
　漸進的　　　3, 17, 52-53, 103, 129, 237
　連続的　　　17, 150-156, 175, 208-211, 226-227, 237

推論の確信度　20-23, 34, 61, 65, 111-112, 165
製品差別化　46-47, 49, 235-237
測定不変　197, 206-207

た

妥当性
　収束―――　86, 191
　内容―――　82
　弁別―――　86-88, 191-192
種まき戦略　176, 178, 181-182, 205
知覚された新しさ　185-191
知覚された機能的リスク　139, 151, 154, 226
知覚された複雑性　108
紐帯　142-144, 159

な

内容代表性　82-83
内容適切性　82-83, 98-99
ネットワーク・ハブ　29, 144, 147-148
ネットワーク外部性　40, 117-118, 136, 184
ノスタルジックな結び付き　68-75, 77-81, 84-85, 96, 98, 162, 182, 238

は

媒介中心性　144-146
ハザードモデル　120, 130
Bassモデル　135-136, 140
フォロワー　156, 208, 211-218, 226
ブランド　13-15, 28-30, 49
　―――・アタッチメント　64, 75, 78
　―――・コミットメント　62-67, 68-71, 74-81, 84-85, 96-98, 181, 200-201, 233-234, 236-238
　―――・ラブ　68-70, 73-81, 84-85, 96, 98
ブランド化された製品　14-15, 39
ブルー・オーシャン　45, 236
便益　15, 19

機能的―――　2-4, 15, 28, 30, 36, 49, 103-105, 114-115, 117-119, 149-152
　共通―――　48, 51-52, 103-108, 115, 127-130, 229-231, 234
　固有―――　48, 65, 104-107, 115, 229-231, 234-236
　社会的―――　15, 28, 49-50, 104, 151-152, 162, 184, 236-237
　心理的―――　15, 28, 36, 49, 97, 104, 150, 236-237
　併用―――　48, 50-51, 104-108

ま

マーケット・メイブン　141-142, 215-217, 221
満足　176-177, 185-191, 199-200, 204, 206
未採用者にとっての魅力度　216-217, 221-223, 226-227
目利き　183-184
メンタル・シミュレーション　112-115, 127-130
目標　19-20, 58-60, 233-236
　―――志向の問題解決　18, 48, 177
　―――達成度の推論　20-24, 61-62, 108, 151, 165
　利己―――　142, 178-179, 187, 233
　利他―――　141, 179-181, 187, 233
　利ブランド―――　64-66, 181-182, 187, 201, 233-234

や

よく定義されていない問題　18

ら

類推　110-112, 127-130

わ

WOM（word-of-mouth）　2, 34-38, 50, 148-155, 231-232, 237-238
　―――の機能的影響　149-151, 154, 215-216

　　　　　　　　　　　　　　　　　　　索　引　259

――の社会的影響　149-152, 154-155, 174, 216-217, 226-227
――の情報的影響　149-150, 215, 227
――の心理的影響　150, 152

経験――　34-38, 150-152, 157-159, 162-165, 172-174, 177, 187, 203-204
未経験――　34-38, 150-152, 158, 177, 187, 203-205

執筆者紹介

　略　　歴
1995 年　明治学院大学経済学部卒業
1997 年　学習院大学大学院経営学研究科博士前期課程修了
2000 年　学習院大学大学院経営学研究科博士後期課程単位取得
同　年　日本大学経済学部専任講師
2003 年　博士（経営学）学習院大学
2006 年　日本大学経済学部准教授
2011 年　明治学院大学経済学部准教授，現在に至る

主要業績
『リテールデータ分析入門』（共編著，中央経済社，2014 年）
『プライシング・サイエンス』（共著，同文舘出版，2005 年）

JCOPY ＜(社)出版者著作権管理機構 委託出版物＞

本書のコピー，スキャン，デジタル化など無断複写は著作権法上での例外を除き禁じられています。複写される場合は，そのつど事前に(社)出版者著作権管理機構（電話 03-3513-6969，FAX 03-3513-6979，e-mail: info@jcopy.or.jp）の許諾を得てください。また，本書を代行業者などの第三者に依頼してスキャンやデジタル化することは，たとえ個人や家庭内での利用であっても一切認められておりません。

ネットワークと消費者行動

2015 年 1 月 10 日　初版第 1 刷発行

著作者　斉藤　嘉一（さい　とう　か　いち）
発行者　千倉　成示

発行所　㈱千倉書房　〒104-0031　東京都中央区京橋 2-4-12
　　　　　　　　　　電　話・0 3（3 2 7 3）3 9 3 1㈹
　　　　　　　　　　http://www.chikura.co.jp/

Ⓒ2015 斉藤嘉一，Printed in Japan
カバーデザイン・島 一恵／印刷・中央印刷／製本・井上製本所
ISBN978-4-8051-1054-6